国家京剧院艺术家系列丛书

金声泉韵

李金泉 评传

褚秋艳 著

文化发展出版社
Cultural Development Press
·北京·

图书在版编目（CIP）数据

金声泉韵：李金泉评传 / 褚秋艳著.
北京：文化发展出版社，2025.1.—（国家京剧院艺术家系列丛书）.— ISBN 978-7-5142-4492-2

Ⅰ.K825.78

中国国家版本馆CIP数据核字第20248UY429号

国家京剧院艺术家系列丛书

金声泉韵
李金泉评传

褚秋艳　著

出 版 人：宋　娜
责任编辑：周　蕾　　　　　责任校对：侯　娜　马　瑶
责任印制：邓辉明　　　　　封面设计：多杰太
出版发行：文化发展出版社（北京市翠微路2号 邮编：100036）
发行电话：010-88275993　010-88275711
网　　址：www.wenhuafazhan.com
经　　销：全国新华书店
印　　刷：北京利丰雅高长城印刷有限公司

开　　本：787mm×1092mm　1/16
字　　数：224千字
印　　张：18.5
版　　次：2025年1月第1版
印　　次：2025年1月第1次印刷

定　　价：158.00元
ＩＳＢＮ：978-7-5142-4492-2

◆ 如有印装质量问题，请与我社印制部联系　电话：010-88275720

| 国家京剧院艺术家系列丛书 |

主 编

王 勇　袁慧琴

副 主 编

魏丽云　田 磊　张勇群

执行副主编

彭 维

总 序

国家京剧院艺术家系列丛书

万物静默如谜　图文自有天地

曾经一个懵懂青年，他怀揣着青春梦想，在这里成长，从这里"出走"，又重新回到这里，对这里始终充满着感激和依恋，有着复杂和深厚的情感。这个地方就是国家京剧院，我就是那个青年。

国家京剧院是人民的剧院，是党和国家的剧院。从鲁艺旧剧研究班开端，到鲁艺平剧团、延安平剧研究院，再到1955年1月10日中国京剧院成立和2007年正式更名国家京剧院至今，待到2025年1月10日，国家京剧院即将迎来建院70周年华诞，作为文化和旅游部直属的唯一国家戏曲院团，毛泽东、邓小平、江泽民、胡锦涛、习近平等党和国家领导人都对剧院的建设和发展给予了无微不至的亲切关怀和大力支持，其命运和历程始终与祖国、与人民和党的文艺发展方向紧密联系在一起。在历史绵延、时代变幻的重要关口，我们总能感受到国家赋予京剧和剧院的特殊地位，感受到投身民族文化传承和文化自信建构的伟大使命。

回望70年辉煌历程，剧院承载着导向性、代表性、示范性职能，始终听党话、跟党走。在党的领导下，剧院数代表演艺术家、演奏家、剧作家、导演、作曲家、舞台美术家、史论评论家，用心血和汗水铸就了京剧艺术的时代光华与声名远播。表演艺术大师梅兰芳、李少春、袁世海、叶盛兰、杜近芳，导演阿甲，剧作家翁偶虹、范钧宏……一串串闪光的名字享誉四海。从延安革命时期引领戏曲改革先声，到如今迎面百年未有之大变革，剧院始终坚持推陈出新、守正创新的艺术理念，实践善于继承、精于借鉴、勇于创新、长于塑造人物形象的艺术追求，也逐渐形成了艺术严谨、舞台清新、阵容齐整的艺术风格。前贤后俦，薪火相续，剧院排演了600多部不同题材、体裁的优秀剧目；担负了文化交流的重任，出访50余个国家和地区，为增进中国人民同世界各国人民的友谊做出了历史性贡献。

日月沧桑流转，文明血脉汩汩相续。喧嚣沸腾的大数据时代，网络无限发达的当下，诗人们深情吟咏万物静默如谜，我期待艺术自在发声。作为浸淫戏曲和相关艺术创作多年的从业者，作为也曾听说和见证剧院辉煌历史的后来人，我深感剧院一代又一代艺术家承载着中华优秀传统文化继往开来的历史使命，担当着建立戏曲传承谱系、高扬传统文化旗帜的职责，艺术家们的辉煌成就见证和体现了党领导下的人民艺术、国家院团在民族文化发展史上的重要影响，在艺术领域的耕耘与积累树立了中华文化的民族尊严和东方形象，在世界舞台上也书写下了浓墨重彩的独特华章。艺术的美和美的创造者应当发声，以自在的独特方式。

京剧是多么令人心醉神迷的艺术，历200余年传承发展，融音乐、舞蹈、戏剧和美术等多种形式于一体，其独特的丰富性和鲜明的民族性彰显了中华文明的连续性，创新性，统一性，包容性，和平性，其本身也成为最具民族特色的国家文化名片和鲜明艺术标志之一。相应地，京剧艺术家们作为中华优秀传统文化典型形态和重要内容的表演者、表现者，他们创造的美的形式与丰蕴内涵值得被珍视、被保存、被铭记、被传扬。在对艺术资料的保护与抢救上，把非物质文化遗产的重要承载者和一代又一代传承人作为保护重点，实现口传心授的记录与视像化留存，实乃剧院的重要工作内容之一。近年来，剧院举办了一系列艺术家座谈会和纪念演出，深情缅怀李少春、袁世海、叶盛兰、杜近芳、张云溪、张春华、李世济、刘秀荣、张春孝等艺术家，也格外珍视、珍惜尚且健在的艺术家。非遗活态传承的工作虽然千头万绪，但出版"国家京剧院艺术家系列丛书"的念头一直萦绕在我的心头。作为剧本创作者和文艺院团管理者，我珍惜文字、图片、视像，想方设法留住曾经和正在发生的那些美，用文字、用图片、用心去记录这些美的瞬间与美的创造者。

在我的阅读经验中，能读到具有传奇风采的艺术家文本与图册也是人世间的纯粹乐事之一，在或真实，或灵动，或深邃的文字里，在或美丽，或完整，或残缺的图片里，在或明或暗的光景间，在或浓或淡的色彩中，那些瞬间的在场或者离场都会开辟出新的视域与场域。翻开书，阅读者仿佛在参与书传对象的别致人生，自我个体也会在那些美好的艺术家身上得到更加个性化、更加艺术化的熏陶与洗礼。杰出的灵魂留下的经验是对生活的捕捉、对生命的体悟，它让你与过去重遇，与当下接通，也引发你对未来的期许和对诗与远方的向往。我希望"丛书"里略显疏阔的叙述和用心精选的图像能给读者提供这样的光照与尺度，记住过去，展望未来，鼓舞更多的人去尝试追求更有价值的、更加美好的艺术与人生。

我于2020年冬回到剧院，转过春节"国家京剧院艺术家系列丛书"项目正式启动，梳理卷帙浩繁的史料档案，以"描绘国京谱系，书写名家艺事，铸就国粹精神，打造文化名片"为宗旨，以对历史文献进行再创作的理念，通过图文并茂的画传、评传形式，力求呈现出剧院历代艺术家的生平事迹、艺术谱系、舞台风采和人格魅力，讲好台前幕后的故事，建立一份生动的、有关剧院的、有关京剧的别样档案，也为读图时代的现实渴求提供更加丰富、可靠的路径。"丛书"文史结合，图文并构，第一批付梓在即，我的内心实在欢欣而忐忑。

记忆是我们留给世界的唯一证据，唯有铭记，精神的光才可能突破有限的生命极限，实现无限的指引。往事并不如烟。记忆的长河或滔滔汩汩、奔涌澎湃，或泠泠淙淙、婉转从容，"丛书"勉力而为之，也不过撷取漫溢浪花数朵，载入簿册，雪泥鸿爪，且付从容翻阅。

全国政协委员
国家京剧院院长　王勇
中国戏剧家协会副主席
2025年1月

序一

金声玉振，且听泉吟
——聆听李金泉先生

李金泉先生是国家京剧院元老之一。

我乃晚辈，遗憾不得亲晤金泉先生音容，然先生之名如其声腔，金声玉振，又似泉流泠淙一般，早已蜿蜒于梨园江湖，不绝于耳。听其事，闻其艺，感其德，心生景仰，尤其回归国家京剧院后，恰逢主编"国家京剧院艺术家系列丛书"契机，对于金泉先生的艺境人格更加向往，暂缓浮华，静心静听，静观静思，希一斑观全豹，一砾测沧海，距离终是越来越近。

早在1949年夏末，金泉先生便加入李少春先生组织的起社剧团，为主要老旦演员。1950年6月1日，起社剧团与金昇社合并成立新中国实验京剧团，金泉先生除了是业务骨干，还担任了业务组长。1951年，新中国实验京剧团又加入新成立的中国戏曲研究院。1953年，中国戏曲研究院所属京剧实验工作一、二、三团合并为中国京剧团，在此基础上，于1955年1月成立了中国京剧院，金泉先生是三团演员，内部改组后，他为中国京剧院一团一组组长。可以说，从国家京剧院的前身——中国京剧院建院之初，金泉先生就是剧院的主要演员，不仅是当家老旦，更因其一专多能的才华，先后担任了剧务科教育股副股长、艺术研究组副组长、导演教练科副科长等职务，除此以外还受院、团委派担任一些行政管理工作。一直到20世纪60年代后期，金泉先生担任了中国京剧院创作组组长。

金泉先生是京剧表演艺术家。自幼入中华戏曲专科学校学习老旦艺术，出科后又得以追随老旦名家李多奎先生精进深造，并且结合自身条件，远宗龚云甫，近学李多奎，逐渐探索出"以唱腔为核心手段，综合运用唱念做打来塑造人物，因人设戏，以腔表情"的艺术道路。他先后创作的《岳母刺字》《罢宴》《李逵探母》早已成为国家京剧院的经典保留剧目，传唱天下，并且被所有习学老旦艺术的后辈们奉为圭臬。他不仅为老旦行创作了新剧目、新人物，还在唱腔设计上取得了非凡的成就，创作出了很多老旦行以前从未有过的板式和唱腔，极大地丰富了老旦的声腔艺术。

难能可贵的是，除了老旦行，金泉先生在生行的表演上也成果斐然，如《将相和》中的缪贤，《黑旋风》里的宋江，《大闹天宫》里的太上老君，都是他创作的经典人物形象，甚至在新编历史剧《金田风雷》中，他还以高派老生完成了太平天国将领冯云山的形象塑造。著名剧作家翁偶虹先生评价道："我们不能因为李金泉是老旦演员，就埋没了他在高派艺术上的创造，而应当肯定《金田风雷》中的这段唱是一段完美的高派唱腔。"

金泉先生是京剧教育家。他从三十多岁就开始教课授徒，在此后的数十年里，先后教授了近百名弟子和学生，很多学生都成长为全国各个京剧院团的当家老旦，更有优秀者成为了著名表演艺术家。京剧自诞生以来，老旦一直是弱行，金泉先生对老旦行的发展有着自己的思考和探索，然而，站在从男老旦转为女老旦的历史路口，他并没有回头看，而是将目光聚焦在了老旦行的未来上，积极探索如何将老旦的表演和唱腔设计得更富有女性特点，更适用于女性的生理条件，进而做到与时俱进。金泉先生用无私的奉献和科学的方法，培养出了一大批女老旦。他为学生创腔，指导学生创作新剧目，保证了老旦行在走入下一个历史阶段时有一支高水平、高质量的生力军，以及蓬勃的创新能力。

我的工作搭档，国家京剧院艺术总监袁慧琴就是金泉先生的得意弟子。慧琴总监时常给我讲述金泉先生如何针对她的自身条件进行因材施教，给她传授"学我者生，似我者亡"的道理。"倾囊相授，甘为人梯"，这是所有学生对金泉先生的一致评价，更是金泉先生对学生们寄予的殷殷期盼。

金泉先生还是京剧作曲家。早在中华戏曲专科学校的时候，他不仅精于唱、念、做、表，武功也是相当的扎实，还善操琴，能为旦角创腔。李玉茹在《美人鱼》《凤双飞》等戏里的唱腔，都是金泉先生创作的。他不仅为自己的剧目创腔，为学生的剧目创腔，还承担了各种各样的作曲任务。国家京剧院的经典现代戏《红灯记》中李奶奶的"学你爹心红胆壮志如钢"和"血债还要血来偿"，北京京剧院《沙家浜》中郭建光的"朝霞映在阳澄湖上"等脍炙人口的经典唱段都出自金泉先生之手，而《红灯记》中李铁梅的"听罢奶奶说红灯""爹爹留下无价宝""提起敌寇心肺炸"，还有李玉和的"临行喝妈一碗酒""雄心壮志冲云天"等唱段，他也是主要设计者之一。《红色娘子军》《奇袭白虎团》《平原作战》等剧目中，也都能看到他的创作足迹。老艺术家杜近芳、刘长瑜等人每每唱起那些耳熟能详的优美唱段，总是感慨金泉先生在唱腔音乐上的创作才华。经过长期的探索和实践，金泉先生的音乐设计形成了自己的风格，即依托人物的内在情绪设计唱腔，在传统腔调的基础上变化创新，讲究旋律节奏的抑扬顿挫、轻重缓急、收放有度，追求细致、细腻，坚守京剧姓"京"。在设计唱腔时，金泉先生还擅于根据演员的条件，扬长避短，兼顾人物思想感情的表现和演员潜能的发挥。

金泉先生从艺以来，可以用"三个一百"概括：演出传统戏、改编戏、新编戏及现代题材剧目一百多部；一生设计的老旦、老生、小生、旦角、花脸等各行当的唱腔达百余段；教授过的弟子、学生近百人。刘长瑜老师就在她的艺传《瑜采流长：刘长瑜评传》一书中，专门讲到过金泉先生利用下基层演出间隙，教给她《桃花村》全出戏的往事。

今天，金泉先生的代表剧目都已成为经典，不仅流传广泛，更成了戏曲院校的教学剧目，是老旦演员学习的范本。他的弟子遍布全国，成就斐然；他让老旦行枝繁叶茂，硕果累累，甚至也让其他行当受益良多。

金声玉振，且听泉吟。金泉先生艺境人品高洁，为人低调谦逊，是人人景仰的表演艺术家、作曲家、教育家，先生的评传入列"国家京剧院艺术家系列丛书"实至名归。通过这本画传，希望更多的同行和读者了解金泉先生的艺术和人生，透过字里行间去接近和感触金泉先生那熠熠生辉的精神华彩，而这份精神，更是鼓舞一代又一代京剧人守正创新、砥砺前行的动力与标杆！

拨云寻古道，自在天地间且作留驻，倚石听泉流。

王勇

2025年1月

亦师亦父念师父
——写在《金声泉韵：李金泉评传》出版之际

《金声泉韵：李金泉评传》即将付梓，捧读之际，师父的艺术人生仿若就在眼前，清晰如昨。

此书能够问世，离不开家中四位师兄的全力付出。他们心怀家人与师门的深切期许，多年来全身心投入策划、采访、整理与修复工作中，不辞辛劳、日夜兼程，可谓殚精竭虑。师姐赵葆秀、赵书成夫妇的鼎力支持，褚秋艳老师的精心梳理与撰写，也是传记成书的重要助力。

王勇院长对"国家京剧院艺术家系列丛书"的精心策划，以及他亲自组建专业团队进行统筹协调，加之其对京剧艺术规律的尊重与对京剧表演艺术家的敬仰，更是推动了传记的最终出版。

这本传记留存了师父的音容笑貌、艺术精髓，是他留下的珍贵遗产，也是我们心中念念不忘、代代相传的艺术瑰宝。

师父，于我而言，亦师亦父。父母赋予我身体发肤、血脉骨骼，而师父则给予我思想艺术的启迪，让我的精神得以肆意驰骋。少年时懵懂拜师，如今回首，方觉命运的馈赠远超想象。对于每一个心怀冲劲与理想的老旦习艺者来说，李金泉先生无疑是一座难以逾越的高峰，错过便是莫大的遗憾。

我与师父的缘分始于1982年，那时我年仅17岁，距离"老"字尚远，却在师父的引领下，踏上了老旦艺术的漫漫征途。师父的艺术造诣如高山巍峨，令人敬仰，我始终奋力追随，期望能逐渐靠近，不辜负师父的深恩厚泽。

在长达半个世纪的艺术征程中，师父李金泉先生在京剧舞台表演、唱腔音乐设计以及人才培养等诸多领域，皆倾尽全力。他为老旦艺术的传承、构建与发展，为京剧事业的弘扬与振兴，奉献了一生的心血，其成就斐然，令世人瞩目，贡献卓著，足可名垂青史。大师虽已远去，徒留无尽的遗憾与思念，但他如同一座明亮的灯塔，其永恒的艺术精神与高尚的人格魅力，将永远激励着后人奋勇前行。

《金声泉韵：李金泉评传》的出版，旨在留存师父的旧日足迹与影像，挖掘他具有划时代意义的创新之举。这既是专著出版的初衷与源泉，也是对像我这般后学之人的鞭策与劝诫。期望自己与同行们能借由大师的"言传身教"，更加透彻地领悟艺术的真谛，汲取充足的艺术能量，推动京剧事业迈向更高的台阶。同时，也盼望着七十二行的普罗大众，能从其中感悟到真正的艺术魅力，以及生而为人、各尽其责的本真力量与普世情怀。

慈父

于我而言，师父就如同父亲一般，给予我无尽的关怀与指引。

怎会忘却与师父的初次邂逅！那是北方的隆冬，天寒地冻、滴水成冰，然而寒意虽浓，我的内心却因即将见到师父而涌起阵阵热潮。湖北省宜昌市艺术学校的老师带着年仅16岁的我，怀揣中国京剧院著名导演郑亦秋的介绍信，前往师父家。初见时，师父目光落在我身上，说道："这孩子的眼睛又大又水灵，仿佛会说话。"说着便从头到脚细细打量我这个初来乍到的南方小姑娘，竟发现我在数九寒天里只穿着一双单皮鞋。师母田玉兰见状，心疼地嗔怪："闺女呀，这么冷的天，怎么就穿个单皮鞋出门呢？"原本就紧张的我，愈发难为情，小声解释："我第一次来北方，不知道北方冬天这么冷……"师父二话不说，赶忙找出自己的一双棉皮鞋让我换上。那股涌入心田的暖意，至今仍深深烙印在我心间。

郑亦秋先生在信中介绍了我的情况，并极力推荐，称我具备学习老旦的良好条件。师父随即当场面试，让我唱两句给他听听。我开口便是"叫张义，我的儿啊……"师父听后，似乎颇为惊讶，且越听越面露喜色。我听到他转头对艺校老师说道："这孩子的条件与其他老旦演员不同。"那时的我懵懂无知，并不完全明白其中深意，却能真切感受到师父的满意。当年的我又怎会知晓，这位命中注定相遇的贵人，将会彻底重塑我的艺术理念，为我的艺术实践开辟无比宽广的天地！考核结束后，师父依据我所唱的《钓金龟》，悉心指导行腔与气口，还亲自录制了师爷李多奎先生的《孝义节》【慢板】磁带赠予我，并嘱咐道："回去后好好听，用心学，打好基础！"师父向来勇于创新且善于创新，对老旦艺术的革新可谓全方位，但在教学之初却让学生聆听师爷的经典唱段，此乃科学传承之道，是正确的守正创新之路。临别之时，我欲脱下棉皮鞋归还师父，师父却一把按住我的手，和蔼地说："鞋子送你了，这一路寒冷，要暖暖和和地到家！"这双鞋与那盘磁带，我视若稀世珍宝。回到宜昌后，我每日跟随录音带刻苦练习，还特意找来在皮鞋厂工作的邻居，依照师父所赠鞋子的样式，制作了一双新鞋，精心包好寄还给师父。

翻开往昔的照片，一幕幕往事如潮水般涌上心头。在生活里，师父是极为随和的谦谦君子。在宜昌市艺术学校的积极促成以及师父的欣然首肯下，我仅以一束鲜花、一盏清茶，便完成了简约而庄重的拜师仪式。自此，我有幸登堂入室，围绕在师门左右。在南来北往求学的岁月里，于戏校与师门的双重培育下，我沉醉于京剧这一华美的艺术殿堂，不知疲倦，乐而忘返。若说初次踏入李家感受到的严寒中的暖意，是我与师父一家相处的初始印象，那么这份温暖此后便成为我们相处的永恒模式与基调。拜师之后，我每年都会从宜昌奔赴北京学戏。异乡的孤独与困苦，在师父一家的温情关怀下烟消云散，转化为我砥砺前行的强大动力。师父与师母悉心呵护我，如同亲生父母一般慈爱，师父的四个儿子待我也如亲姐妹般亲密无间。每次我从湖北前往北京，哥哥们总是早早地到车站迎接，帮我提拿行李；离别之际，又会送我到车站挥手道别，并叮嘱我早日归来。几位兄长自幼受家庭艺术氛围的熏陶，对京剧皆有深入研究，其中四哥李思增对老旦唱腔的钻研尤为透彻，演唱与表演风格最似师父。每当我遇到难题，四哥都会耐心地为我指出错误，让我每次都收获颇丰。此外，师父家往来的邻里同事多是京剧界的名家，他们也时常为我指点技艺。回忆起在师父家学戏的那段时光，热气腾腾的饭菜、遭遇困境时的声声鼓励，那是如同亲人般亲切称呼李家孙子为"小园儿"，唤我作"大袁儿"的温暖大家庭啊。这份深深的暖意与浓浓的艺术氛围相互交融，成为我内心深处最坚实的力量源泉。

师父曾说我的眼睛会说话，他以一颗父亲般的心，既关怀我的日常生活琐事，又密切关注我在艺术道路上的点滴成长。师父是一位纯粹至极的人，满心满眼唯有戏曲与艺术创作，其余诸事皆淡然处之。十六七岁的我，正值豆蔻年华，爱美之心人皆有之，少女情怀总是诗，那时的我心中或许也曾怀揣着飘忽不定的青衣、花旦梦。然而，师父独具慧眼，他敏锐地洞察到我在老旦学习方面的潜力与优势，将我引入老旦这一独特而深邃的艺术领域，为我的艺术人生确立了坚实而稳固的起点。自那以后，我便死心塌地跟随师父，一心一意钻研老旦艺术。

严师

师父为人谦逊随和、彬彬有礼，秉持宽以待人、严于律己的处世之道。而在教学上，他更是以严苛著称，对我这个小徒弟，更是严上加严。

就拿初学《钓金龟》来说，行腔被细致拆解到句，句又剖析到字，字再深入到"头、腹、尾"。我作为南方人，口音与京剧念白差异较大，在字头、字腹、字尾的收放把控上，起初可谓困难重重。为了达到"字正腔圆"，常常一个字就得反复练习三个小时，甚至念上整整一下午。传统戏乃是根基，唯有根基牢固，方能追求更高境界。正如师父所言，行腔需吐字清晰、喷口有力、流畅自如、韵味醇厚，且中气要极为充沛，如此方能展现出穿云贯石的力度与气势。待字、词、句逐一过关后，人物的台步、身份与状态也得精准呈现。例如《罢宴》中乳娘刘妈妈劝诫宰相寇准，师父的处理巧妙至极，既体现刘妈妈的焦虑，又紧扣其"仆人"身份，唱腔因而低回婉转，尽显循循善诱之苦心。

除了咬字行腔，身段训练与人物表演也是师父教学的重点。《李逵探母》的李母和《罢宴》的刘妈妈上场都有"踉跄而行"的动作，但要求截然不同：李母因失明而"踉跄"，刘妈妈则是因醉酒。记忆尤为深刻的是《钓金龟》康氏的"进窑""出窑"。"窑洞"门低，康氏年老，其表演不能像青衣、花旦那般优美利落，而要着重展现年龄感与情境感，躬腰、进窑、水袖动作皆随情境而变。在师父指导下，康氏的表演我苦练近一年，膝盖常常淤青。《钓金龟》这一剧，我学了整整两年，从一字一句到一招一式，皆倾注师父心血。当时许多人诧异不解，可看到我的汇报演出后，质疑便消散无踪。"两年磨一剑"的成果获众人认可，求艺之道也深植我心。此后，《岳母刺字》《赤桑镇》《四郎探母》《洪母骂畴》《哭灵》《龙凤呈祥》《遇后龙袍》等剧目，师父皆毫无保留地传授于我。师父对我的雕琢岂止那几年？学戏不可浮光掠影，唯有深耕细耘。我深知，这些剧目值得我铭记一生，钻研一世。

师父不仅言传身教、口传心授，还打破门户之见，为我创造机会转益多师。国家京剧院复排《红灯记》时，师父带我拜访高玉倩老师，并将我托付给她："你来指导表演、念白与节奏，我负责抠唱腔。这孩子定不会辜负您。"有了师父的"担保"，高玉倩老师对我青睐有加，倾囊相授其创作体验与艺术心得。我亦不敢有丝毫懈怠，珍惜这难得的机缘。20世纪60年代《红灯记》原排时，花旦出身的高玉倩老师饰演老旦李奶奶难度颇大，是师父亲自指导其唱腔、身段与脚步，助她成功塑造这一舞台形象。多年后，我有幸一脉相承，在两位前辈的艺术滋养下，成为国家京剧院第二代《红灯记》李奶奶的传人。

回首往昔，满心感激那无数次的反复练习与重新打磨，感恩那在惶恐紧张中历经的淬炼与在不安充实里获得的锻造。这是通往艺术殿堂的必经之路与关键密钥，是滋养艺术成长的无尽源泉。师恩难忘，师父培育我成长，又助力我翱翔，带我突破困境，引我步入新境。

"出"师

师父拥有勇于探索、刻苦钻研、推陈出新的非凡精神与卓越魄力。他不仅擅长传统戏，于新编剧目亦能游刃有余。在20世纪50、60年代的创作高峰时期，师父所排演的《岳母刺字》《罢宴》《李逵探母》等剧目，蕴含着深厚的传统美德、人文精神与家国情怀。这些剧目不仅在舞台上立稳脚跟，深受观众的喜爱与尊崇，而且流传广泛、经久不衰，成为京剧史上熠熠生辉的新经典。即便在与诸多名家合作的《穆桂英挂帅》《响马传》《白毛女》等剧中饰演配角，师父也能凭借恰到好处的唱段、念白与身段，将角色演绎得精准到位且不喧宾夺主，起到画龙点睛的精妙作用。此外，师父还突破本行限制，在《黑旋风》《大闹天宫》《金田风雷》等剧中成功反串老生，展现出了其全面而精湛的艺术造诣。

师父的艺术成就如巍峨高山，令人难以企及；其艺术精神却如璀璨星辰，永远照亮后人前行的道路，让我们心生向往，不断追随。在师父的熏陶与影响下，我深知学戏传技固然重要，艺术的创新精神更是不可丢弃。无论是传统戏、新编历史剧还是现代戏，老旦的人物塑造皆无固定模式，若一味怠惰守旧，必将停滞不前。《对花枪》《契丹英后》《泸水彝山》《北国红菇娘》《曙色紫禁城》《红军故事》《风华正茂》等一系列剧目的排演，为我提供了丰富且珍贵的实践契机。在这些剧目的创作过程中，我努力突破老旦仅饰演老年女性的传统惯例，不断拓展所扮演角色的年龄范围，力求丰富整个老旦行当的人物形象画廊。这既是实践成果的展现，更是对师父创新精神的传承与延续。

师父给予我的艺术空间广阔无垠，毫无拘泥与束缚。犹记京剧电视剧《契丹英后》筹备之际，我心怀忐忑向师父征询意见，未曾想得到了他的大力支持与充分肯定。师父常言："学我者生，似我者死。"他倡导求新求变以谋求艺术发展之路，鼓励我们对艺术传播与普及等相关领域保持敏锐的感知与深入的思考，积极开拓与时代审美相契合的新方式、新路径。他深知老旦艺术贴近生活、贴近时代、贴近青年乃大势所趋。2002年，在师父认可下播出的京剧电视连续剧《契丹英后》，成功吸引了众多原本不太关注京剧的观众，荣获中国电视飞天奖一等奖，填补了该奖项戏曲一等奖长达10年的空缺。2009年，我主演的我国第一部京剧数字电影《对花枪》斩获中美电影节金天使奖。2021年，《红军故事》被搬上京剧电影银幕，并在2022年第四届、第五届中国戏曲电影展上，荣获京剧电影类唯一"评委会荣誉影片奖"。同年，《风华正茂》参评第十三届中国艺术节，采用线上线下相结合的演出演播模式，让观众在领略剧目精彩的同时，也充分感受到影像戏曲的独特魅力。在探索京剧艺术现代化发展的漫漫征程中，师父的谆谆教诲与创新精神，始终如坚实后盾一般，给予我无尽的力量与支持。

"从"师

师父的艺术成就斐然，声名远扬，其弟子更是桃李芬芳，遍布梨园。在本可专注于一线舞台演出，尽享个人艺术荣耀之时，师父却以京剧事业发展的大局为重，将人才培养置于首位。从最初的既登台表演又传授技艺，以演促教，到逐步退居二线，教学为主、演出为辅，直至后来全心全意投身教学，心无旁骛，师父为老旦行当精心培育了一批又一批的优秀人才。

师父敏锐地察觉到女性老旦演员在京剧舞台上日益占据主导地位的发展趋势，在教学过程中，他巧妙地因势利导、因材施教。他引导女老旦演员在学习男老旦演唱精髓的基础上，充分结合自身女性生理条件，发挥女性声音特质，开辟出一条独具特色的艺术创新之路，树立起一代崭新的艺术风尚。这一创举对老旦声乐艺术的发展具有里程碑式的创新意义，为推动女性老旦演员的崛起作出了不可磨灭的历史性贡献。在师父的倾心传承下，众多自成风格的女性老旦演员如雨后春笋般涌现，成为京剧舞台上的璀璨之星。

回首过往的求艺历程，展望未来的艺术征途，我深感自己无比幸运。既得到了党和组织的高度重视与大力支持，又承蒙师父的悉心庇护与倾囊相授。这份恩情让我时刻怀揣着强烈的使命感，期望能够竭尽全力为京剧事业培养更多优秀人才。近年来，我在《红军故事》《风华正茂》等几部重点剧目中担当主要配角，以此为契机，引领年轻团队茁壮成长，践行"以老带新"的人才培养理念，助力青年人才崭露头角。踏入排练场，我便以师父当年严格要求我的标准去要求学生们，将自己多年所学的技艺要诀毫无保留地传授给他们。在参与剧院其他剧目排演时，我同样与演员们一字一句地斟酌，一招一式地交流探讨，帮助他们不断磨砺技艺，提升表演水平。我渴望将师父的教学方法融入实践，为青年演员们搭建成长的桥梁，助力他们缩短成长周期，快速成才；更希望将从师父那里继承而来的艺术精神潜移默化地融入日常教学，滋养青年演员的艺术心灵，促使他们早日成为京剧舞台的中流砥柱，挑起传承发展的大梁。

作为李金泉先生的入室弟子，我从宜昌奔赴首都北京，追随师父多年，在师父的教诲下，不仅练就了扎实的技艺，更领悟了京剧艺术的深邃内涵与精妙道法，拓宽了艺术视野，积淀了深厚的艺术修养。师父所强调的"根据自身条件"，并非仅仅局限于天赋生理条件，更蕴含着对艺术精神的传承与延续，对艺术理念的长期熏染与深刻沉淀。随着自身艺术修养的不断提升与变化，艺术表现形式也随之丰富多样、独具神韵。正是得益于师父如此开放包容的艺术理念引领，以及学生自身在艺术精神追求与创新道路上的积极主动探索，才为老旦行当开辟出一片自由驰骋、百花齐放的崭新天地。如今，师父的弟子们以及新一代的京剧青年才俊们，正凭借着拼搏的精神与无穷的智慧，为京剧这门古老艺术注入新时代的活力与魅力，赋予其全新的时代意义。每当想到师父看到京剧艺术后继有人、蓬勃发展的欣慰模样，我心中便充满了温暖与力量。

《金声泉韵：李金泉评传》即将付梓，这部《评传》虽聚焦于师父的艺术人生梳理与研究，但实际上也是对现当代老旦行当继承发展脉络的深入探寻，是对京剧艺术舞台完整性与丰富性的深度发掘与拓展。尤其是在当下生、旦行当备受瞩目的情形下，《评传》更是坚守京剧艺术各行当均衡发展的本位，深入思考老旦行当如何在舞台上既能甘当绿叶，衬托红花，又能独当一面，绽放异彩，实现生、旦、净、丑各行当各美其美、和谐共生的艺术理想。每每忆起师父，感恩之情难以自抑，感慨万千，师徒间的深厚情谊如同一股清泉，在我心间流淌不息。阅读这本书的过程，于我而言，恰似与师父久别重逢，是一次珍贵无比的重新问艺、学艺之旅。我定会倍加珍惜这难得的机缘，以亦徒亦女的感恩之心，永远缅怀师父的教诲与恩情，矢志不渝地传承京剧艺术，让京剧这颗中华文化的明珠在新时代绽放更加耀眼的光芒。

弟子：袁慧琴

2025年1月

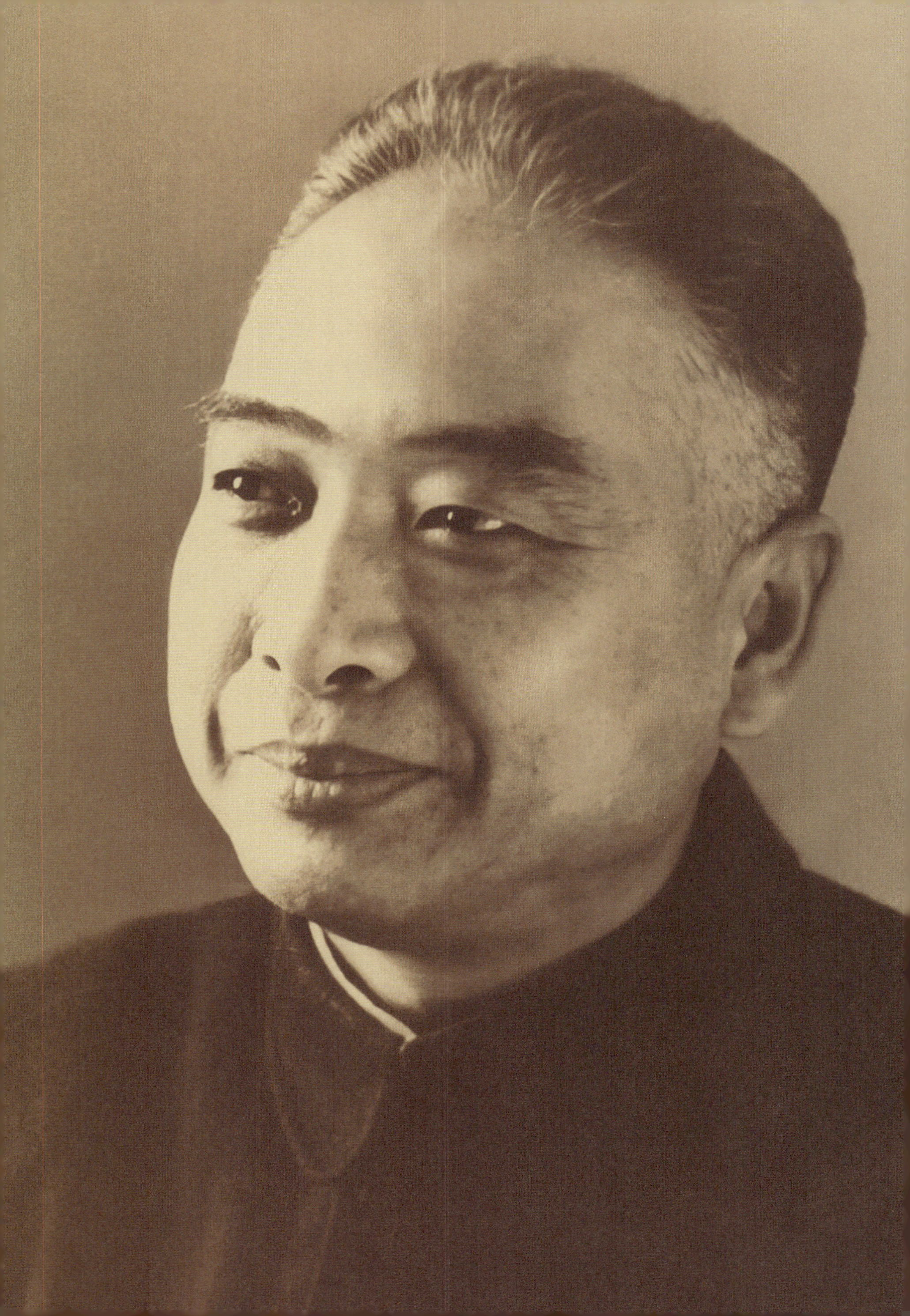

李金泉（1920—2012）

李金泉（1920—2012），京剧表演艺术家、京剧作曲家、京剧教育家。

原名李景泉，12 岁入中华戏曲专科学校，工老旦，受教于文亮臣、时青山等先生；1940 年毕业，1941 年拜李多奎先生为师继续深造，并搭杨宝森、奚啸伯、马连良、梅兰芳、金少山、荀慧生、张君秋、李少春、李盛藻等班社演出。国家京剧院的艺术奠基人之一。1957 年 5 月 1 日加入中国共产党。

在表演艺术上，李金泉近学李（多奎）远宗龚（云甫），力求"因人设戏，以腔传情"，为老旦艺术塑造了新的经典形象，留下了传承不衰的经典作品，成为京剧老旦历史上第三个里程碑式的人物。

在京剧作曲方面，李金泉不仅创作了很多老旦行以前从未有过的板式、唱腔，大大丰富了老旦的声腔艺术，让京剧老旦的声腔艺术达到了新的高度，而且还为老生、小生、旦角、花脸等各行当创作了诸多唱腔，广为流传，被奉为经典。

在京剧传承上，李金泉桃李满天下，他用无私的奉献和科学的方法，教授了一大批老旦人才，为老旦行的传承发展培养出一支高水平高质量的生力军。

从艺以来，李金泉演出了传统、改编、新编及现代题材剧目一百多部；从 1983 年到 1993 年为弟子们新排、改编、整理的老旦剧目六部；一生设计及参与设计的老旦、老生、小生、旦角、花脸等各行当的唱腔达百余段；教授过的弟子、学生近百人。他的代表剧目都已成为京剧的经典剧目，不仅流传广泛，更是各大院校的教学剧目，是老旦演员们学习的范本。他的弟子遍布全国，成就斐然，让老旦行枝繁叶茂，硕果累累。

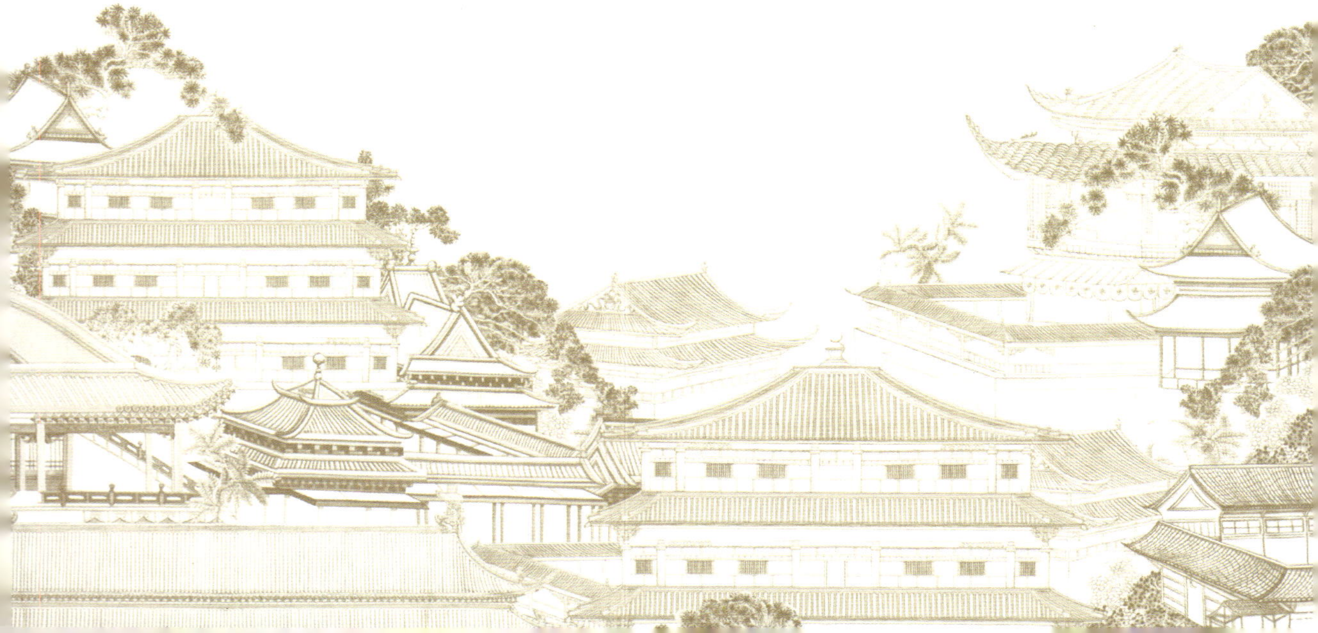

目录

第一章　风华年少结戏缘　　/1

第二章　拜师精艺伴名家　　/31

第三章　别开生面创佳作　　/71

第四章　隐身幕后细耕耘　　/141

第五章　承上启下开新篇　　/169

第六章　精诚不散艺长存　　/213

附　录　李金泉先生年谱　　/243

第一章 风华年少 结戏缘

一、"一马离了西凉界"

1920年10月16日，正是北京最美的秋天。伴随天边金色的晨曦，李景泉降生在前门东珠市口西湖营李家老宅。

这是一个大家族，家主李文浩，祖居安徽石埭县（今安徽省石台县）。19世纪末，正值国家时局内外交困，民生多艰，李文浩携家逃难至北平，共育有四子六女。为了养家糊口，李文浩学起了裁缝，待收入稍好，就自己做起了店铺买卖，先后开过估衣局子、茶馆、洋车修理铺等。因他诚信善谋，经过多年的勤苦经营，

∷ 1920年10月16日，李景泉生于北平前门东珠市口西湖营9号

终于买下了东珠市口西湖营9号与23号的两所住宅，一家人就此在北京城里扎下了根。李云山在家中排行老三，李景泉是他的第一个孩子。初为人父，对长子自然寄予了厚望，而李景泉天性纯良，从小就乖巧听话，这让李云山很是欣慰。

转眼，李景泉到了上学的年纪。这天，在上学的路上他不慎将早点摊的一口大砂锅碰倒砸碎了，见自己闯了祸，他吓得只会哭。同行的一位哥哥上前和摊主说了半天，回头安慰他说："泉子，放心，我和他说好了，咱慢慢赔他的钱，不告诉你爸爸！"李景泉这才战战兢兢地跟人家道歉离开。此后，他都饿着肚子去上学，把父亲给的早点钱省下交给那位哥哥保管"还账"。好多天过去，李云山发现这孩子怎么精神越来越差，身体还越来越瘦，追问之下，李景泉才道出原委。

李云山觉得事有蹊跷，便去找了那位摊主。虽是小买卖人，也不忍心因为损失了一口砂锅去为难一个小孩子，所以从来没有要求过所谓的"慢慢赔"，这么多天的早点钱，早

就让那位哥哥买了零食填肚子了。

经过这次"砂锅事件",李云山有点担心,这孩子,纯良是好,但过于老实了,日后不免要多费些心思引导照拂。

额外照顾的方式之一,就是带着李景泉去看戏。

李文浩和子女们都是戏迷,李云山每次去看戏时,李景泉也总是闹着要父亲带自己去,于是李家的戏迷队伍里又添了一个小小的身影。一来二去,年幼的李景泉成了广和楼等戏园子的常客,看完戏回到家,不仅能复述剧目的情节,并且连演员的上下场顺序都记得清清楚楚。

不光进戏园子听戏,"聚在一起唱戏"也是这一大家子的家庭娱乐活动。与一般戏迷不同,他们在家中自备了胡琴和戏班常用的打击乐器,李家老小,各有所好、各有所长。李云山不仅擅唱老生、老旦,更能操琴。李景泉的四叔李寿山则学唱老生,韵味醇厚。他的几个姑姑也爱唱青衣,嗓音圆润,婉转柔美。

每到这个时候,李景泉都很高兴。大人们唱戏,他就在一旁听着看着,还不时地凑上去打打鼓。一个六七岁的小娃娃,能把鼓槌儿都落在点儿上,并且节奏准确,这让长辈们都为之惊讶。

读了两年私塾之后,1929年,九岁的李景泉进入北京东晓市第十六小学读二年级,同时,父亲开始教他唱戏,学

:: 李家全家福,上排右一为李金泉

第一章·风华年少结戏缘

的第一段，就是《武家坡》中的"一马离了西凉界"。

早就想要学戏的李景泉一学就会，这句"一马离了西凉界"唱得又高又准，孩子的悟性和嗓音天赋让李云山心生喜悦。

然而大家族的生活总会有些磕绊，祖父李文浩去世了，不久，兄弟四人分家单过。

李景泉随着父亲来到正阳门大街铺陈市西边的鹞儿胡同居住数年。李景泉的生母在生下他的三弟后就因痨疾去世，李云山续娶了陈氏，又生了三子一女。七个孩子，小家庭的人口数量也相当庞大，为生活方便，全家又先后迁到北平的草厂十条和精忠庙街附近的库堆胡同租住。直到1942年，李云山为了李景泉结婚，举家搬迁到东珠市口三里河鞭子巷二条9号租住，才逐渐安稳下来。

鞭子巷，位于天坛北，有头条、二条、三条、四条。最初因鞭子铺集中而得名，后来有名的却是一句"鞭子巷里出老旦"。

在京剧诞生之初，老旦并不是独立行当，需要时就由老生演员或丑行演员来演，直到龚云甫成名，他发展了老旦的唱腔，让其更加女性化，并丰富了老旦的做工，"贵能独创新声，自成宗派"。龚云甫让京剧老旦成为独立行当，并开创了老旦唱大轴的先河。他，就曾在鞭子巷二条西口居住。

在龚云甫之后，老旦行中以李多奎为翘楚，以唱工而独步，创立了老旦"李派"艺术，为后世留下了老旦演唱的艺术范本，他也在鞭子巷头条东口居住多年。

而李金泉也在这条鞭子巷里住了近四十年。

三代老旦名家，先后住在同一巷子里，或许是巧合，又或许是冥冥中自有天意安排。

然而少年时的李景泉对未来尚无构想，他正忙于和弟弟们一起帮着父亲做买卖贴补家用。

没有了大家族的庇护，李云山带着儿子们自力更生。先是在正阳门夜市、东四市场东二巷摆摊买卖旧货，后来因为家中成员增多，开销增大，便又依靠着维修望远镜、照相机、八音盒等来维持生计。

生意虽小，李云山却给自己的小店铺取了一个颇响亮的名字——"新明号"。只要勤恳努力，新的曙光总会到来，会指引着一家人走向光明美好的生活，这是父亲朴素的愿望。

∷ 李云山（1898—1969）

生活虽然有了波折动荡，李景泉对京剧的爱好却一直保持着。在东晓市第十六小学，李景泉结识了一位同窗好友，名叫龚继云，他的爷爷便是大名鼎鼎的龚云甫。一位是"资深"戏迷，一位是梨园世家子弟，二人形影不离，一到课间或者课后，就在一起"切磋技艺"，不是学习功课，而是研究京剧的"唱、念、做、打"，常常是你拿一杆枪，我举一根棒，就模仿着京剧演员互相招架起来，虽是少年的嬉闹玩笑，但一招一式却有模有样。

1931年秋，李景泉十一岁。在偶然的机会下他听到中华戏曲专科学校（以下简称"戏校"）即将招生的消息，他的眼前一亮。从小爱戏，却从来没有想过要真的成为一个京剧艺人，这个消息忽然让他看见了一条路、一扇门。有没有可能考进戏校，未来真的成一个角儿呢？如果能成角儿，父亲就不用再为养家劳苦奔波，弟弟妹妹们的生活也有了保障。如果能成角儿，一挑帘儿就听到台下山呼海啸一样的叫好，会是什么感觉？他脑子里拉洋片一样闪过一个又一个让自己心醉神迷的角儿，越想越激动，人生忽然就有了方向，"要成角儿！"

李景泉将这个消息告诉了龚继云，龚继云也非常高兴，继承祖辈的艺术，又何尝不是他的愿望呢？两人约定，要一起去考一考、试一试。

:: 龚继云（左）、李金泉（右）与彭玉玲（后）合影，摄于1980年4月14日

一路小跑着回到家，李景泉跟父亲说明了情况，兀自兴奋着，却不想父亲沉默了。

李云山虽不是梨园中人，却也知道学戏的苦。儿子不停地和他说着成角儿了就能帮他分担养家的重担，考戏校有多么光辉的前景，李云山既欣慰又感动，可他也更明白理想与现实的差距。唱戏哪有这么容易？不说成角儿了，就算是孩子把这学戏的苦中苦都咽了，能不能过"倒仓"这关，还得听天由命，一个不好，那便是连个"二路"也唱不上，自己宁愿苦点累点，也不愿意送孩子去蹚这条前途未卜的路。

李景泉说着说着，发现父亲没有回应，只微皱着眉头看着自己，心下意外。原以为父亲会高兴，会和自己一样充满希望，可看起来，父亲却是不同意自己考戏校了。

"泉子，咱家不是梨园行里的人，行里门道多、规矩大，咱都不知道，就连学戏的苦处，也都是听说而已。"

"我不怕苦！"

"可是……唉！"

李云山没有说更多，只是长叹了一口气。

听到父亲叹气，李景泉心下再着急，也只好先退出门去，转而向继母陈氏求助。

陈氏倒是很同意李景泉的想法，"孩子从小就嗓子好，又喜欢唱，戏校既然招生，何不叫他去试试呢？他是家中长子，下面还有这么多弟弟妹妹，将来他要是能学出来也是咱们家的造化啊！"

李云山仍然不为所动，陈氏怕耽误了孩子，又找来孩子的姑姑们一起商量。

庆幸的是，姑姑们和继母一样，都支持李景泉去考戏校，便"手拉手"一起劝起了李云山。

"小泉子这么聪明，从小就灵，您想想咱们一起唱戏玩儿时，他刚那么点高就能打鼓了！"

"就是呀，嗓子好，悟性高，只要他能下定决心，吃得了苦，以后准错不了！"

姑姑们的话让李景泉高兴极了，而李云山也想起儿子从小跟着看戏唱戏的种种，终于动摇了。但他心里终究不踏实，于是带着李景泉去见了一个人。

这四九城里，要说起梨园世家，迟家是赫赫有名。迟子俊，正是迟家第四代子弟中出众的一位，初学老生，后改文丑，经常为谭鑫培、金秀山、德珺如、贾洪林等名家配戏。李云山虽然不是梨园行里人，夫人陈氏却是迟子俊的外甥女，李景泉要管迟子俊叫舅姥爷。这孩子能不能考戏校，祖师爷到底赏不赏饭吃，李云山要请这位舅姥爷帮忙掌掌眼。

上次见李景泉，还是一个小娃娃，迟子俊上下打量着眼前的少年，嗯，长高了，个头儿还挺合适。

"唱一段来听听！"

李景泉赶忙站好，抻抻自己的衣服，认真地唱起来。

"一马离了西凉界……"

还是父亲教的这一段，每一腔每一撤儿他都铆足了精神。

迟子俊听着，时不时点点头，李云山的心也随之忽上忽下。一段唱完，先生说："这孩子不错，几年未见，又有长进，个儿也高了，嗓子条件也挺好，让他去戏校学吧，是个苗子！"

李云山这才松了一口气，悬着的心落了下来，而李景泉，已经高兴得两眼闪光。

又听先生问："你看过迟世恭的戏吗？"

迟世恭是富连成科班世字辈的学生，科里红，正是迟家第六代子弟中的后起之秀。

"看过！我在广和楼看过他的《辕门斩子》！"

"唱得好吗？"

"好！"

"那就好好考，他才比你大两岁，考进戏校，好好学，你就能像他一样！"

像他一样？那不正是自己梦寐以求的吗？一句话，让李景泉的眼睛更亮了，微微攥紧了拳头。"我能成角儿！"这些天他一直默念的这句话，此时，变得前所未有的自信和坚决。

有了迟子俊的肯定，李云山也最终下了决心，但回到家后仍然十分郑重地又问了一次。

"你真的想要去戏校学戏吗？"

"愿意！"

"唱戏可苦！"

"我不怕！"

"既然决定要学，那就不能放弃！"

"我会成角儿的！"

响亮的回答，让李云山也不由得升起"直挂云帆济沧海"的壮志豪情。

报考戏校被正式提上了日程，父子俩都为这件事忙碌着。李云山各方打听，去学校问询，确定了考试的时间和方式，而李景泉则在忙着劝龚继云。

原本两人说好，要一起去考戏校，李景泉报老生，龚继云报老旦。谁知临考前几天，龚继云不知为什么改了主意，任凭李景泉怎么说，就是坚决不去考试。

无奈之下，李景泉只好独自奔赴考场。

一走进中华戏曲专科学校的大门，紧张的气氛就扑面而来。考生太多了，孩子和家长们把候考的地方挤得满满当当，有的家长还在给孩子打着拍子说唱腔，做着考前的最后准备，明显就是梨园子弟。在此起彼伏的吟唱声里，李景泉忐忑起来。

考生一个一个被叫进考场，有的一脸兴奋跑出来，有的则一脸沮丧。李云山父子俩站在一旁，随着别人的进进出出，一颗心也提到半空上上下下。"李景泉！"名字忽然被叫到，俩人都微微一震，李云山连忙将孩子的衣衫抻抻，拍拍李景泉的肩膀，所有的期待和安抚，都在这掌心的温度里了。

考场是一间不大的教室，面前坐着一排考官，身后是一小方台毯。考官们先上下打量了一下李景泉，点点头。

"多大了？"

"十一岁。"

"报哪个行当？"

"老生！"

"会毯子功吗？"

李景泉回身看看那块台毯，微微地摇摇头。

"没关系,那就唱一段吧!"

此时,李景泉那咚咚跳的心神奇地平静下来。

"一马离了西凉界……"

还是这段最熟悉的《武家坡》,在经过了迟子俊先生的审度之后,李景泉唱得更加自信,气息平稳,细节到位。唱完后,就见考官们相视点了点头,但没有什么表情,也没有任何言语交流,只说让考生出考场等候成绩。

这到底是考得好还是不好呀?李景泉走出考场,父亲立刻迎上来,"怎么样?"李景泉挠挠头,"我也不知道啊,应该不算差吧!"

李云山长出一口气,在他看来,考试本身已经圆满了,至于结果,那就交给命运吧,无论如何,他陪孩子等着便是。

幸而,虽不是梨园子弟,但李景泉的天赋被考官们看在眼里,最终结果,李景泉位列前十几名,他考上了。

一马离了西凉界,戏里,薛平贵多年以后回到中原,忍不住泪洒胸怀,而靠这段戏考入中华戏曲专科学校的李景泉正欢呼雀跃,一种奇妙的归属感油然而生,就如溪流入海,独马归群。他找到了属于自己的学校,并期盼着未来,那一片属于自己的红氍毹。

二、归行波折

中华戏曲专科学校创建于1930年,隶属于中华戏曲音乐院(程砚秋任北平分院院长),焦菊隐、金仲荪先后任校长。创办的十年里,共培育了"德""和""金""玉""永"五科学生,共计两百余人,名家辈出。

:: 中华戏曲专科学校四周年纪念，部分校领导、教师与学生合影。程砚秋（二排右四）、焦菊隐（二排右五）、金仲荪（二排右六）、李金泉（四排左一）

这是一所特别的戏校。焦菊隐先生是一位锐意革新的教育家，在他的带领下，中华戏曲专科学校完全不同于传统的科班，而是一所具有现代办学理念的新型戏曲专科学校。

第一，戏校开设了文化课，有国语、中国文学、艺术概论、中国戏曲史、西洋戏剧史、西洋名剧选、英语、法语等科目。受聘的教师都是国内一流的知名专家、学者。

第二，打破科班一律不招女生的规定，开始招收女生并且实行男女合校。

第三，破除迷信，学校不供祖师爷，演出时，学生在戏园后台也不拜祖师爷。净化舞台，取消捡场、饮场。

第四，学校不提倡教师用板子打人，学生没有磕头拜师的礼节。

第五，提倡开阔学生眼界，使之了解其他艺术门类，组织观摩话剧演出，并让学生练习自编、自导、自演话剧片段，以领悟京剧与话剧的不同特点和相通之处。

第六，聘请前辈艺人、知名演员和颇有造诣的同行授课，依旧遵循老模式，尊重老师们的要求，根据他们的生活习惯，灵活安排上课时间。

第七，学生统一穿校服，男生们夏季身穿白色中山装制服，冬季则穿黑色制服，外披一个黑色半截的小斗篷，戴大檐帽，外加一个白布罩，帽正是圆形白色的帽徽，中间是一个金色似钟形图案，两旁各有一个红字，分别是"戏"和"校"。女生剪刘海儿短发，月白布的大襟上衣，黑裙子。

在20世纪30年代，这样的办学理念让戏校和焦菊隐等管理者饱受非议与质疑，然而刚入学的孩子们可顾不上那么多，师哥师姐们那一身漂亮帅气的校服就已经让他们满怀期待了。

1932年春天，十二岁的李景泉正式走进了中华戏曲专科学校，排"金"字科，从此改名李金泉。

:: 王瑶卿老师与中华戏曲专科学校学生合影
　前排左起：曹和雯、高金儒、李和曾、林金培、赵金年、王和霖
　中排左起：李金泉、肖德寅、王金铃、王金兰、王瑶卿、金和茗、李德彬、王金璐、成和连
　后排左起：宋德珠、赵德勋、赵德钰、赵金蓉、冯金笑、王幼卿、邓德芹、侯玉兰、傅德威、王德俊、周和桐

李云山送儿子入学,交了十块大洋的保证金,一块大洋的床单钱,一边高兴,一边又泛着心疼。手上拿着几张字据,正是家长与学校签订的"保证书",写着学生保证在校期间绝对遵守各项校规,如若出现逃、亡等一切事故都由自己负责,立据为证。知道学戏苦,可这"逃""亡"的字眼儿,还是让他签字画押的手微微颤抖。

李金泉却正对这所学校充满了好奇。入学后,通过短暂的"新生培训",这些孩子们熟悉了学校的校舍等场所,了解了学习和生活的日常与纪律,接着,就迎来了让所有新生既紧张又期待的时刻——归行。

所谓归行,就是根据演员的自身条件划分学习的行当,而行当,是戏曲表演的分工方式。行当的设立,为演员演技的学习和发挥划定了明确范围。

不同的行当,分别承担着扮演男、女、老、少等不同生理特征人物的任务,也分别承担着扮演不同个性特征和品行特征人物的任务。京剧的行当,主要为生、旦、净、丑这四大类,每一个大类下,又根据年龄和演技特征细分出各个小类。如生行,是扮演男子的行当,根据年龄又细分出老生、小生、娃娃生,根据演技特征又细分出武生。

京剧最重要的行当就是生行和旦行,而生行里,发展最完备、星光最灿烂的则是老生。从前三鼎甲的程长庚、余三胜、张二奎,到后三鼎甲的谭鑫培、孙菊仙、汪桂芬,从前四大须生"余""言""高""马",到后四大须生"马""谭""杨""奚",老生行当流派纷呈、名家辈出。旦行中,最重要的行当是青衣。京剧形成之初,青衣的发展并不及老生行的繁盛完备,很长一段时间里,青衣都只是"抱着肚子唱"的配角,直到梅兰芳出现,从唱腔到表演,从服装到扮相,他让青衣呈现了另外一番样貌,从此,青衣花衫不再只是配角,而是与老生并重,双峰并峙。

在一个戏曲演员成才的过程中,归行,大概是第一道坎儿。是否能归到最适合自身条件的行当，直接影响着一个演员的艺术生命，这都要靠老师们的慧眼如炬。

每一个学戏的孩子都渴望能成角儿、成名角儿，甚至梦想着自己有朝一日也能挑班儿，那么自然，但凡自身条件允许，都愿意选择老生或青衣行当来学习，这样将来才有机会唱主角儿，才更有成角儿的可能。李金泉也不例外。从报名到考试，他一直选择的都是老生，然而最终是否能如愿，还需要老师们进行多方审视品鉴方能确定。

大家都在等，李金泉心里也惴惴不安。

结果公布了，出乎意料的，李金泉和张金涌、唐金祥、李金鸿一起被分配学习老旦行当。

老旦？李金泉惊讶得半晌无语。

老旦，顾名思义，就是扮演老年的女性人物。

在京剧形成之初，老旦并不是一个独立的行当，而是多由老生或丑行兼演。著名的《同光十三绝》画谱里，只有一位老旦演员郝兰田，然而他与谭鑫培的父亲谭志道一样，都以兼演老旦见长，并非专工老旦。没有专职演员，相应地，老旦就没有专属的唱腔与表演，虽然经过了郝兰田与谭志道两位名家的发展，老旦的唱腔出现了花腔等变化，但老旦行在京剧舞台上地位依然不高，即便是郝兰田唱《钓金龟》，也只能是在"前三出"。

在郝兰田之后，龚云甫是京剧老旦行划时代的人物。首先他对老旦的唱腔进行了创新和改革。由于长期由老生演员串演，所以老旦多用老生唱腔，龚云甫的嗓音清亮，有雌音，并糅合了青衣的唱腔对老生腔进行软化处理，又因为大嗓演唱而不失苍劲。在唱工上吸收大嗓的"擞音"和小嗓的"落音"，这样润腔，使唱腔富于女性色彩以及老年特性。王梦生在《梨园佳话》中形容龚云甫的演唱"婉转多端，起落升沉，绵绵不绝"。这样别致的老旦唱腔，使原有的老旦唱工戏大大提高了艺术表现力。除了唱腔上的创新发展以外，晚年的龚云甫在做工上也进入了化境。徐兰沅说，龚云甫在《钓金龟》中"表演进窑、出窑的低头折腰、转身、甩袖作圆圈的身段，都是吸收青衣的动作经过洗练变为老旦的身段"。

与龚云甫同时期的老旦名家还有罗福山和谢宝云，但龚云甫让老旦正式脱离老生行和丑行，成为一个独立的行当，并且让老旦戏从"前三出"变成压轴戏、大轴戏，齐如山说，"百余年来以老旦演大轴者，只他一人"。

到了20世纪30年代，京剧舞台上最有名的老旦演员是李多奎。

李多奎的嗓音天赋无人可挡，唱腔响遏行云，重于用气之功，对于演唱中的换、偷、提、喷、吞、吐、收、放各种用气之法都运用得精妙得当。他让老旦唱腔的技巧性更强，韵味更醇厚，无论是急促的快板，还是长拖腔的慢板，都能唱得神完气足，保持声音的圆润悦耳。

李多奎自然是叫座的大角儿，但其他老旦演员呢？

以老旦为主演的戏依然只有《钓金龟》《行路哭灵》《滑油山》《目连救母》《游六殿》《徐母骂曹》《断太后》《打龙袍》等这可数的几出，演出依然都被安排在"头三出"。

因为老旦的戏少，除了在别的戏中做绿叶，老旦演员还经常兼演其他人物，比如旗牌、报子、更夫、云婆等。

与其他行当比起来，老旦行终究还是偏行，甚至在大多数人的眼里，老旦，就是"傍角儿"的。

李金泉心心念念的是唱老生，以后可以和那些名角儿一样在台上光芒四射，可以自己挑班儿，现在却要他学老旦，难道以后自己只能当配角儿，只能做"底包"？

这和他的愿望初心背道而驰，李金泉着急了，去找老师询问。老师也理解他的心情，细细与他分析原因。原来，戏校里学老生的人太多，而老旦几乎没有，为了平衡行当的培育和发展，再加上对学生嗓音、外形等各方条件的充分考评，这才选定了李金泉学习老旦。

李金泉整晚未眠，辗转反侧。他想起好朋友龚继云，原本，他是要来学老旦的，谁能想到，现在自己却归了老旦。龚继云是梨园子弟，难道不知道老旦想成角儿的难处吗？他还想学，自然是因为他的祖父是龚云甫。是呀，龚云甫，他原本唱老生，后来改唱老旦，因为他知道自身的条件更适合，最后也真的成为一派宗师。再看李多奎，原本是梆子老生，倒仓后一直操琴，直到二十六岁时才改学老旦，这一番变化，还是在于自身的条件。

李金泉猛地坐起来，自己想学老生而不得，龚云甫和李多奎却都从老生改了老旦才终成一代名角儿，成角儿，所倚仗的到底是热门的行当还是自身的条件与才能？

十二岁的李金泉，第一次在心里思索着成才与成名，客观与主观。

第二天，他早早起来，去师哥师姐们吊嗓的那片林子里，找了个没人的角落，自己试着唱了句"龙车凤辇进皇城"。响堂，脆亮，惊起了林间的小雀，他的胸膛也随着尾音的落下而一阵畅快，对于自己的归行，终是下了决心。

每周日是家长探视的时间，他将归行的结果告诉了父亲。虽然李金泉已经心中笃定，可李云山却急了。他最知道孩子的愿望，要是孩子的理想不能实现，那何必送他来受这份苦？

俗话说，隔行如隔山。梨园行这条路到底怎么走，李云山并不敢贸然给孩子做什么指导，从戏校出来，他就转向了迟子俊的宅邸。

迟子俊听明来意，心下了然。"此事，焉知非福啊！老生是比老旦吃香得多，那相应的，学老生唱老生的人也多。大家都看到唱老生的成角儿，风光，但仔细想一想，这么多学老生的，真的能自己挑班儿的又有几个呢？"

一句话，就让李云山冷静了下来。

"你们是外行，不了解梨园行儿里的事情。老生戏多，要置办的行头自然也多，你家并不富裕，若不能为孩子提供良好的经济支持，未来出了科，靠他自己也难维持。老旦虽然是偏行，却是每个戏班里都少不了的，学的人又少，好好学，出科后就是香饽饽，好搭班，有戏唱。"

这番分析让李云山暂时安下了心，等再去戏校探望，他将这话转告给李金泉。"唱老旦也有大角儿，你看龚继云的爷爷不就是吗？再说等你出科后，也确实会遇到置办行头等情况，要不是你舅姥爷说起，我都想不到。"

看着父亲担忧的眼神，李金泉笑了。

"您放心，我会踏踏实实地好好学老旦！"

李云山有点儿意外，仔细看了看儿子，确认此话发自肺腑，方才欣慰释怀。

:: 中华戏曲专科学校部分老师与学员合影，前排左三为李金泉

从老生到老旦，从失落到笃定，李金泉在入戏校之初，就经历了一番精神磨砺。这让他迅速成熟起来，自己有什么，需要什么，想要什么，都逐渐了然于胸，在未来的八年里，李金泉都为了这个笃定，明确又主动地规划着自己的学艺时光。

三、文武兼备

中华戏曲专科学校虽然是一所新式戏校，但培养京剧演员的核心方法并没有变。"梅花香自苦寒来"，没有冬练三九夏练三伏的苦功，京剧演员谈何成才？

每天早晨五点，必须起床练早功，喊嗓子、耗山膀、压腿、踢腿、翻筋斗、练把子等，这是学生们重要的必修课。

上午，按照分配的行当分别上课学戏，老师有三十几位，口传心授。若学生触犯课堂纪律，老师只令其面壁思过，并不打骂。

下午，继续练功，即便武行外的学生也都必须练把子功和毯子功。

到了晚上，没有演出的学生课程安排也十分丰富。一周有两个晚上用来学戏，其他时间则用来上文化课，有数学、语文、历史、地理、外文，除此之外，还学习钢琴、绘画知识。

焦菊隐先生曾是燕京大学的学生，有很多老师、教授他都能请来，这些老师也都喜欢京戏，来教这些小孩子很是高兴。外文可选几个国家的语言学习，李金鸿学法文，李金泉则在英语班学习。教授英文的是当时被称为燕京大学"校花"的胡倩，她个子并不高，但是人长得漂亮，又有气质，对学生却要求得十分严格。

戏剧文学方面，学生们还接触了外国文学和戏剧知识，比如分析讲授《茶花女》等，很受大家欢迎。然而孩子们最喜欢的还是翁偶虹先生的课。翁先生讲授文化知识，大多和戏有关，深入浅出，有趣又易懂，极大地开阔了学生们的眼界。

戏校的生活比较艰苦。入学后，学生常年住宿在学校内，平日里没有假期不得回家，而每年的假期又极短，从腊月二十三封箱后到大年三十儿，晚上必须要回来，因为从初一到十五，戏校白天、晚上都有演出安排。满打满算，一年的假期不过五六天而已。如遇特殊情况需回家，需要家长到校，按校规办理相关手续，再经老师批准发给假条，方可回家。

平常一日三餐也比较清苦。早餐是窝头、粥、咸菜这样简单的饮食，基本每天如此，从未变过。中餐和晚餐略有不同，中午有馒头，晚上有米饭，一人一碗菜，蔬菜也要分季节供应，肉就更少，只有在大的节日和校庆的时候才能打打牙祭，中秋节会发点水果和月饼。若是遇到演出，白天发给每人一些点心、两个馒头和一块咸菜，晚上仍然只能喝粥。

每周日上午，是家长来学校探望的时间。父母们都想给孩子带点好吃的补补身体，但学校规定只可以带一点钱，够孩子在学校小卖部买点吃的即可，其他不许带太多。可怜天下父母心，为了将好吃的带进学校，家长们需要绞尽脑汁，躲过老师的检查，不然就只能把吃的玩的交给老师，老师再交给学生们的大师哥赵德普，放入储藏室各人的小柜子里。

李云山心疼儿子，周日去探望时，将家中蒸好的肉包子用包袱皮儿裹成腰带状系在腰上，用外衣一遮，尽量装作若无其事，才能蒙混过关。肉包子来之不易，但李金泉每次都会与师兄们分食，并不会独享。

有些家长就没那么幸运，一位叫郭金元的同学，他的叔叔心疼侄子辛苦，一次去探望时，手里提了一个鸟笼子，外面套个布罩，鸟笼子里没有鸟而是几个烧饼夹肉。这位叔叔胆战心惊地过了关，郭金元边吃边与叔叔聊天，竟忘记将布罩再套回鸟笼。待出戏校大门时，老师见了鸟笼子问："鸟儿去哪里了？"郭金元的叔叔不知如何回答，在慌忙中便答道："鸟儿让郭金元给吃了！"这成了一个段子，让师生们津津乐道了很久。

虽然管理严格，但学生们与老师们的感情很深厚。见给他们穿戏装的老师们生活很艰苦，有些同学们就私下商量好，中午悄悄用小刀将食堂的馒头切下一小块，然后压扁了集中放到一起，就像"叠罗汉"，还为此起了一个别称"堆鬼"，这成了他们的暗语。有演出时，学生们到了后台就把"堆鬼"拿给箱官、大衣箱、二衣箱、接包的人，大半口袋的馒头，拿回家能够吃上一阵子。

老师们对学生也关爱有加，在生活上尽可能地照顾。男女宿舍都各有两位老师，分上下夜轮值，若有孩子踢被子，都会轻轻给盖好，如父母一般。

焦菊隐校长虽然治学严肃，但时时把学生记挂在心。在燕京大学校长司徒雷登为燕京大学、清华大学订购大轿车时，焦菊隐因为是燕京大学的毕业生，借机找到司徒雷登，为中华戏校也订购了一辆。汽车前方写着"戏曲学校"四个字，车身两侧也都有戏校的校徽标志和"戏曲学校"字样。当其他科班的学生都穿着长袍马褂步行去剧场演出时，唯有中华戏曲专科学校的学生们是穿着校服乘坐大轿车去演出的。孩子们甭提多自豪了，连教师们也感觉面子光彩。

练功要勤奋刻苦，这是李金泉给自己定下的自律标准。每天早晨五点，他都准时去喊嗓，没有一日偷懒，因为他深知一条好嗓子是老旦的立身之本。老旦唱的都是文戏，但老旦组的孩子们也需要和其他行当的学生一起练毯子功和把子功，这些功或许未来一辈子在台上也用不上，但李金泉从未想过自己学好唱工戏就行，反而更加努力地练功，抄功老师都有些惊讶，对这个"小老旦"更关注几分。

李金泉的开蒙老师是文亮臣先生，这是继龚云甫之后有名的老旦之一。听李金泉唱了一段之后，文亮臣眼前一亮，立刻就开始传授《游六殿》。

《游六殿》，是老旦传统剧目《目连僧救母》的一折，戏中刘清提由于生前打僧骂道，死后在地府被罚每日披枷带锁、口含银灯，身受苦刑。其子目连僧来地府救母，与刘清提在酆都城下相见。整折戏全长三十分钟左右，刘清提从头唱到尾，全是大段的二黄唱腔，板式多变，对演员的唱工要求极高，又因剧中有"口含银灯"的情节，所以还有一段需要口中叼着蜡烛演唱，可谓绝技。

文亮臣按照演出的标准，口传心授，一个字一个字地给李金泉说腔，一个身段一个身段地给学生演示，怎么叼着蜡烛演唱，在台上怎么走方位，哪个锣鼓点时该转身，事无巨细，将这些舞台经验都倾囊相授。

老师真教，学生真学。李金泉的悟性极高，天赋又好，迅速掌握了唱腔，口含银灯的技巧也难不住他，对他来说，困难大概在于迈开那第一步。

由于不是带艺入学，老旦的表演对李金泉来说一片空白，文亮臣也考虑到了这一点，所以选了《游六殿》这折纯唱工戏。然而京剧是综合性的艺术，即便是纯唱工戏，必要的身段也少不了，再加上刘清提双目失明，身披枷锁，头戴甩发，行头不能互相牵绊，眼睛要模拟盲人，台步要符合人物形象，想要真的拿下这折戏，只会唱还远远不够，表演上还得下一番苦功才行。

老旦要求演员要保持存腿、扣胸、坐尾股的姿态，台步以鹤行步为主，以表现出人物老迈的特点。原本是个少年，现在需要让自己佝偻起来，困难可想而知，经常是注意到了手部动作，就忘了腿部的要点，想最终让自己的姿态定型，只有一个字，练！练功场上，别的行当的学生都在练跑圆场，风驰电掣，李金泉就在一旁按照老师教的要点，一日复一日，一圈又一圈地慢慢走着，最终，身体有了记忆，锣鼓点一响，李金泉就立刻一派苍然。

进入戏校短短六个月之后，尚不满十三岁的李金泉就迎来了自己艺术人生中的第一次公演。在后台，李金泉扮好戏，看着镜子中的自己，没有胭脂，没有粉彩，清汤寡水的一张脸，似乎就是自己平常的模样，但又好像有些不同。老旦的戏码靠前，旁的师哥师姐还在化妆，他就已经站在了上场门后头。

这一道布帘前面，就是自己期盼的舞台，观众席中的嗡嗡声传过来，他却只能听见自己的心跳，如擂鼓一样，在耳中轰响。他觉得自己应该再喝一口水，刚才应该让勒头的老师再用点力，想再背背词，却发现一句也想不起来。他有点儿慌地两边看看，人不少，但面对这道帘子的，除了自己，再无旁人。

这时就听师兄饰演的大鬼念了一句："今有目连僧寻找他母，刘氏清提，有者的答话！"李金泉脑子里忽然一片清明，踩着鼓点，闷帘一句"有啊！"布帘掀开，他踏上了这块台毯，上了布城。

一夜戏码才刚开始，观众席里人们还在不断进进出出，聊天的喝茶的，本也没把前几出放在心上。谁知这一声"有啊"又高又亮，先声夺人，台下忽然就安静了，等看见李金泉，发现是个生脸儿，这又忙着左右问询，对这刚入学的小老旦好奇不已。一段唱完后，台下炸了一个满堂的彩声。

台上，李金泉听着这叫好声，就如惊涛拍岸。原来，站在台上是这样的成就感；原来，观众的掌声与喝彩，能让自己如此欣喜。对行当和未来的最后那点儿不确定，此刻，都烟消云散。

台下，李云山紧张地攥着拳头，指节发白。他一边看看台上的儿子，一边又观察身边观众的反应，一番忙碌后，儿子唱得到底是什么样，反倒无暇顾及。等李金泉被观众的掌声送进后台，李云山这才放松下来，瘫在椅子上，后背冰凉，竟是起了一层薄汗。

从这出《游六殿》开始，李金泉正式进入学艺与舞台实践并进的新阶段。他不仅得到了刘俊峰、石青山、蔡荣贵等先生的教授，焦菊隐校长还将才艺出众的老伶工聘至戏校教学,并且请京剧界的诸多名家在其家里为戏校学生排演本工戏。李金泉去到老旦前辈文亮臣、孙甫亭先生家中学戏,孙先生看李金泉的条件,就断定他将来有出息,错不了。他还同侯玉兰、关德成、张金樑等到程砚秋先生家,程先生为他们排演了《花筵赚》《碧玉簪》《玉狮坠》《朱痕记》等戏,同赵金蓉、邓德芹、宋德珠、李德彬、赵德钰等到王瑶卿先生家,王先生为他们排演八本《雁门关》。这些戏的学习考核,就是在广和、吉祥等戏院进行汇报演出。

:: 《钓金龟》剧照,李金泉(右)饰演康氏,成和连(左)饰演张义

:: 《滑油山》剧照,李金泉(左)饰演刘清提

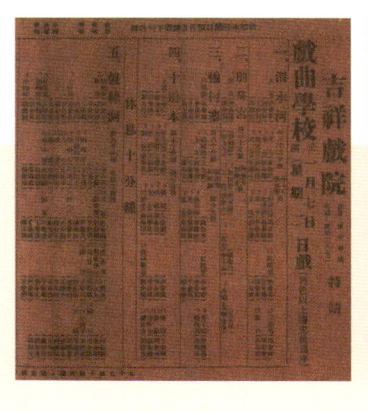

"纸上得来终觉浅",大量的演出实践,让李金泉的艺术造诣突飞猛进。

转眼,李金泉这一科的同学

:: 《别皇宫》戏单:侯玉兰、李金泉主演,中华戏曲专科学校1934年1月7日演出。摘自《旧京老戏单》

:: 《钓金龟》戏单:李金泉、张和元主演,中华戏曲专科学校1934年4月12日演出。摘自《旧京老戏单》

们都进入了青春期,迎来了"倒仓"关口。这个词很形象,大多数男生到了十三四岁就进入变声期,相当一部分资质极好的童伶就因为变声期没有恢复好而"倒了粮仓"。而李金泉是"祖师爷赏饭"的幸运儿,过了十六岁才开始"倒仓",并且时间很短,嗓音恢复很快,并未影响其继续学唱和演出。

1935年,焦菊隐先生被派到国外留学考察,金仲荪先生继任校长,到了1936年,戏校为扩建而将校址迁至北皇城根椅子胡同。

:: 中华戏曲专科学校演出《马义救主》剧照,左起:白玉薇、李金泉、关德威

:: 中华戏曲专科学校演出《陈丽卿》剧照,李玉茹(左)饰陈丽卿,张金樑(中)饰高衙内,李金泉(右)饰陈母

第一章·风华年少结戏缘　25

与此同时，李金泉的家里也经历着动荡。继母陈氏身患重病，李云山一人要承担起抚养六个子女的生活重担。李金泉作为长子，想要分担父亲的压力，便动员四弟李景华报考戏校。李景华嗓子不错，身材中等，五官端正，适合唱戏，后来果然考入中华戏校，学习老生行当，为"永"字科学生，改名李永辉。可惜后来因为患病，加之"倒仓"没有恢复好，无奈之下又改行协助父亲在街市做生意，终是没有成角儿。

1937 年，七七事变爆发，炮火彻底击碎了原本平稳的生活，此时学校也面临着资金紧张等问题，戏校停课放假。为减少开支，再三考量之下，一部分同学被戏校长期停课，复课遥遥无期，而李金泉作为戏校的尖子生，在回家数月后，就接到通知返校，继续学习。

经历了这次停课，李金泉才意识到以前看似平淡甚至枯燥、辛苦的学戏日常，竟是如此珍贵和脆弱，任何一个意外都有可能将之摧毁，更何况是这样战乱的年景。复课后，李金泉更加珍惜跟随京剧名家们学艺的时光。

从 1938 年到 1940 年这三年里，李金泉演出了不少戏，从《打龙袍》《太君辞朝》《探窑》《宏碧缘》到《焚绵山》《别母乱箭》《㐲情记》《龙凤呈祥》《火烧红莲寺》《断臂说书》等。翁偶虹先生也常为戏校的高才生们编排一些剧目，如《蝴蝶杯》等，为了让学生们多学多练，

:: 《母女会》剧照 李金泉（左）饰演王母，侯玉兰（右）饰演王宝钏

:: 《断臂说书》剧照，李金泉（左一）饰演乳母

:: 《焚绵山》剧照，李金泉（左）饰演介母，王和霖（右）饰演介子推

开拓戏路，在实践中探索，在实践中收获。李金泉参演了翁老的不少剧目，亦随中华戏校多次赴天津、青岛等地演出。

丰富的演出让年轻的李金泉有了深厚的艺术功底与舞台经验，台下越来越多的观众知道中华戏校有一个"首席老旦"叫李金泉，他站在台上获得的叫好和掌声也越来越多，然而他自己觉得这还远远不够，还要积极进取。

从进入戏校开始，李金泉就一直在练毯子功和把子功，风雨无阻，一日不落。没有白吃的苦，没有白练的功，等到演出《美人鱼》一剧时，平常流的血汗都见了成效。

:: 《牧羊山》剧照，李金泉（右）饰演朱母，侯玉兰（左）饰演赵锦棠

第一章·风华年少结戏缘　27

《美人鱼》一剧，由李金泉同李玉茹、王金璐、赵金年、储金鹏、周和桐、王玉让、张金樑共同演出，他在剧目中饰演云婆一角。剧中有云婆跟反面人物道主开打的场面，云婆拿棍，打了一套把子，耍了一个很漂亮的棍下场，被擒的时候更要走"锞子"，即腾空后硬生生以后背着地，这样高难度的动作，一般老旦演员根本完成不了，而李金泉每到此处，都能得到满堂的喝彩。

　　文戏能驾驭繁重唱工，武戏能打把子、摔"锞子"，这让李金泉的戏路大大拓宽。文武兼备，不仅是李金泉对自己的要求，也是未来他对弟子后进们的期许。想要发展老旦行当，丰富剧目和表演，演员必须技术全面，这是他在年轻时便有的认知。

四、一专多能

　　翁偶虹先生说：李金泉的一专多能，在中华戏校学艺的时候已显示出来。他不仅精于唱、念、做、表，武功也有相当的基础……另外，他还精于操琴，为旦角创腔。当年李玉茹在《美人鱼》《凤双飞》等戏里的唱腔，都是李金泉帮助创作的。

　　一专多能，是李金泉的特点。

　　他有着充沛的创造力，对很多艺术门类都充满了好奇和兴趣，并能兼容并蓄、通达化用。在戏校时，他向赓金群同学学习打鼓，向曹心泉先生学习昆曲，自学胡琴和绘画。若在学校里碰见他，十有八九嘴里正哼哼着刘宝全的大鼓、白玉霜的评剧。正是平常的这些观察、学习和积累，才让他在唱腔编创上展现出卓越的才华。不论老旦应工戏，还是其他行当的戏，不论古代题材剧，还是现代戏，李金泉创的腔既新颖又当行，这为以后他的诸多艺术创作打下了坚实的基础。

在戏校里，他还尝试过助教以及导演的工作。李玉茹的《牧羊圈》《孔雀东南飞》等戏，都是他帮助排演的，在设计动作和关目安排上都积累了实践经验。

李金泉还有一双巧手，能仅凭纸壳等简单材料，就做出惟妙惟肖的飞机。若在演出时看到李金泉做的道具、画的新戏布景，一定会想起他们一起学艺时最喜欢的课间游戏"打飞机"。

1933年，李金泉得到学校教师的个别奖励。

1936年和1938年李金泉获得戏校全年评奖实习成绩第一名，获奖助金和铜镇尺、铜墨盒等文具用品。

1940年秋，为阻止敌伪机关收编中华戏校，中华戏校宣布解散。李金泉学艺八年届满毕业，时年二十岁。

李玉茹曾经回忆道："王金璐师兄既能教，又能导，还能改编。李金泉师兄既能创作唱腔，又能创造人物，这些

:: 李金泉绘画《柳蝉》，1938年4月送予师兄王和霖留念

:: 李金泉绘画《萱草》，1961年9月23日《北京晚报》刊登

第一章·风华年少结戏缘

和中华戏校的实践是分不开的。"

创新、钻研、一专多能，这大概就是中华戏曲专科学校赋予学生们的独特气质。在中国京剧史上，中华戏校培养了诸多承上启下的名家，为京剧的传承和发展书写了浓墨重彩的一笔。

对于李金泉而言，在中华戏曲专科学校的这八年里，他不仅练就了扎实的基本功，还在名师指导下，在开放进步的学习氛围里，培养了对艺术锐意创新的思想。正是有了这八年，未来的他才能六场通透，才能创编新剧目并绽放华彩，才会对老旦行当的发展革新做出自己的贡献。

【第二章】

拜师精艺 伴名家

一、如意社

1941年春节前夕。岁末的上海，飘着绵绵冬雨，显得清冷萧疏。坐在车上的李金泉向窗外望去，似乎这里并不如自己想象中那样繁华热闹，直到看见街头走过的挑着担子的卖花人。腊月里，那扁担两头竟是堆满了梅花、天竹、腊梅，花团锦簇，李金泉方才觉得这里真的与北京大大不同，心下也随着那些色彩斑斓热闹起来。

谁能想到，短短数月前，自己还在为前途担忧，为生计发愁，此刻却能身处这十里洋场跑码头？搭班，唱戏，这些科班毕业后顺理成章的事情，对李金泉这些中华戏校毕业的学生来说，却过程曲折，殊为不易。

学艺八年，出科毕业，这就意味着可以走上社会唱戏挣钱了。但是在挣包银之前，李金泉与所有戏曲艺人一样，都面临着出科后的第一道坎儿——搭班。

所谓搭班，就是加入一个戏班成为演员，梨园行里有一句老话，"搭班如投胎"，其难处和重要性有两层。

首先，搭的班是否合适，直接影响了一个戏曲演员的前程。如果班主不能慧眼识英，戏班不给演员机会，那么就算功底扎实，也可能一直跑龙套，明珠蒙尘。即便是杨小楼这样的武生泰斗，在初搭班时也并非一帆风顺。他十七岁出科，陆续在京、津两地搭班演出，在一个个戏楼间疲于奔命，经常吃了上顿没下顿，虽然身材魁梧，功夫出类拔萃，也依旧被人贬损得厉害。直到他得到义父谭鑫培和王楞仙、王福寿、张淇林、牛松山等名家的指点，拜俞菊笙为师，二十四岁搭入"宝胜和"班，才以"小杨猴子"知名。又与谭鑫培同在"同庆班"，经谭师奖掖，成为挑大梁的武生演员，才能成为后来的"京剧三大贤"之一。

其次，第二层难处在于每个戏班都有自己的特色剧目和戏路子，一个演员进入一个戏班，搭班之前在科班或师父那里学到的东西可能在这个戏班里就不能用，而是必须以主演为中心，让自己的表演能满足戏班和头牌的需求，这就意味着演员需要从头学起。"四小名旦"之首，张派艺术的创始人张君秋先生在回忆自己的搭班生涯时曾说："在雷喜福的班社里，他经常演出的剧目有《法门寺》《审头刺汤》等剧目，我必须会这些剧目里的青衣表演；在王又宸班社里，他经常演出的有《四郎探母》《二进宫》等，我又要把这些剧目的青衣学会；在孟小冬班社里，她经常演《御碑亭》等剧目，我也要学会这些戏里的青衣；在谭富英的班社里，他演出的剧目有《红鬃烈马》《桑园会》《梅龙镇》等剧目，我还要学会这些戏的青衣……这里面有不同的剧目，也有相同剧目不同路子的表演，我都得适应。"[1]

对于中华戏曲专科学校的这些毕业生而言，在1940年，搭班还有额外的困难。

自从京剧形成以来，后进新人，绝大部分要进入"科班"学艺，"科班出身"通常最得认可。而手把徒弟、私房弟子，因为师父的盛名，大多也能与科班出身的相提并论。到了票友"下海"，则经常被讥讽为"棒槌"，想要真正"归行"，必须举行盛大的拜师典礼，把同行的师长、兄弟，甚至其他行当中与之有密切关系的佼佼者都请来，大排筵宴，才算在行里挂上号。

中华戏曲专科学校，也属于科班组织，但其创办者程砚秋、焦菊隐、金仲荪等，都是锐意改革的先锋人物，他们改革科班旧规，加强学生文化修养，戏校中不供"祖师爷"，学生没有磕头拜师的礼节，男女合校，不体罚学生，出门演戏还集体坐着大轿车，这在有些人看来，都是离经叛道，风凉话自是不少，什么"戏校的祖师爷是戴红扎的！""戏校的学生是集体的少爷小姐！""戏校的演出只能博得高粱穗点头，蛤蟆叫好！"然而，中

---

[1] 张君秋：《我的艺术道路》，《文艺研究》1982年第3期，第66页。

华戏校越办越好，每一科都有高才生，其中李玉茹、侯玉兰、白玉薇、李玉芝还被誉为"四块玉"，顿时声名鹊起。也更因为有翁偶虹先生的编剧，《鸳鸯泪》《美人鱼》《凤双飞》《三妇艳》这四出新编戏被《立言画刊》《三六九画报》等戏剧报刊公推为戏校的四大好戏，叫好又叫座，竞争力及影响力一度堪比"富连成"。所以当1940年戏校终遭解散时，之前作壁上观说着风凉话的"保守派"们几乎是蜂起一片报复性的闲言碎语，其中最让这些学生们感到忧虑的就是那句恶狠狠的"看你们怎么搭班"！

怎么搭班？学生们心中都一片惶惶然，李金泉更是忧心忡忡。继母陈氏已病逝，父亲李云山带着六儿一女，独木难支，生活已然很窘迫，作为长子，李金泉一边着急挣钱分担家庭重担，一边却发现搭班的形势严峻。难道自己苦学八年，最后还是唱不成戏，要荒废了吗？

每想到此，李金泉都辗转反侧，夜不能寐。一周后，王金璐和张金樑来叫他，一起走进了翁偶虹先生的家门，等在那里的，还有储金鹏和王玉让，原来，这是"会议室里的翁剧组"的集体请愿。

翁偶虹先生是著名的戏曲作家、理论家和教育家，他的职业编剧生涯就起步于中华戏校，他为学生们写剧本，学生们成功地让剧本活在舞台上，他们之间是互相成就、志趣相投的师生情。在《鸳鸯泪》《凤双飞》《鱼美人》《三妇艳》这四部戏校名作的排演过程中，翁偶虹总是在会议室里给学生们排练指导，而他在选择主要演员时，也总有一个固定的范围，不外乎侯玉兰、李玉茹、李玉芝、白玉薇、王金璐、储金鹏、李金泉、王玉让、张金樑、赵金年、王玉芹、朱金琴、周和桐、刘金春、田玉林、周金莲、林金培等，由此似乎形成了一个小圈圈，被戏校的师生称作"会议室里的翁剧组"，这个名称从校内传播到社会上，报刊的宣传、评论，也都把翁偶虹的剧本称为"翁剧"或"翁编"。

翁偶虹虽不喜欢这样的揄扬，但这个名号似乎已被默许而公认，他也无法辩解，而在"组"

:: 20世纪80年代，李金泉（左）与翁偶虹先生（右）合影

第二章·拜师精艺伴名家　35

的学生们，与翁偶虹的感情自然也愈加深厚。

此时，心急的储金鹏已经开门见山地对翁偶虹说："老师，您给我们成班吧！我们要演戏！"翁偶虹一时愣怔，迟疑着说："我只会编戏、排戏，又不是经励科，怎能给你们成班？"可是眼前都是自己看着长大的心爱的学生们，他也不愿意孩子们毕了业就没戏唱，正犹豫间，王金璐说了一句："您不闷得慌？咱们爷儿几个在一块儿多热闹啊！"

一句话，让翁偶虹心中动摇，孩子们在期待着"组织剧团，公演翁剧"，翁偶虹又何尝不在怀念戏校时自己那旺盛的创作欲望？戏校解散一周以来，他枯坐案前，竟是一字未写，不正是因为骤然离开火热的学生们，身后少了那股风驰电掣般的激励力量吗？

可翁偶虹环视一周，又仿佛自语地说："没有玉茹，怎能演我的戏？"学生们互相看看，都坚信李玉茹一定会加入，这一点先放在一边。师生们就着这兴奋劲儿，商议起细节来。首先根据他们演出的新剧，商定了增加的同学，翁偶虹又确定了管理人员的人选，文管事陈少武、赵春锦，武管事丁永利。组织结构有了大概的规划后，他们还是回到戏上来，商

:: 20世纪80年代李金泉（左）与翁偶虹先生（右）合影

量起"打炮"的剧目，最后决定，由翁偶虹先生赶写《琥珀珠》，用一出全新的"中华戏校风格"剧作为班社的开始。

果然，几天之后，李玉茹的母亲就登门来请翁偶虹先生为李玉茹组班，金仲荪校长已经为班社取了名，叫"如意社"。

成立班社已然确定，翁偶虹先生迅速商定了几家股东，人事的遴选、经济的准备、"打炮"的日期，等等繁杂的事务皆已就绪，离真正成班还有最后一步，那就是要获得北平梨园公会的认可。

梨园公会的前身是精忠庙，晚清时成立，是北京戏曲艺人的同仁组织，因设于东草市精忠庙内而得名。光绪中叶，迁至前门外粮食店街南端惠济祠内。程长庚、刘赶三、徐小香、杨月楼、王九龄、俞菊笙、谭鑫培等相继任庙首。凡是组班邀角，贫苦艺人生养死葬及其他公益事项，均由精忠庙办理。遇有重大事件，由庙首召集各班"言公人"开堂公断。经过历史变迁，精忠庙后来改为正乐育化会、梨园公益会，到了1936年，又改为北平梨园公会，1940年时，会长是四大名旦之一的尚小云先生。

如意社想要成班，自然需要梨园公会的批准，然而在诸多行规中，班社成员均需拜师这一条，这让翁偶虹犯了难。还是经股东万子和的提醒，翁偶虹才想起来，自己因画脸谱而被净行演员认可，大名已在梨园公会净行匾额上被列为顾问，只需说班社成员皆为自己的学生，那问题就迎刃而解了。

翁偶虹立即去往樱桃斜街的梨园公会，尚小云正巧在场，本就相熟，加上尚小云又是侠义豪爽的人物，得知来意后，立即批准如意社的组织。由此，如意社终于成班。[1]

---

[1] 如意社成班的相关内容，参考翁偶虹《翁偶虹文集·回忆录卷》，百花文艺出版社2013年版。

:: 《同命鸟》剧照，李玉茹（左）饰燕香，李金泉（中）饰赵夫人，张金樑（右）饰赵芳

:: 《同命鸟》剧照，李金泉（左）饰赵夫人，李玉茹（右）饰燕香

既然名叫如意社，就意味着班社以李玉茹为头牌，集中了中华戏校一批高才生，保持了中华戏校的演艺风格。李玉茹艺近荀派，扮相俊秀端庄，嗓音清朗浑厚，演唱妙造自然，举凡青衣花衫之戏应有尽有，还在戏校时便是有名的科里红，由她挂头牌，确实是票房的一个保证。其他主要演员也都是优秀的毕业生，如王金璐，也是还未出科便红了的杨派武生，年轻后进中之代表人物，嗓音高亢洪亮，武功功底坚实，特别是腿功尤为突出，文武兼备；李金泉作为金牌老旦，本就是戏校里稀缺的行当，再加上他的嗓音绝好，演唱技巧全面，戏路又宽，所以早被观众熟知，经常每唱一句就是"满堂彩"。如意社的上上下下，四梁八柱，都对班社的未来充满信心，摩拳擦掌，准备成就一番事业。

1940年11月下旬，"如意社"在长安戏院首演《琥珀珠·同命鸟》。李玉茹饰演燕香、王金璐饰演李智、李金泉饰演赵夫人、储金鹏饰演郑兴郎，这是如意社的打炮戏，也是李金泉搭班生涯的开始。

还是他熟悉的戏院，还是他熟悉的舞台，但是身份已经从戏校的学生，变成了专职的演员。每一句唱词，每一句念白，李金泉都做足了功课，该亮嗓音时唱腔充满华彩，该情绪婉转时表演得声情并茂，即便饰演的不是主要人物，李金泉也将这位赵夫人诠释得精彩立体，有满堂喝彩，却不喧宾夺主。

初冬时节，本是戏院营业的淡季，但是这出集合了戏校高才生的《琥珀珠·同命鸟》，连演两天，均告客满。后又于华乐戏院、广德楼公演了四五场，上座率亦都有八九成。

如意社的亮相可算精彩，上海的邀约也随即而至。

上海黄金大戏院早就听闻中华戏曲专科学校的盛名，想邀约来沪演出，却又碍于"科班"性质，恐怕上海观众以科班学生的水平而衡量票价，盈利不丰。现在戏校解散，以部分高才生组成了如意社，就大可以凭借"翁剧"和初露锋芒的角儿们提高票价。

上海，向来是梨园行的大码头，能去上海演出，如意社自然求之不得。几经磋商，议定由李玉茹挂头牌，王金璐二牌，纪玉良三牌，以下是储金鹏、李金泉、王玉让、张金樑等鳞次排列。演期一月，帮忙六天，农历腊月二十三去沪，稍事休息，春节公演。

这是李金泉毕业后第一次上外地"跑码头"，分外高兴，可兴奋之余也有些担忧，他从未去过上海，只听说上海是花花世界十里洋场，听说上海人都穿着讲究，自己也要处处注意礼貌仪表，不能堕了如意社和中华戏校的声誉。人靠衣装，所以在赴沪之前，他需要购办一批新的服装、戏装。李云山全力支持孩子，向交好多年的朋友王庆堂先生借了几百元钱，忙碌地为儿子置办起来，还特意给李金泉买了西服、大衣和礼帽。

在上海，如意社的宣传早已铺开，黄金大戏院的门首上已经高高悬挂起李玉茹和王金璐的剧照，其他主要演员的名字也用霓虹灯布列出来。李金泉站在门口，仰头看着自己的名字在高处闪闪发亮，他第一次体会到了"角儿"的光芒四射。

沪上的报纸也已经登出了演出预告,"黄金大戏院此次聘请程砚秋主持之戏剧学校毕业生剧团南下,全体艺员 76 人,本月 27 日,日夜登台,唯因该校学生系初次南游,沪人或有未知详细履历者,据我所知,为读者介绍"。"李金泉:戏校老旦首席,嗓音能唱工字调,为李多奎之后第一人,做工尤好,善演新戏。"[1]

在"打炮"之前,如意社有几天的休整时间,李金泉和同学们借机看了上海的几场岁末合作戏。周信芳、林树森、盖叫天,赵如泉、赵松樵等名角儿的戏,让他们佩服得五体投地,即便是《财迷传》《李逵磨斧》《丑表功》这样的开场戏,在刘斌昆和韩金奎、盖三省的表演下,也精彩绝伦。李金泉大开了眼界,那满堂的喝彩声让他更加坚定,只要自己的"功夫"好,哪怕是唱头三出,也能得到观众的认可和叫好。

黄金大戏院的班底也很硬整,生行有苗胜春,旦行有赵桐珊,武旦有阎世善,净行有程少余、李克昌,丑行有刘斌、韩金奎、李小龙、盖三省,红生有李吉来(小三麻子),还有洒金红、王福卿等艺术修养很深的老伶工,裘盛戎的嗓音还未复原,此时也在黄金大戏院长期坐包。翁偶虹要求学生们对前辈艺人都行师礼,这别样的班社风气制度,也让这些老演员们对这些彬彬有礼的后进另眼相看、青睐有加。

如意社的"打炮"定于大年初一,昼夜两场。戏码安排出来,开场是《英雄会·打窦尔墩》,由李克昌饰黄三太、程少余饰窦尔墩;《财迷传》由刘斌昆饰花婆、韩金奎饰花郎;《挂印封金》由小三麻子饰关羽。以下才是纪玉良、李金泉的《雪杯圆》,王玉让的《牛皋下书》,王金璐的《挑滑车》,李玉茹的《鸿鸾禧》,夜场为《法门寺》和《甘露寺》。这些名家为如意社唱开场,众人不由得瞠目,意外之后,是小年轻们的万丈豪情,都攒着劲儿要好好演,不能辜负了前辈的提携。

---

[1] 红叶:《程砚秋领导之戏校高材生介绍》,《申报》1941 年 1 月。

春节五天，每天的昼夜两场都场场爆满。如意社上演了大量的传统戏，李金泉与李克昌、李玉茹、纪玉良、储金鹏、张金樑、郭和湧、王玉让、林金培、周金莲及赵桐珊（芙蓉草）、阎世善、裘盛戎、苏盛轼等先后演出了《鸿鸾禧》、全部《得意缘》、《龙凤呈祥》、《四郎探母》、《棋盘山》、《王宝钏》、《玉狮坠》、《穆桂英》、《花舫缘》、《朱痕记》、《牧羊山》及《孔雀东南飞》等戏。

到了第七天时，黄金大戏院一直盯着的"翁剧"才正式在上海露面，第一出，便是《美人鱼》，观众们对最后一场的"鱼龙变化"十分感兴趣，李金泉在剧中饰演渔婆，在后台一亮嗓子，又高又亮，立时便是可堂的彩声。演了四场之后，《凤双飞》接上，为了加强演员阵容，特邀请赵桐珊扮演田夫人，苗胜春演田云山，有这二位坐镇，"正如翠柏苍松，辉映着烂漫的三春花蕾"[1]，又是四天的满堂。然而黄金大戏院希望的"拉铁门"式爆满一直没出现，千呼万唤，终于上演了《鸳鸯泪》。演出时，戏院方的人悄悄在后台看观众席，只见很多人都在擦着眼泪，就知道这次邀请如意社来沪演出一定盈利丰厚了。果然，这出《鸳鸯泪》连续演了十场，场场爆满，如意社的演期已尽，黄金大戏院却不愿意轻易放弃，又加了十二天的演期。

经过这一期半的演出，如意社不但营业极为繁荣，李玉茹也誉满上海，剧团演员们的

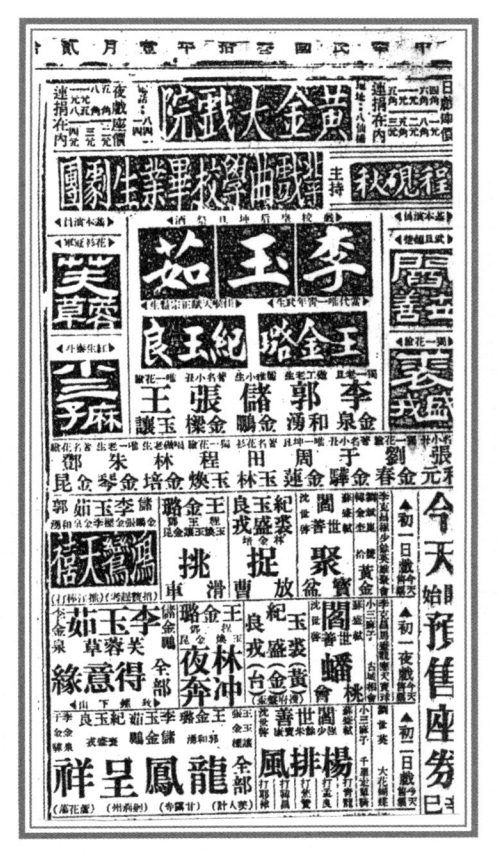

:: 如意社演出戏单，《鸿鸾天禧》《得意缘》《龙凤呈祥》，摘自1941年1月23日上海《申报》

---

[1] 翁偶虹：《翁偶虹文集·回忆录卷》，百花文艺出版社2013年版，第111页。

礼仪、中华戏校的风格都给上海观众和梨园界留下了极好的印象。上海观众对中华戏校这批学生的技艺给予了许多赞美，并将小生储金鹏、老旦李金泉、老生郭和湧、丑行张金樑称为"四小金刚"。

早春二月里，李金泉与如意社的成员"衣锦还乡"，回了北平。

父亲早早就等在门口，看着李金泉拿着大包小包满面春风地走过来，看着他从行囊里拿出给弟弟妹妹们带回的各种洋货，又看着他将此行挣到的丰厚包银郑重地交到自己手上，李云山心里安慰，叹了一声，这一家子的生计，终于迎来了希望。

为了庆贺，李云山将兄弟姐妹都请来家中，摆了桌酒席好好热闹了一番。酒至半酣时，李云山想起了父亲还在时，一大家子坐在院中一起唱戏的情景，父亲没了，那番熙熙融融如今已不可再现，可是自己的儿子却有望成角儿，这也是人生难得的快意。于是他又拿起了胡琴，自拉自唱起来，还是那句"一马离了西凉界"。

随着父亲的这句唱，从小到大的种种如拉洋片一样从眼前掠过，咽下的苦楚，流过的汗水，李金泉在此刻看到父亲脸上的笑容时，觉得都值得了。

1941年夏，李金泉拜石青山为带道师。凭借自己的好嗓子和唱做兼优、文武兼备，班社的邀约纷至沓来，真应了迟子俊先生当年那句"香饽饽，好搭班"的预断。

1941年5月，红叶在《今日之老旦》一文中写到了李多奎、孙甫亭、赵静尘、马履云、何盛清、李盛泉与李金泉，评价李金泉道："李金泉为戏校毕业生，为老旦不可多得之人才，身上扮相均有，自其毕业后搭入各班，虽未能一鸣惊人，但总有人谈起李金泉，正为其崭然露头角也，金泉宜勉之，希望在老旦行中放一异彩也。"[1]

---

[1] 《立言画刊》1941年第138期。

二、师·父

在梨园行里，出了科的子弟，都要拜师学艺，继续深造，而归入某一个自己适宜学习的流派，更是需要通过拜师来实现。如果说戏校里的学艺，是打好基础，学的都是"官中活儿"，那么拜师以后，一个戏曲演员的艺术造诣才会逐渐被雕琢出精致的花纹，打上流派的印记，进而创造自己的特色。

在李金泉的心里，有一个崇拜已久的前辈名家，那就是李多奎先生。还在戏校时，他就不止一次憧憬过，若有朝一日能拜入李多奎先生门下，得他亲授，那该多好！

没想到，在1941年的盛夏，这个萦绕心头数年的愿望真的有机会实现。

和着蝉鸣，李金泉搭入奚啸伯的忠信社，去往青岛演出。师妹侯玉兰正是忠信社的二牌，搭档起来更是亲近。这天，忠信社住宿的旅馆内又来一班演员，李多奎正在其中，李金泉一下子兴奋起来。同住一旅馆，这样的机会可遇不可求，若能当面提出拜师，也许会有几分成功的可能。

:: 京剧泰斗李多奎先生

但这其间还需要一位与李多奎相熟的人代为引荐，李金泉思来想去，还是去敲响了闻佐斌先生的房门。

闻佐斌是侯玉兰的长辈和"经纪人"，也在忠信社中，他出身梨园世家，交友广泛，是再合适不过的引荐人。而闻佐斌对眼前这位略带紧张的李金泉也已经很熟悉，本来就是侯玉兰的校友，再加上这次搭班合作，李金泉的技艺和人品都让他很喜欢。既然是老旦行难得的可塑之才，那他也乐于成人之美，在李金泉说完拜师的愿望后，闻佐斌并没有过多犹豫便答应了。

很快，闻佐斌就与李多奎约定好了时间，带着李金泉上了楼。来到李多奎的门前，李金泉的心跳如擂鼓一般，又使劲抻了抻自己的衣角，再次检查一下自己有无失仪之处，就见闻佐斌敲响了房门，一声"请进"传来，紧接着房门打开。

开门的，是李多奎的大哥李万和先生，李金泉微一抬眼，就见李多奎正站起来，见到闻佐斌时很是亲热，招呼着落座。李金泉则规规矩矩地微低着头，跟在闻佐斌身后，站得笔直。

几句话后，闻佐斌先生就指了指李金泉，说："这是李金泉，也是中华戏校的高才生，对您仰慕已久！"李金泉对李多奎深施一礼，就听闻佐斌接着说："别看这孩子话不多，但脑子好，肯吃苦，爱钻研，祖师爷又赏饭吃，是个老旦的好材料，人品更不用说，侯玉兰与他知根知底，我也能做个保证。听说您也住在这儿，他就央求我做个引荐，想要拜您为师，不知道您意下如何？"

其实，从李金泉进门的那一刻开始，李多奎先生就在观察这个中等身材、衣着朴素的青年。在此之前，他对李金泉的名字也有所耳闻，知道这正是崭露头角的后进新人，又见他懂礼貌、守规矩，李多奎先生已然在心里点头，此刻再仔细端详他，面带忠厚，闻佐斌所言自是不虚，不由得也起了爱才之心。让李金泉意外的是，李多奎先生不仅答应了收他为徒，还要认他做义子，这简直有点儿受宠若惊了。闻佐斌拍了下李金泉，笑着说："孩子，别愣着了，还不赶紧磕头！"李金泉这才在巨大的喜悦中跪倒在地，向李多奎先生磕头行礼，从此李金泉便是李多奎先生的爱徒兼义子，留下一段梨园佳话。

这是李金泉在艺术成长之路上迈出的极其重要的一步，而这份难能可贵的师徒父子之缘，也让李金泉珍视一生。

回到北平后，李金泉正式开始跟随李多奎先生学艺。说来也巧，李金泉的家在鞭子巷二条胡同，而李多奎就住在鞭子巷头条胡同，两家毗邻，这给李金泉的学艺带来了很多方便，也让师徒间的相处更加亲密无间。

赶上师父有演出的日子，李金泉都跟随在侧，师父化妆，他随侍在旁一边打下手一边观察，师父上台去，他就站在台侧，仔细听师父的每一句唱念，气口、劲头、节奏，在心里默默跟着唱起来，对比与自己唱念的不同之处，记在脑中，方便回去后自己反复体会，若有不明白的地方，未来也好向师父请教。散了戏，师父回到家中他也要尽心伺候。若晚上只演一个戏，那师父回家会早些，要是赶上唱"大轴"，或者要在两个戏园子间赶场，如在吉祥剧场唱帽儿戏《钓龟》，然后赶到长安剧场唱《望儿楼》，这样回家时就已经是半夜了。一进门，李金泉要先伺候老师茶水、吃夜宵，然后点上烟，再给老师打好洗脚水泡脚。李多奎倚在床上闭目养神，若不是太劳乏，就会给李金泉说说戏，李金泉也会抓住机会多问些、多学点，但赶上师父劳累的时候，经常泡着脚就睡着了。

李多奎给李金泉细说的第一出戏，就是《钓金龟》，这是一出老旦行的骨子老戏，也是李多奎先生的看家戏。

老旦演员人人都会唱《钓金龟》，李金泉也早就在舞台上演过很多次，现在却要在师父的指导下一板一眼地重新学起，甚至每一个字的行腔、气息、劲头儿都需要学习很久，待学成后再唱，还是那些腔，还是那些唱词，韵味却是大大不同，这就是拜师学艺的意义所在。

李多奎教授学生时，都是亲自操琴，让学生们跟着弦儿唱，遇到不对的地方就停下细细讲解。他要求李金泉练气，拍着李金泉的小腹讲如何运用"丹田气"将老旦【导板】的腔一口气唱下来，李金泉还以为是师父要他练功，演出时并不会这样唱，结果听师父演出《孝义节》时，戏中的【三眼】纯粹就是一口气，响遏行云，绵延不绝，既是李派的韵味，又有龚派的特色，真是好听，方才明白师父为何说"一口气"是老旦的必会基本功，明白了师父那句"小子，你把我教的法儿学到了就对了"的意思，这让他对老旦艺术的魅力又有了新的理解和认知。由此，他不仅勤于练气，还将李多奎先生的每句唱腔、每个字的发音，都一一刻在心里，在换气、拖腔和每一个字的字头、字腹、字尾等细节的处理上下足了苦功夫。

孺子可教，对于李金泉的成长，李多奎看在眼里，新中国成立后，他直截了当、语重心长地对李金泉说："你走你的路。"

师父的这份开明和鼓励，让李金泉既感动又振奋。李金泉加入中国京剧院后，在新的创作环境氛围内，便开始摸索创作的路子，每一出新戏诞生，都要请师父来看，悉心听取师父的意见和指导。演《岳母刺字》时，李多奎只是点点头表示赞许，毕竟这出戏里传统成分占了很多。等到《罢宴》时，李金泉不仅设计了新唱腔，建立了新结构，还加大了"做"的分量，李多奎看完后说了三个字"还可以"。《李逵探母》则是在前两个戏之后又一次大胆的尝试，演完后再请李多奎先生点评，这次先生竖起大拇指，说道："是真好！"

从"还可以"到"是真好"，短短三个字的评语，转换间是师父的欣慰和骄傲，也凝聚着李金泉在"自己的路"上的上下求索。

梨园中,本就讲究尊师重道,师徒如父子,更何况李金泉还是李多奎先生的义子呢,从拜师时的年方弱冠到李金泉自己步入暮年,这份师徒情一直深厚。

李多奎过生日,李金泉若在京必会参与并祝拜,若赶上外埠演出等特殊情况实在没办法,也会让夫人田玉兰代替他去给师父拜寿。20世纪50年代有一年适逢李多奎先生寿诞,李金泉在外地演出,夫人也因病住院,行走困难,无奈之下,只好让上小学的长子李思光拿着寿礼去给师爷祝寿。小小的人儿,高高的台阶,李思光进到师爷院中时,很多人都不认得这个小孩,就见他来到南屋外的廊台处规规矩矩地跪下,大声地说:"父亲在外演出不及赶回,母亲身体不便,特命孙儿前来祝寿,祝师爷爷福如东海,寿比南山!"清亮的童声,规矩得乖巧,让李多奎先生夫妻笑得开怀,师奶奶一边摸着他的头一边感慨着说:"这是金泉的大儿子,长大了!"在场的人都笑了。从此,当父母有事不能前来时,李金泉的孩子们就充当了往来师爷爷家的小跑腿,帮着把酒食等生活小物送来。李多奎很喜欢这些孩子们,1972年5月,李思光在家里举办结婚仪式,李多奎不顾年事已高,竟然亲自前来,坐在八仙桌旁慈爱地笑着,竖起大拇指连声说好,这一场景,让到场的宾客印象深刻,更让李思光铭记终生。

田玉兰与李多奎先生的长女李维茵脾气相投,感情很好,师娘与女儿李维茵还住在鞭子巷头条时,田玉兰就经常将师娘接回家来照顾几天,等师娘搬到和平里居住后,还时不时会回到女儿家中,李维茵到李金泉家知会一声,李金泉和田玉兰就会带着孩子们赶去看望。俩人一边说着"娘,您别动,躺着就行",田玉兰一边给师娘揉腿的画面,是李金泉的孩子们从小就铭记的温暖。

李金泉一家同李多奎先生的子女关系都非常好，受家庭熏陶，李多奎先生的长子李宗华是一名小生演员，常到家与李金泉谈论京剧艺术，而李维茵和弟弟李世麟都爱唱戏，并且天赋不错，李世麟善绘画，是名画家王雪涛的学生，姐弟二人也经常来家，同李金泉一起探讨唱腔，一边拍着板一边还带着表情唱，板眼、劲头、韵味都没得说。

∷ 李金泉（左）与李宗华（右）聊戏

20世纪90年代初期，李多奎先生的夫人曹砚芬患病在床，年过古稀的李金泉已患脑血栓，行走不便，但得知这一消息时，还是立即让李思光搀扶着，在弟子赵葆秀的陪同下来到和平里，艰难地爬上那一层层楼梯，一定要看到师娘，他才能心安。

20世纪80年代，恢复传统戏伊始，曾有业内人士对李金泉讲，京剧《赤桑镇》是个很好的戏，题材很好，能否进行二度创作。李金泉立即拒绝，"《赤桑镇》是我的老师和裘盛戎先生亲自创作的经典作品，倾注了二位先生的心血，不仅不该改动，还应将这一经典剧目传承下去"。

在一次广播电台采访节目中，曾经有一位听众问李金泉，《钓金龟》中的康氏到底是戴白网子还是鯵网子，李金泉回复道："我的义父李多奎演《钓金龟》时戴的是鯵网子，师父戴什么，我就戴什么，我遵从老师的艺术，并且告诉我的学生们，要按老先生扮的，戴鯵网子。"

:: 1959年10月，李金泉带领王晶华、王晓临、王梦云、王竹铭、施章、李玉英、张志勤、刘英花等青年演员来到李多奎老师家学习、请教并合影，右一：李多奎、右三：李金泉

:: 《老演员谆谆善诱来辅导，青年老旦专诚拜师勤学戏》，《北京晚报》1959年10月28日第4版报道

是李金泉保守吗？正相反，李金泉是最具创新意识和创新能力的艺术家，这样坚守和传承，是因为他深知老师艺术的高妙，更因为那是他崇拜、尊敬、感恩了一辈子的师父。

"最让我怀念的是我的恩师和义父李多奎先生，他对我倾注了大量的心血，使我才有了艺术的今天。"这是他在"李金泉艺术创作和教学成果研讨会"上的致辞。

2008年5月，八十八岁的李金泉在北京积水潭医院住院治疗，获悉将为纪念李多奎先生诞辰110周年出版艺术画册一事，便在病房里欣然书写了"纪念义父李多奎大人诞辰110周年"及"祝李派艺术万古流年并祝李世英收徒李嘉存"的贺词。他还为此写了题为《难忘恩师》的文章，念念不忘的依然是师父的培养之恩，以及将京剧老旦"李派"艺术不断发扬光大的责任。

:: 2008年，李金泉（右）与李世英（左）合影并为《李多奎画册》题字

:: 2014年10月，天津举办第12届"和平杯"中国京剧票友邀请赛，李多奎先生之女李世英（右二）、李多奎先生之婿王淼（右三）、李思光（右一）、李思增（右四）于后台合影

师，父，一日为师，终身为父。在李多奎和李金泉这一对梨园师徒之间，就是对这句话的最好诠释。

三、九年搭班

从1940年底出科，到中华人民共和国成立，李金泉度过了九年的搭班生涯。

1941年春，随如意社返回北平后，他先后同奚啸伯、侯玉兰、李玉茹、金少山、杨宝森、李少春、王泉奎、李洪春、高维廉、艾世菊、白玉薇等演员合作演出，奔赴于北平、天津、青岛、上海、沈阳、哈尔滨等地。

:: 《太君辞朝》《滑油山》演出戏单，摘自1943年2月11日《申报》

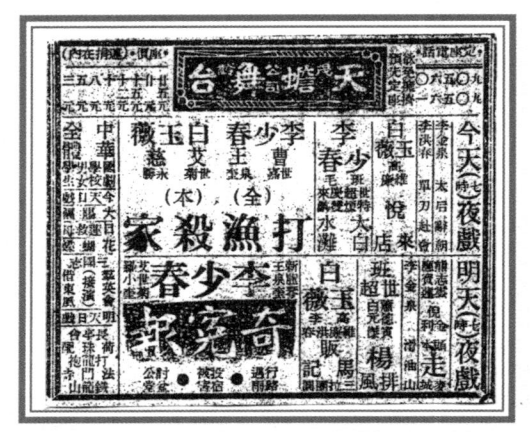

:: 《徐母骂曹》《花田错》演出戏单，摘自1943年3月8日《申报》

1942年至1944年，李金泉多演于北京和上海，同杨宝森、林秋霞、王泉奎、刘砚亭、李少春、罗荣贵、白玉薇、艾世菊、李洪春、王铁侠、张春华、贾松龄、陈永玲、储金鹏、关正明、叶盛章等合作演出。演出的剧目较前两年也变得更加丰富，除了《太君辞朝》《滑油山》《徐母骂曹》《游六殿》《钓金龟》《断太后》《打龙袍》这些老旦本工戏外，还演出了《断臂说书》《春秋配》《得意缘》《花田错》《四郎探母》《八大锤》《薛平贵与王宝钏》《岳家庄》等。其间，李金泉于北平与王铁瑛拍了一部《孔雀东南飞》的戏曲电影。

1945年至1946年，李金泉在北平与叶盛章、叶盛兰、李少春等在班社中轮流演出。1946年与尚小云、李少春以及杨荣环等分别于天津中国大戏院、天津北洋戏院及唐山一地各演一期，年底随荀慧生赴西安演出一月余。

1947年夏季，与荀慧生赴沈阳演出半月。返京后，又与谭富英到沈阳演出半月。

1948年4月，随梅兰芳、杨宝森赴上海天蟾舞台演出一个多月，演了《游六殿》《断太后》，同王泉奎演出《打龙袍》，与梅兰芳、杨宝森、姜妙香、俞振飞、茹富惠、魏莲芳、陈永玲、王少亭等名角演出《四郎探母》《红鬃烈马》等。

:: 梅兰芳、杨宝森率队演出阵容广告，摘自1948年4月1日《申报》

:: 《四郎探母》演出戏单，摘自1948年4月30日《申报》

:: 《红鬃烈马》《游六殿》演出戏单，摘自1948年4月24日《申报》

应南京介寿堂经理华子献之邀与李玉茹在南京演出一月余。又与李丽芳、顾正秋等分别演出各两月余后返回北平。

1949年3月8日，华乐戏院晚场与杨宝森、陈永玲、梁慧超、茹富慧、江世玉、哈宝山等演出《探母回令》。3月15日，长安戏院晚场与尚小云、筱翠花、贯盛习、马富禄、尚富霞、尚长麟、尚长春等演出全部《铁镜公主》。3月15日，华乐戏院晚场演出《钓金龟》。3月20日，华乐戏院晚场演出《长寿星》。其间在三庆戏院与李金鸿、沈金波、赵德勋、孙盛文演出《八大锤》等。

这九年的搭班生涯，让李金泉在艺术上突飞猛进。"纸上得来终觉浅"，师父的教授、自己的体会和练功，终比不得站在台上面向观众演出所得的收获。这些年里，李金泉除了在台上打磨历练自己的老旦本工戏以外，还不断地与各行当的名家同台，即便自己只是配角儿，与名家们在表演中的合作交流也让他受益匪浅。表演的节奏、唱念的风格、台上的配合，一人一样，一戏一样，李金泉都要能适应，这就需要自己功底的绝对扎实，而在表演之外，往往一个眼神交流、一个灵活的应变处理，电光石火间就能让他有启发、有感悟，这些对李金泉的艺术成长来说都是难得的滋养。

这日，李金泉与李少春、王泉奎、李洪春、艾世菊等演出全本《洪羊洞》。这出戏，李金泉饰演的佘太君只在最后一场出现，只有一句【二黄散板】"听说宗保一声请"，但他仍有意识地去揣摩人物。这不是四郎探母时的佘太君，而是要与六郎诀别，即将白发人送黑发人的佘太君，在唱这一句【散板】时，应该有担心紧张和犹疑不定的情绪，因为佘太君知晓六郎缠绵病榻，猛听到孙儿唤她，猜测六郎病情有变。当她见到病榻上的六郎那一刻，一声"儿啊"不能呼喊得太高，不能喧宾夺主，也怕惊到六郎，也不能太过哀戚，因为她是久征沙场的佘太君，不是普通的老夫人。李少春饰演的杨六郎唱到"抬头只见儿的老娘亲"，李金泉真如母亲见儿一般，目中哀伤心疼，却又无可奈何，这之后，

∷ 《洪羊洞》演出戏单，摘自 1943 年 2 月 13 日《申报》

直到戏的终了，李金泉都在母亲这个人物里，即便站在一旁不动，他也把关切都倾注在杨六郎的身上。

散戏后，李少春拍拍李金泉的肩膀，"演得不错，像这个人物！"李金泉欣喜，"您没觉得我'搅合'？""怎么会！我向来主张要演人物，甭管活儿大活儿小，演人物都是对的。你现在唱得很好，真像你师父，一定要研究研究老年妇女形象，得像个老太太！"

一句话，虽然浅显直白，却让李金泉为之一震。京剧自有老旦行当以来，都是以男演员担当，以唱工优劣为评判标准，在声腔上难免还有老生痕迹，身段和表演更是比不了青衣花旦中男旦对女性特色的把握和刻画，那么老旦用不用突出老年女性特点呢？答案无疑是肯定的。如何去表现？李金泉陷入了沉思。要演人物，要像女性，这是今后他在老旦艺术上创新和探索的"引子"。

在杨宝森班社中搭班时，每一贴演《伍子胥》上座率必然会高，李金泉在剧中饰演专诸的母亲，原本出场靠后，但他经常早早地化好妆穿好行头，站在台侧等着杨宝森在《文昭关》里那句闷帘的"马来"，明明是悠长舒缓，明明调门平平，却能立刻让舞台布满愁云，让整个剧场都笼罩上一层悲剧气氛。《文昭关》本是汪派名剧，唱腔慷慨激昂，凄厉高亢，以杨宝森的嗓音条件，想唱《文昭关》原本绝无可能，但是杨宝森却偏偏将这出戏唱出了名，唱成了自己的代表剧目，原因就在于杨宝森能结合自己的嗓音条件，

∷《伍子胥》演出戏单，摘自 1942 年 12 月 31 日《申报》

从人物出发设计新的唱腔，扬长避短。汪派的伍子胥，是愤慨之情多于悲怨，杨宝森塑造的伍子胥，则是悲痛之情多于愤懑。两种风格，却都是伍子胥，那么《钓金龟》里的康氏就只能是一个样子吗？佘太君的唱腔里能不能根据剧情和人物的需要加上新的情感呢？李金泉站在台侧，听着观众们的叫好，心中却在想象，如果老旦戏也能根据人物来设计唱腔，唱人唱情，而不是只靠好嗓子唱高腔，那会是什么模样。

经过搭班，李金泉不仅在舞台上获得了长足的进步，也大大改善了家中的经济条件。作为长子，他将每一次演出的包银、戏份儿都交给父亲，而父亲也充当起了"经纪人"的角色，帮助李金泉接洽演出，商定戏份儿。搭班演出，按份儿拿钱，头牌的戏份儿肯定比二牌多，这是毋庸置疑的，却也经常因为互相攀比而产生矛盾。李金泉向来谦和敦厚，看重的只是能唱戏，唱好戏，至于戏份儿和包银的多少，他并没有太过于讲究，一切交给父亲便是了，这让李金泉很受各京剧班社的欢迎。

然而梨园行里有一句至理名言：要想人前显贵，必得背后受罪。李家人财两旺的势头背后，是李金泉多年的辛劳付出。

每一次演出，京剧演员的行头都是里三层外三层，莫说夏季三伏，就算是寒冬腊月，演一场下来也是汗流浃背。为了避免汗渍把戏装浸湿弄脏，演员们大多有"竹水衣子"，就是把细小的竹筒用线穿起来，每节竹筒大约不到2公分长，直径也不大，演出时穿在最里面，就能将汗水与戏装隔开。"竹水衣子"需要从戏装社定做，李金泉也有一件，穿上后戏装倒是受到了保护，但身上的汗却不易排出去，长此以往，李金泉落下个病根，每逢盛夏，前心、后背、胳膊上就会长满痱子，十分瘙痒痛苦。

身体上的苦楚还能忍受，时局动荡给戏曲艺人带来的折磨则是惊心动魄。

1942年上半年，李金泉随同杨宝森到沈阳、哈尔滨演出，演出用的盔头在途中被压坏，李金泉的一顶凤冠被压塌，但他们并不敢向车站警务人员提出不满和抗议，赔偿更是想也别想，只能吃下这哑巴亏，自己再掏钱另置。

1943年，李金泉随李盛藻到山东济南演出半个多月，不知何故，返京时他们受到车站警务段人员的训斥及无故刁难，搞得演员们十分紧张和害怕。等到随杨宝森再赴济南演出时，吸取了上一次的教训，班社提前派人去车站将管事人员一顿打点，才未受欺辱。

1944年秋，李金泉先后随王铁侠、张春华、陈永玲、李少春、叶盛章等在上海天蟾舞台合作演出，却因空袭频繁，演出不景气，而不得不返回北平。在途中经常能见到被炸毁的火车被废弃在路边，车经安徽时，忽然响起紧急警报，虽未遇险，但也心中慌乱惧怕。好不容易平安回到家中，李金泉的戏箱等物品却等了一个月也没回来，派人到南京去找，也无下落。车站的工作人员推辞说，路上可能遇到事故了，轻飘飘一句话，李金泉的整个戏箱和物品就没了。这是他赖以演戏的私房行头，即使物价飞涨，也不得不重新花巨资置办，在那样的乱世里，人能平安已是福气。

1947年初，李金泉随荀慧生先生到西安演出，演期结束后，演员们准备乘机返回，在还未起飞的时候，一架国民党的军用飞机冲出了跑道，直奔他们所乘的飞机冲过来，大家坐在飞机上什么也做不了，只能眼巴巴地看着那架飞机越来越近，眼看就要撞上时，幸好因为跑道外的泥土松软，军用飞机停下了，一行人才免遭劫难。

至于枪声，李金泉听得就更多了。国民党当兵的买不到戏票会鸣枪威胁，街面上饥民抢夺粮食，也会引发一连串的枪响。1948年的南京，局势紧张，全城不时戒严，每一列南下的火车上都挤满了人，顾正秋约李金泉去台湾演一期，一来避难，二来多挣点包银，李金泉却谢绝了，他要回北平。

在人人都往南去时，李金泉的一颗心却系在家中妻子幼儿身上，而田玉兰也担心着丈夫的安危，夜不能寐。妻子几封家信的催促之后，李金泉迫不及待地想要北上，却因为盘缠不够而迟迟不能动身，他只好从南京到上海，找到师妹李玉茹，在李玉茹的解囊相助下，李金泉才终于由上海到天津，再由天津返回了北平。到家后才知道，他乘坐的那班由上海到天津的船，是北上的最后一班客船，不禁一阵后怕，对李玉茹更是感激。若是当时去了台湾演出，那可能迎来的就是与家人数十年的两岸分离，而李金泉的艺术道路，就是另外一个故事了。

四、换了人间

1949年1月31日，北平和平解放。3月，李金泉参加了焦菊隐先生成立的戏曲学校校友京剧团。当月校友剧团发表宣言："必须把封建意识连同剥削制度建立起来的后台组织习惯彻底粉碎……今后要以戏曲为人民服务，配合人民政府的文化政策路线，贡献我们的一切力量，能够为老梨园界起一点作用。"

校友剧团汇集了一些中华戏校的教师和学生，如沈三玉、赵德勋、高玉倩、李金鸿、何金海、沈金波、王金璐、李金泉等。剧团在组织上采取了民主集中制，最高领导机构是团务会议，以工作成绩为标准，团员将分别赠予股权。舞台美术也开辟了一条新路子，布

:: 《全部铁镜公主》演出戏单，摘自1949年3月14日《新民报》

景完全运用中国旧有的帷幕装置和屏风，利用色彩和灯光衬托出时间、空间与情调。

戏校校友剧团首先排演了反映人民革命的新剧目《九件衣》，1949年3月25日先后于美琪大戏院、北京市青年宫、民主剧场等地演出，主要演员有高玉倩、王金璐、华世香、沈金波、沈三玉、李金泉等。

由于校友剧团改革戏班旧习，建立新的管理和薪酬制度，调动和发挥了团员们的工作热情。李金泉发挥其一专多能的优长，与剧团负责布景的同志一起制作布景、道具。回到家中，叫弟弟们从街上买来各色彩纸、笔墨颜料，自己动手制作演出广告，有时画写到凌晨三四点钟，也不知疲倦。画好后又同剧团的同学们到剧院和街头等地张贴，人手不够时，还发动他的弟弟李景华、李景富、妹妹李曼琴提着糨糊桶到前门大街、东单、哈德门等地去张贴广告，一心为剧团演出扩大宣传，也为剧团节约经费。

在天津演出《九件衣》期间，李金泉见到了前来看戏的于光和李和曾。老同学见面，自然是一番畅谈，于光和李和曾已经是解放区的文艺工作者，对李金泉讲述了解放区的生活。在中国共产党的领导下，他们将文学艺术当作武器，积极配合全国人民的抗日和解放事业，开展各种形式的演出，尽管生活条件艰苦，但精神振奋，党的许多领导人都观看过他们的演出，给予亲切关怀。

:: 《九件衣》演出戏单，摘自1949年3月27日《新民报》

李金泉听得很是向往和羡慕。搭班的九年里，各种遭遇还历历在目，不管名气有多大，表演有多好，谁还不是当面尊一声"老板"，背地唤一声"戏子"？区区一个车站警务也能肆意挑衅欺侮，而这些角儿们多数只能选择隐忍、息事宁人。像李和曾描述的那样受尊重、有尊严，他想也不敢想。现在北平也解放了，自己也在共产党的领导下，什么时候能成为一名有尊严的文艺工作者呢？李金泉对未来充满了期待，并积极地去响应和拥抱新思想。

1949年4月8日，在世界拥护和平大会上，中国文化界发表宣言，坚决支持响应。原中华戏校校长焦菊隐，教师翁偶虹、沈三玉，戏校学生、校友剧团成员李金泉、王金璐、沈金波、李金鸿、高玉倩等及社会知名人士在宣言上签字。

1949年8月，李金泉参加由北平文艺处组织主办的戏曲艺人讲习班学习，接受新时期新思想教育。

这时校友剧团因内部管理及演出营业困难等原因而解散。

1949年夏末，经骆洪年和孙盛武的盛情推荐，李金泉参加了李少春组织的起社剧团。李少春、袁世海为主要演员，其他演员有赵蕴秋、李幼春、李世霖、张盛利、骆洪年、孙盛武、陈金彪、叶德霖、田玉林、李益春、李元瑞、王元芝等。与旧时的戏班不同，起社剧团执行的不再是名角儿挑班制，而是集体所有制，在薪酬管理上进行了很多改革。

1949年10月1日，中华人民共和国成立。李金泉与大家一起走上街头，唱呀跳呀，高呼着"共产党万岁""毛主席万岁"。一片欢腾中，全国上下换了人间，而李金泉的艺术之路，也开启了新程。

1950年6月1日，李少春、袁世海领导的起社剧团与叶盛章领导的金昇社合并成立新中国实验京剧团。全团八十余人，执行民主集中制管理，团长李少春，副团长叶盛章、袁世海。选举团务委员，设立业务委员会。剧团下设相应的业务组织，李金泉担任总务组下的业务组长，该组由音乐、灯光、道具、布景、服装、化妆、剧务七股组成。新中国实验京剧团的经费来源是演出收入，薪酬根据团员们的技能和文化水平高低计分而定，这样全新的薪酬结构在初执行时难免会遇到困难，李金泉作为剧团的业务组长，积极动员、贯彻，做相关人员的工作，甚至自己带头先减去三分，以身作则，化解矛盾，让薪金制度得以顺利贯彻执行。

在此后的工作中，李金泉除了要完成自己的演出任务外，还要兼顾组下七股的各项工作。在新编剧目《云罗山》的排演中，他既饰演白母，又要参加布景的设计工作，李少春先生在排演这部戏的心得与体悟中谈道："京剧利用布景、灯光，虽然也有不少剧团这样做了，但经常感觉到有时和台上的表演有冲突。我们这个戏也计划利用布景、灯光，于是，我便首先考虑如何使布景和表演相融合。我事前也曾考虑，哪一场怎样加添布景，用什么方法，因为我们在这方面知识太浅，所以为了具体研究，经李金泉同志帮助，我们试着做了一个

:: 《云罗山》剧照，李少春（右二）饰演白士永，李金泉（左一）饰演白母

第二章·拜师精艺伴名家　61

:: 《云罗山》演出戏单

舞台模型，即按大众剧场舞台的样子把它缩小，我们用纸板剪成每一幕布景的形式，摆在舞台上，从此再研究舞台上的表演、动作地位等，都试着做出有计划的处理。"

在党的关怀下，1951年，戏曲改进局改组，成立了中国戏曲研究院。梅兰芳任院长，程砚秋、周信芳、马少波任副院长。马少波与李少春等进行了商谈，邀请新中国实验京剧团正式参加中国戏曲研究院的工作。

李少春团长向大家报告了剧团参加中国戏曲研究院的消息，全团人员都表示同意，非常兴奋，因为成为国家剧团的一员，不仅意味着从此工作和生活有了根本性保障，更代表了一种身份认可。盼望了这么久，自己也终于成为一名人民艺术工作者。

1951年11月1日，新中国实验京剧团全团光荣加入中国戏曲研究院。随后，剧团到天津中国大戏院演出半个多月，地方报纸与剧场戏单刊登的演出单位为"中国戏曲研究院实验京剧团"。这次赴津演出，全团努力贯彻中国戏曲研究院的号召：澄清舞台上的丑恶形象，积极配合政府当前工作和新时期文化之需要。演出了宣传爱国主义与进步的新剧目，给文艺界带来一股改革的春风和一派新文化、新思想、新气象。根据剧团的安排，李金泉与骆洪年、孙盛武、赵寿洪等同志每天专项负责剧团贯彻上级指示的执行情况。

∷ 20世纪50年代，外埠慰问演出部分演员合影，李少春（后排右二）、王志勤（后排左一）、李金泉（后排左二）、黄玉华（后排左四）、赓金群（后排右一）、叶盛章（中排右二）、袁广和（中排左一）

　　1953年，中国戏曲研究院所属京剧实验工作一、二、三团合并为中国京剧团，在此基础上，于1955年1月成立了中国京剧院，艺术大师梅兰芳任首届院长，李金泉为三团演员。1958年3月，中国京剧院内部调整，李少春、袁世海所在的三团与叶盛兰、杜近芳所在的一团合并为中国京剧院一团，李金泉为中国京剧院一团一组的组长，李金鸿为副组长。

第二章·拜师精艺伴名家

:: 李金泉参加中国京剧院组织的文化学习　前排右起：娄振奎、袁世海、杜近芳、孙盛武、李金泉、陈延龄（站者）

:: 1950年《望儿楼》演出戏单，摘自1950年3月31日北京《新民报》

:: 1950年《将相和》演出戏单，摘自1950年5月28日北京《新民报》

:: 1951年《虎符救赵》演出戏单，摘自1951年6月13日北京《新民报》

:: 20世纪50年代，外埠演出后合影。前排左起：夏美珍、李金泉、张名英。中排左起：李广伯、吴钰章。后排左起：李世霖、吴素英

加入国家剧团后，李金泉先后担任了剧务科教育股副股长、艺术研究组副组长、导演教练科副科长等职务，除此以外，还受院、团委派担任一些行政管理工作。20世纪60年代后期，担任中国京剧院创作组组长。

1956年5月16日，应日本"朝日新闻"邀请，在访日代表团团长梅兰芳，第一副团长兼总导演欧阳予倩，副团长兼秘书长马少波的率领下，李金泉同李少春、袁世海、姜妙香、李和曾、江新蓉、梅葆玖、梅葆玥、侯玉兰、孙盛武、江世玉等演员随访日中国京剧代表团乘火车离开北京，赴日本友好访问。

以国家代表团的身份出国访问，完成祖国交予的文化外交任务，这样的殊荣，是旧社会戏曲艺人无法想象到的，

:: 李金泉西装照，1956年5月访问日本前拍于北京

第二章·拜师精艺伴名家　65

"生而逢时"，李金泉觉得自己很幸运，并无比自豪。

5月30日晚，中国京剧代表团的开幕演出在东京歌舞伎座剧场举行，梅兰芳演出《贵妃醉酒》，当晚还演出了《将相和》《拾玉镯》《三岔口》。

:: 1956年5月，中国京剧代表团访日期间李金泉（左）与孙盛武（右）合影

5月31日上午，李金泉与李世霖演出了《寇准罢宴》，同场演出的剧目还有《雁荡山》《人面桃花》。

中国京剧代表团还在日本的大阪、京都、名古屋、福冈、八幡等地演出了三十场，观众达七万余人。在那些日子里，中国京剧轰动日本，代表团到了哪里，哪里就有不惜高价排队购票的人群，坐票买不到就买站票。每场演出开始和每一个节目结束，就会迎来剧场楼上楼下几千名观众的热烈掌声。东京、大阪进行四次电视转播，吸引观众约一千万人。虽然每场演出前都会有少数捣乱的人散发传单，但这些传单都被观众踏在脚底下，没有人会将注意力放在它们身上。

代表团访日期间，中日两国艺术家开展了艺术交流活动，欧阳予倩先生在日本俳优座为日本戏曲界作"关于京剧改革的几个问题报告"，李少春、袁世海等作了介绍京剧演技和基本动作的表演。代表团的演员们也向日本艺术家学习，李金泉与骆洪年、谷春章、孙盛武、李幼春、茹木春学习了日本狂言名剧。

:: 访问日本期间，中国京剧代表团部分成员与日本文体界朋友合影，李金泉（后排右一）

中国京剧代表团访问日本两个月，7月15日，日本各界为欢送中国京剧代表团举行了游园会。16日晚，中国京剧代表团在东京帝国饭店举行辞行夜宴，近千人出席。17日上午，东京羽田机场五星红旗飘扬，歌声不断，中国京剧代表团乘飞机取道香港回国。

此次中国京剧代表团访问日本，不仅扩大了中国京剧对世界的影响，更为促进中日两国人民的友好往来做出了贡献。李金泉从艺八十载，这也是他唯一一次的出国演出。

:: 李金泉在公园为民众清唱

1957年5月1日，李金泉正式加入中国共产党，入党介绍人是袁广和、刘宪华。他在入党申请书中写道："几年来，在党和领导的教育之下，我在艺术上得到了很大支持与培养，理论也逐步提高。今后在党和毛主席的文艺方针指引和领导们的督促下，要经常以为人民服务的思想精神衡量自己，戒骄戒躁，铲清资产阶级思想，加强艺术修养，加强文化与政治学习，全心全意，不怕困难，刻苦耐劳，把我的工作做好，不辜负党对我的培养。"

他是这样说的，也是这样做的。不仅每日练功刻苦，还在每个节目的排练中都积极认真进行艺术创作，革新唱腔。新年期间，剧院任务非常繁重，舞台工作人员很辛苦，他就同娄振奎一起帮演员们穿戏装，在人民剧场演出的《九江口》中，李金泉饰演王妃后，又同孙盛武、李金鸿、李世霖赶演龙套。1960年2月,李金泉与杜近芳、翁偶虹、范钧宏等出席在人民大会堂举性的北京市文教群英会,李金泉被评为北京市劳动模范。1975年1月,李金泉被选为全国人大代表,参加中华人民共和国第四届全国人民代表大会。

:: 1960年,李金泉(后排右一)出席北京市文教群英会,被评为北京市劳动模范,与翁偶虹(后排右五),范钧宏(后排右六),赓金群(后排右二)等的合影

第三章 别开生面 创佳作

一、初探

20世纪50年代，全国上下都在热火朝天地建设新中国，在党的"百花齐放""推陈出新"的方针指引下，文艺工作者们紧跟形势，思想上弃旧迎新，创作氛围十分高涨。

新建立的中国京剧团更是如此。作为京剧的国家剧团，这里集中了京剧各流派的表演艺术家以及著名的剧作家、导演、作曲家、舞台美术家等，旧社会戏班中的各种壁垒都被打破，流派与流派之间，行当与行当之间，通力合作，用空前的热情去拥抱新时代，创作新剧目。

李金泉此时刚刚迈入而立之年，正是舞台经验丰富、创作精力旺盛的时候，在这样火热的创作环境中，也跃跃欲试。师父说，"你走你自己的路"，自己的路是什么，该怎么走？李金泉陷入了思索。

追本溯源，老旦唱腔经郝兰田的创造，使声腔有了女性的婉转。至龚云甫，他的嗓音清润脆亮，有"雌音"，他结合自己的嗓音特点，吸收了老生腔中的"擞音"和青衣腔中的"落音"，用来润腔，使老旦声腔的女性化更加明显，玲珑有致，又不失老年人的苍劲。龚云甫开创了老旦声腔的新纪元，王梦生在《梨园佳话》中形容龚云甫的唱腔"婉转多端，起落升沉，绵绵不绝"。龚云甫的艺术全面，除了唱腔创新以外，亦讲究念白，到晚年时做工更臻化境。徐凌霄在《说〈钓金龟〉，并悼龚云甫》一文中称道龚云甫"演贫婆则酷似伛偻老妪，演贵妇则堂皇名贵"，他的表演"任何人皆不能掩过之优点"，"对于剧中人之情境，有真挚之热感"，"口眼身步无处不显其感吸力"。

龚云甫使京剧老旦成为一个独立的行当，可惜在他四十岁以后，嗓音逐渐不济，容易暗哑，唱腔里也很少见翻高的嘎调和有力的垛板。在龚云甫之后，老旦行中艺术成就最高的，就是李金泉的师父李多奎。

李多奎拜的老师是罗福山，但继承的主要为龚云甫的艺术，这得益于他延请了龚云甫的琴师陆砚亭为自己操琴，龚派唱腔的精髓处尽数学习吸纳，化为己用。李多奎的自身条件与龚云甫不同，他的嗓音条件得天独厚、气力充沛，所以能更讲究气口、喷口的运用，由此增强了老旦声腔的技巧性，听来更加韵味醇厚，苍劲峭立。李多奎在龚派艺术基础上，将自己唱工的优长发挥到极致，创立了老旦艺术的第二个流派，世称"李派"，或称"多派"，影响深远，为老旦唱腔的范本，后世学老旦者无不受其艺术滋养。

　　知来路，才能明去路。李金泉明白，他想找到自己的艺术道路，方法也只有一个，那就是和师父一样，在继承前辈艺术的基础上，发挥自己的特长，创作自己的剧目，以期形成自己的风格。

　　自己的特长是什么？对多派艺术扎实的继承，嗓音条件好，更接近女性音色，唱做皆可，文武兼能，还可以根据需求自己创腔。若是能在继承师父唱工的基础上，学习龚云甫的"对于剧中人之情境，有真挚之热感"，将二位大师的特点兼容并蓄，会是什么样子？

　　"以唱腔为核心手段，综合运用唱念做打来塑造人物，因人设戏，以腔传情。"

　　这在老生和青衣等行当的发展中已经是成熟的艺术规律，而在老旦行里，却是亟待完善的问题，也正是适合自己艺术特点需要努力的方向！在迷途中徘徊许久的李金泉，心头忽然一片清明，拨云见日。

　　兴奋的李金泉想立刻创作新剧，在实践中继续摸索，但是他并没有急于高歌猛进，而是

:: 20世纪80年代，李金泉（左）与原中国京剧院副院长马少波（中）夫妇合影

第三章·别开生面创佳作　　73

:: 《岳母刺字》剧本封面

十分慎重地选择剧目，稳中求进。时任中国京剧团团长马少波先生也提出"李金泉这么好的演员，要为他写戏"。恰逢1953年，抗美援朝保家卫国即将迎来最后的胜利，中国京剧团决定改编上演《岳母刺字》，借古喻今，以历史故事激发观众的爱国豪情，坚定必胜信念，由范钧宏、吴少岳编剧，李金泉出演岳母。

《岳母刺字》是非常适合创新探索的剧目，首先，这部剧的定位是折子戏，只有两场，总共四十分钟，很适合进行小范围的创新"试水"；其次，岳母刺字的故事家喻户晓，又是由著名编剧范钧宏亲自操刀参考别剧种改编而来，观众基础好，成功概率高。李金泉不仅是主演，还承担了为岳母设计唱腔的工作，"因人设戏，以腔传情"的尝试和探索从此开始。

京剧《岳母刺字》是根据《倒精忠》传奇及《精忠说岳》小说的情节，参考其他剧种重新改编而成的。剧中，元帅宗泽在黄河抗金，金兵不敢南犯。宗泽病重，将印信交予岳飞代管，三呼"过河"，呕血而死。朝廷派杜充接任，一反宗泽所为，岳飞不满，私自回家探母。岳母见状，严辞训斥，教他在外邦入侵、社稷危艰的

:: 《岳母刺字》剧本

时候应顾全大局,以国事为重,不可为个人私恨而堕志灰心,激励他继续回营杀敌,并在岳飞背上刺了"精忠报国"四字,以坚其心。

全剧共两场,第一场是岳飞介绍前情,说明归家的缘由,第二场才是全剧核心场次,岳母出场。一切以塑造人物为中心,李金泉在创作工作开始之前,先做了一番案头工作,研读剧本、分析人物。

岳母是一位深明大义的母亲,正因为有这样的母亲,才会培养出岳飞这样的民族英雄。剧情发生时,岳母已经是将官之母,因此在装扮上借鉴了传统戏中类似身份人物的扮相,挂鹿头拐,在身段和气质上要突出人物的大气和稳重。刚出场时,感念往事,对儿子岳飞的才能、品性以及抗金报国的理想是充满欣慰和骄傲的。正在思念孩儿时,忽见岳飞归家,短暂的惊喜之后,是疑问。得知岳飞是因为堕志灰心而私自回家时,又气又急,变得言辞严厉,对岳飞进行训诫;训诫之后,还是要晓之以情、动之以理,岳母语重心长地规劝岳飞要胸怀大义,扶保家邦,公与私、国与家要分清;最后见岳飞听取了训诫,仍然担心他以后又会轻易地心志动摇,遂忍泪在岳飞后背刺上"精忠报国"四个大字。

欣慰,惊喜,疑惑,气恼,语重心长,心疼坚决,岳母这个人物的形象就在情感的逐步变化和层层递进中变得清晰独立起来。

李金泉清楚,一个艺术形象,除了有剧本和表演赋予的人物形象外,还应该有音乐形象,尤其是老旦行,用来塑造人物的核心方法还是唱腔。他开始尝试在唱腔设计中突出旋律的表现力,在表现不同情感的同时,也让老旦的唱腔更加富于女性特色。

第一次创新尝试,李金泉选择在传统唱腔的基础上进行改造加工,并加以灵活运用,在演唱方法上突出以声带情、声情并茂。

全剧岳母的第一段唱，是在回忆过去孤灯独守，如今教子成名之后，唱的一段【二黄慢板】。

想当年守孤灯将儿教训，

幸喜他怀忠义奋志鹏程。

但愿他灭贼寇山河重整，

迎二圣转还朝共享太平。

李金泉近宗"多派"，远学"龚派"，他的唱，除了具有龚派的"雌音""衰音""娇音""脆音"之外，还较好地运用了"苍音"和"涩音"。老旦的行腔和唱法技巧中，以"苍、劈、哦、擞"为最难，"苍"就是苍老之音，"劈"就是凝涩之音，"哦"是"吟哦"的"哦"，即老旦唱法里的"疙瘩腔"，"擞"是"抖擞"的"擞"，本是老生腔，指以喉底着力用气顿出的颤音，被龚云甫化用到老旦唱法中来。这些行腔和唱法李金泉都尽数掌握，并能很好驾驭，在这第一段【二黄慢板】中就充分展现了这些的特点，翁偶虹先生对这一段唱腔的创作也颇为欣赏。

李金泉在《岳母刺字》里唱了一段【二黄慢板】。这段唱腔充分地发挥了他演唱的特长，唱得恰到好处。这段唱的头一句"想当年"的"想"字用的就是滑音。"守孤灯"的"灯"字与"灭贼寇"的"寇"字，用的就是"擞"音。"山河重整"的"山"字，用的是"颠"音，"整"字用的是"哦"音，好像是"疙瘩腔"，但很含蓄。整段唱腔，不但"颠、滑、哦、擞"四音具备，而且在"奋志鹏程"的"奋"字上，用柔音行腔，突出"鹏"字。按中东韵先合后叙的唱法，显示出"程"字充沛清脆的"喷口"，口劲喷出而又余音袅袅，展示了稳重大方的风格，表现出岳母的身份和气度。[1]

李金泉在《岳母刺字》剧中的核心唱段是这段【西皮导板】转【快三眼】。

鹏举儿站草堂听娘言讲，

好男儿理应当天下名扬。

想为娘二十载教儿成长，

惟望你怀大义扶保家邦。

怕的是我的儿难坚志向，

因此上刺字永记在心旁。

叫媳妇取笔砚，儿宽衣跪在堂上。

这一段唱嘹亮醇厚，引人入胜。尤其是【导板】"鹏举儿站草堂听娘言讲"和"好男儿理应当天下名扬"这两句，高耸入云，充分展现了此刻岳母对岳飞的一腔期许。

除了在唱腔设计上的尝试外，李金泉还在表演中突出了动作和神情的情感表达作用，并加强了念白的表现力。

在"刺字"时，岳母手取金簪，即将刺下的刹那间，自然流露出血浓于水的母子之情。李金泉的眼睛凝视着手中的金簪，手在微微颤抖，不舍，又决心刺字让儿子永记报国，复杂矛盾的情感就此展现。

---

[1] 翁偶虹：《介绍李金泉的艺术》，根据1983年10月中央人民广播电台戏曲专题节目整理。

::《岳母刺字》剧照，李金泉饰岳母

多年来，对老旦行的欣赏多着重于唱工上，演员们也都在唱工上下功夫，观众闭眼去听，一句好腔便能满足，报以彩声。现在李金泉尝试将老旦的表演丰富起来，从"听戏"到"看戏"，老旦行的这一转变虽然比老生和青衣行当来得晚了些，但终究还是在李金泉这里向前迈了一步。

"千斤话白四两唱"，在京剧里，念白是非常重要的一功，也是塑造人物的重要手段。在《岳母刺字》中，李金泉也设计了大段的念白。

当岳母听到岳飞如今有志难酬，有意暂归林下侍奉母亲，以尽为子之道时，大吃一惊，"我儿你此言差矣！"随后便是训诫的大段念白。

  自古道：君辱臣死，亲玷子亡。如今二圣蒙尘，国家危急，儿既已出仕朝廷，就该舍命勤王，以身报国。今乃以杜充一人之故，灰心堕志，踌躇不前，难道这就是你周老恩师的教诲？（大锣一击）宗老元帅的遗言？（大锣一击）忠孝本无二道，你既不能尽忠，却又怎的尽孝？儿啊！你，你，你辜负为娘一片苦心哪！

这段念白抑扬有致、吐字清晰、喷口有力、极具韵味，强调语气和声调由沉稳到激昂的变化，充分表现了岳母此时由惊诧到焦急、忧愤的情感层次，那两句"难道这就是你周老恩师的教诲？""宗老元帅的遗言？"随着大锣一击，振聋发聩，李金泉用其深厚的念白功力塑造了人物，同时也给观众带来了美的艺术享受。

1953年10月19日，《岳母刺字》首演于北京大众剧场，李金泉饰岳母，李世霖饰岳飞，任玉砚饰李氏（岳妻）。这是李金泉新创剧目的第一次亮相，台下坐着李多奎先生和诸位同行师友，他们都在等着李金泉的表演。站在侧幕，李金泉竟然又有了年少时第一次登台的紧张，那时，面对的是幕帘前面的未知，而现在，则是考验自己的艺术道路是否正确的时候。攥了攥手中的鹿头拐，他没有再慌乱地左右寻望，因为早已明白，自己的路，只能靠自己去蹚、去找。

演出十分顺利、成功，剧场反应很好，掌声不断。李金泉站在李多奎先生面前，等着师父的评判，不想师父却一句话没说，只是带着微笑点了点头。

对于师父的反应，李金泉已有这个思想准备，毕竟，这是自己的初探之作，为求稳妥，步子迈得小心了些，师父的不予评论，也在预料之中。好在师父是笑着点头，其他观众也都十分认可自己的这出戏，那就说明探索的方向是对的，下一次，或许可以将步子迈得大一些。

《岳母刺字》虽然没有得到李多奎先生明确的肯定评语，但仍是一出成功的整理创新剧目。1954年春，李金泉随中国京剧团第三队赴云南、贵州、四川、西康慰问中国人民解放军各部队时，多次演出《岳母刺字》，激发了子弟兵们保家卫国的热血，很受指战员们的欢迎。在此后的艺术生涯中，《岳母刺字》不仅成为李金泉的代表剧目，也成为京剧老旦行的经典保留剧目，流传至今，常演不衰。

二、登高

1955年11月28日，北京人民剧场的后台。李金泉仔细地扮好戏，正在端详镜子中的自己，薄施粉黛，戴着头饰，甚至还簪着花。这是一个全新的老旦人物，经过《岳母刺字》的初探，《罢宴》的创作让他更加大胆了些。从身段动作到唱腔设计，从扮相道具到神态举止，李金泉都在努力尝试让这位刘妈妈成为鲜活又唯一的那个人物，现在，终于到了接受检验的时刻。

锣鼓点响起，他稳了稳那特制的鹿头拐，走出侧幕，来到那炽热的灯光下。"蒙相爷赐寿筵西廊之上"，随着这一句唱，《罢宴》正式走上京剧的舞台，刻入老旦经典剧目的名录。

就在1955年，中国京剧院决定排演新编历史剧《罢宴》，编剧吴少岳，导演邹功甫，由李金泉主演。此剧主旨批评奢侈靡费，颂扬节俭朴素，正符合新中国成立初期社会主义精神文明之需要。

这是一个流传久远的戏剧故事，早在清乾隆年间，著名的诗文作者兼戏曲作家杨潮观，在他所著的《吟风阁》杂剧三十二种当中，就有《寇莱公思亲罢宴》一出。京剧《罢宴》的剧情承继了杨潮观"思亲罢宴"一剧的思想传统和艺术风格，并有所发展。此剧讲述的是我国北宋时期的著名贤相寇准在为相以后，生活豪华奢侈。在他寿诞之日，张灯结彩，歌舞升平，准备大事铺张庆贺一番。寇准当

:: 《罢宴》剧照，李金泉（右）饰刘妈妈，李世霖（左）饰寇准

:: 《罢宴》剧照,李金泉饰刘妈妈

年的乳娘刘妈妈,目睹眼前的奢靡豪华,想起了寇准的母亲含辛茹苦抚养寇准成人的往事,心中生出很多感慨,取出寇母留下的草堂课子图,对寇准进行了一番语重心长的劝教,终于使寇准幡然醒悟,罢宴停觞。

拿到剧本后,李金泉敏锐地知道,自己第二次"探路"的机会来了。

特别的人物,尖锐的冲突,《罢宴》留给李金泉的创作空间相当大,他可以在《岳母刺字》

成功经验的基础上，尝试设计全新的唱法和声腔结构来塑造人物，进一步检验自己"因人设戏，以腔传情"的艺术设想。

与剧组同人开会，导演邹功甫提出："不能再走老路子了，应当革新，不能让观众看完《罢宴》这个戏后感觉和《钓龟》《行路》《望儿楼》差不多。"

这和李金泉的想法不谋而合，如此"一棵菜"的创作氛围，让李金泉更加放心地一展拳脚。

在创作之前，仔细研读剧本，分析人物，早已成为李金泉的创作习惯。这是认识人物的过程，细致的案头工作做好，他才能准确地"因人设戏"。

《罢宴》中的刘妈妈是一个特别的人物，具有双重身份，既是身份卑微的佣人，又是宰相的乳娘，曾侍奉太夫人多年，且领受过寇准母亲临终时的教子遗嘱。她与寇准的这层特殊关系，使她在相府当中既处在奴仆的地位，又有几分老主人的意思。这就要求李金泉在表演上对刘妈妈身份的拿捏要不温不火，恰到好处，这颇有难度和挑战。

:: 《罢宴》剧照，李金泉（右）饰刘妈妈，李世霖（左）饰寇准

首先从人物外形装扮上就要动一番心思。京剧老旦行的剧目中，老旦人物大多会手拄拐杖，以示老迈，根据人物身份地位的高低不同，拐杖的形制也有区别，拄龙头拐的是官宦人家，拄鹿头拐的是富贵门第，而贫家破落户的老太太则只能拄一根藤子棍。刘妈妈的身份特殊，既不能用龙头拐，也不能用藤棍，选择鹿头拐比较适宜，但也要与一般的鹿头拐有所区别。在京剧表演中，龙头拐和鹿头拐通常高度在齐眉以上，如果沿用旧有的拐杖，则有两个问题，一是刘妈妈毕竟只是乳母，用正常的鹿头拐还是有点儿不符合身份，更重要的是，李金泉根据剧情给刘妈妈设计了很多身段动作，光手部就有指灯、双手指、左右手指、背手亮相、瞧灯等很多造型，这根鹿头拐已不再是一个简单的道具，而是要成为塑造人物的工具，如果拐杖太高，不仅挡脸，还不利于表演动作。所以，李金泉设计了一个独特的鹿头拐，比一般鹿头拐缩短了一些，成为专属于刘妈妈这个人物的道具。

《罢宴》这出戏的舞蹈怎么体现，也是排戏当中首先要研究解决的问题。在老旦传统戏如《钓龟》《望儿楼》中，都是过门儿一起，就站台上一动不动地唱【三眼】。导演对李金泉说："你得研究研究，突破一下，要加强舞蹈，旦角儿文戏都动起来了，有好多戏了，老旦为什么还这样拘泥，要打破，不打破还是老套子。"可是在老旦文戏里，想出新谈何容易！李金泉又回到了分析人物身上，发现有尝试的可能，因为刘妈妈是劳动者，浆浆洗洗是她的本色，可以动起来，如果是老夫人、太夫人，动来动去的就不太合适。

具体是如何动起来的呢？首先就是一上场的亮相，因为刘妈妈喝了几杯酒，有点醉，所以亮相里要有醉意。刚上场时好像有点站不稳，然后一倒步，一撤步，终于站稳了，再亮相儿。这就让表演突破了一般的人物造型，变成了有目的、有内容的亮相。

之后在唱"张灯结彩"这句时，唱完"张灯"后，刘妈妈抬起右脚落到左脚前准备转身，并不是简单地往前直着落下，而是脚尖向右前方伸出，脚掌斜着落下，左手指向右前上方，

:: 《罢宴》剧照，李金泉（左）饰刘妈妈，李世霖（右）饰寇准

同时头也转向同一方向，眼睛也要随着手的走势而看向右上方，再唱"结彩"。这样细致的动作，讲究手眼身法步的融会配合，是老旦行里不多见的细腻表演。

刘妈妈发现了寇准的奢靡后准备去和他说说，有句唱词"此时间，我理应当对他言讲"，按一般老旦戏来说这里唱完就行了，没什么特别的处理，经过推敲，李金泉认为这地方也可以动一动，因为人物身份允许，所以加了个圆场儿，圈儿大一点，边走边唱，而动作一变，唱腔也变了，又歌又舞。这一套动作不仅符合刘妈妈此时的戏剧情境，还发挥了李金泉的做工特长，在戏校时他便是文武兼备，此时这套动作做起来自然行云流水，然而对于没有经过严格的毯子功训练的老旦学生来说，这是传统戏里少有的难度动作，想要学会却是要经过一番苦练。

在身段和动作上，李金泉从脚步开始，做了很多设计。虽然演出时老旦演员的双脚大多在衣摆下半遮半掩，但脚步仍然是老旦行用来塑造形象的重要手段，这关系到一个人物的气质和外在动作是否准确。在传统戏中，老旦的脚步基本分为三种，即穿蟒、穿帔、穿老斗衣，贵、富、贫三个阶层的老年妇女都分别统归于一种脚步来表演。在《罢宴》中，李金泉开始思考老旦脚步的个性化，刘妈妈本是一位劳动人民，喝完酒后走路虽有些颤颤巍巍，但身体基础是健壮的，所以她的脚步应该扎实而不虚浮。跑圆场时，不能用老生的脚步，那样太"武"，也不能用青衣的脚步，那样太"媚"，而是要用老旦特有的脚步来表演，这对于老旦表演都是新课题。

刘妈妈在念白语气和动作上也要掌握分寸，她在寇准面前说话时，举止动作都应以下人的姿态。在最初排演阶段，刘妈妈还有用手指相爷的动作，李金泉的一位朋友乔维善在观看后便与他商榷，寇准是当朝宰相，刘妈妈可以劝说寇准，但用手指寇准是不符合人物身份的。李金泉觉得非常有道理，便将这个动作改了过来。观众都在进步，李金泉对人物的认识和塑造就更要准确仔细了。

【一】　　　　　　　　【二】　　　　　　　　【三】

:: 《罢宴》身段谱

【四】　　　　　　　【五】　　　　　　　【六】

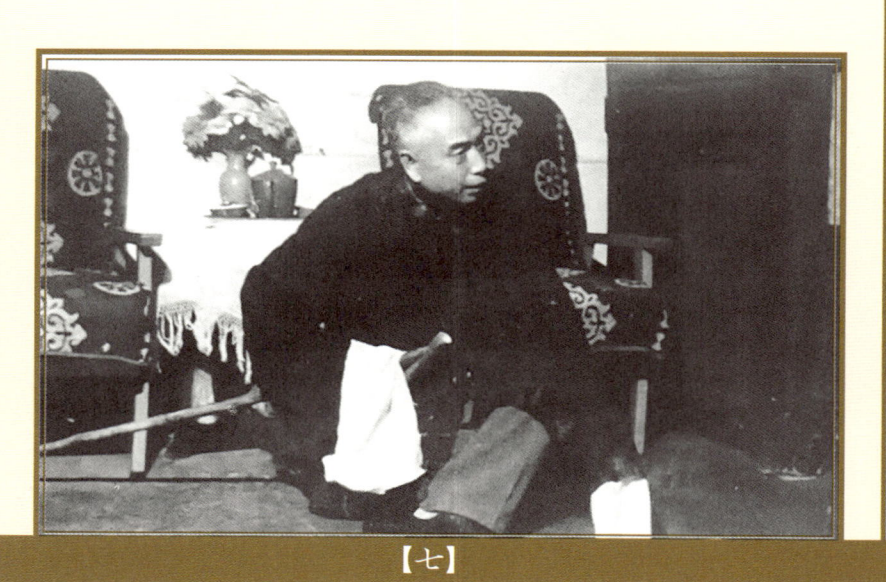

【七】　　　　　　　　　　　　　　　　　【八】

【九】　　　　　　　　　【十】　　　　　　　　　【十一】

【十二】　　　　　　　　【十三】　　　　　　　　【十四】

第三章·别开生面创佳作　87

唱念做打，对老旦行来说，唱腔还是塑造人物的最核心手段。为了达到"以腔传情"的目的，在《罢宴》中，李金泉对唱腔设计做了更为大胆的创新。

《罢宴》的故事核心在于规劝寇准，设计这段核心唱腔时，李金泉思考了很多。在京剧唱腔中，各行当、各流派的演唱都有一定的模式，观众都习惯了，想出新弄不好就会非驴非马，老观众会接受不了。他一开始想套用老的【三眼】，比如《钓龟》中"老天爷睁开了三分眼"的唱腔，高拉高唱，但是这样唱出来，听起来不像是规劝，倒是带有长辈斥责的意思，就不符合刘妈妈这个人物了。导演说："如果这段唱按《钓龟》的【三眼】唱，腔是过瘾了，可人物跑了，你要抓住情，往情里钻。"

高唱不行，那就必须用低唱的方法。可怎么低唱？单纯的降低调门儿也不行，它会影响演出效果的各个方面，所以必须通过设计新的唱腔来达到低唱的目的，表现出规劝的语境。经过反复推敲，李金泉设计了这段【二黄碰板三眼】。

> 想当年先太爷早把命丧，
>
> 太夫人与人家浆浆洗洗、缝缝连连，
>
> 一家人苦度时光。
>
> 料不想那年间灾旱又降，
>
> 这凄凉景象急坏了你苦命的娘。
>
> 哪有钱买油作灯亮，
>
> 无奈何把山岗上，
>
> 采松香、代灯油、跋涉奔忙，

怕的是你学业有荒。

到如今这堂前红烛通宵明亮，

照不见当年你受苦亲娘。

由于这段是刘妈妈与寇准在谈话中起唱的，所以不能让两个人站在台上等待大段过门，李金泉就创造性地在这里安排了不加过门，只由胡琴拉一个小垫头就开口的【碰板】起唱。"想当年"三个字，没有用响遏行云的高腔儿，而是采用平缓稳重的唱腔旋律，以回忆往事的语气和方法来开始劝导，这样的"低开"，唱出来既不是奴仆对主人的哀告口吻，也不是长辈对晚辈的严厉训教，而是一个乳娘对自己哺育过的当今宰相的善意劝诫，为塑造人物起到了十分重要的作用。全段也没有安排任何长拖腔，而是紧缩唱腔，以垛板句式和句内长腔代替了句尾长腔，由此让整段唱腔显得节奏饱满、情绪紧凑，既精彩又能表现刘妈妈的语重心长。"无奈何把山岗上，采松香、代灯油、跋涉奔忙，怕的是你学业有荒。"在老旦的【三眼】唱腔中，这么多字的垛板以及这样的情感表达极为罕见，李金泉将在中华戏校排演《孔雀东南飞》中刘兰芝织布时唱的旦角【三眼】借鉴过来，转化为老旦唱腔，"有荒"的"有"字也没有按传统唱法简单地直接唱上去，而是从人物出发，婉转地由内而外地滑上去。

这段唱是由"太夫人孤灯教子在寒窗"的念白引起的。一般唱念的规律，都是念白较低，起唱较高。而李金泉恰恰相反，是念白较高而起唱较低。在这一高一低之间，有利于表现人物的思想感情和身份地位。《罢宴》这出戏的主题，是通过刘妈妈追述往事，劝告寇准摒弃奢侈豪华的排场，保持清廉节俭的作风。这时的寇准已是官职极高的宰相，而刘妈妈是伺候过寇准多年的佣人。她虽然优于一般的仆人，但究竟是下人身份。她触景伤情，劝说寇准，必须做到明志陈理；对寇准表达的情意，义直而文婉，言柔而辞正，是感动而不是教训，是规劝而不是激怒。从起唱开始，整个唱段就贯穿了这个创作思想。所以，唱词第二句里"浆浆洗洗、缝缝连连"四个重叠字都唱得低柔，而在低柔之中，又适当地进行高、低音的互相衬托。第三句"灾旱又降"的"旱"字，仍然走低音，用柔腔。过渡到第四句，才在"苦命的娘"的"苦"字上，使了个较高的腔儿，虽然情绪激动，但仍然是要感动对方。第五句"哪有钱"三个字，用了个以讥讽带叹息的腔，紧接着仍然低柔地唱出"买油"的"油"字。而"做灯亮"三个字中的"灯"字，却高拔而起，故此句是整个唱段"点睛"之笔。刘妈妈看到堂前的红烛高招、蜡油成堆的奢侈浪费，想起了寇准幼年读书时无油点灯的凄凉景象，从寇母茹苦教子想到今天寇准的过分奢靡，"油"与"灯"触发了刘婆今与昔的对比，所以这句唱自然也就是这个唱段的点睛之处。下面第六句用【垛板】唱的"无奈何把山岗上……"一气呵成，犹如"大珠小珠落玉盘"那样琅琅清圆、错落有致，倾泻出刘妈妈满腔的激情。然而这句唱腔给人听觉上的深刻感受，又不仅仅是错落有致，在"学业有荒"的"有"字上突出的高拔之腔，正表达出这句唱的中心意思。第七句"堂前红烛"的"烛"字后面，留气口，一顿，加小过门，与前面唱的"灯"与"油"相呼应。而最后一句"照不见"三个字，展缓尺寸，摆开来唱，"当年"的"当"字，拔高而起，"受苦亲娘"的"苦"字，重音上滑，毫无痕迹地带到"亲娘"的"娘"字上的委婉缠绵的大腔，由物及人，用寇母的悲苦遭遇来感动寇准。这段唱低柔的音较多，主要是为了表现刘妈妈的身份地位和思想感情。但李金泉唱来柔中有刚，与程砚秋"程派"的唱腔有异曲同工之妙。一般演唱者唱这段时，有时会流于柔媚，那就失之毫厘、差之千里了。而创造唱腔，必须掌握有骨有肉的原则，骨是唱腔的基本立意，肉是唱腔的表现姿态。假如误解了柔即是媚，那就等于有肉无骨，损伤了整个唱段的基本风格。[1]

---

[1] 翁偶虹：《介绍李金泉的艺术》，根据 1983 年 10 月中央人民广播电台戏曲专题节目整理。

【碰板三眼】这段唱腔的设计，由于没有过多的高腔、花腔，基本是平的，听觉上容易产生平淡乏味的感觉。于是在演唱行腔时的节奏技巧上，采用了"猴皮筋儿"的处理方法，听起来张弛有度。

唱腔是根据人物的思想感情设计的，但唱腔怎样唱才能更准确生动地表现出人物的思想感情呢？吐字也是一个很重要的方面。吐字方法很深奥，唱白了则情感不对。"这凄凉景象急坏了你苦命的娘"这句词，"凉"字要带情，沉下去唱，如果按一般的唱法一带而过就缺乏内在，不深沉；"苦"字要有难过的感觉；"命"字要有一定的力度，这种力度强调的是内在的力度，由内而外的发出，既有力度又不能硬、拙；"命"字的内在情感是"你妈妈对你不容易呀！"唱的时候要有顿挫、有强弱，这样强弱才能互衬，才能由内而外地体现太夫人的不容易，情感才能达到一定的意境。所以，在演唱方面千万不要有肉无骨，没紧没慢。很多演唱技巧如果不从情感出发，表现形式不丰富，还是按一般唱法那样唱，虽然是字正腔圆了，但唱不出人物的灵魂来。

《罢宴》中还有一段【二黄原板】的核心唱段，夹唱夹念，辅以锣鼓伴奏，有韵味十足的长腔、高腔，也有紧凑的垛板低唱，表现出刘妈妈千方百计加以劝说时的各种语气：

休道她未曾把富贵来享，

全不知太夫人一片心肠。

想当初勤劳为本将你教养，

到如今身荣贵豪华自享，

忘却了旧日的时光。

> 为生辰命陈山备银万两，
>
> 采办那歌童、舞女，
>
> 古玩奇珍去到苏杭。
>
> 怪不得人称你是豪华宰相，
>
> 想起了当年事一桩。

李金泉在第一句的头三个字"休道她"上设计了高亢的唱法，语气中含有对寇准的责怪，演唱时情绪稍稍激昂了一些，节奏也明快一些。接下来，"未曾把"的"把"字运用了拖腔，要唱得细腻委婉，将刘妈妈的满腹伤感之情，充分显露出来，为后面的唱腔作铺垫。第三句"将你教养"的"养"字尾腔，要唱得充满感情。

这段唱腔中刘妈妈有几句夹白，"相爷，老夫人在世，吃的是粗茶淡饭，穿的是破衣褴衫，才把相爷教养成人，说甚么她未曾受享一日荣华，太夫人若还在世，岂能容你哟！"这几句白口夹在唱腔中间，会对全剧剧情和这段唱段的情感发展有推进作用，因此李金泉在此处充分发挥了他的念白功力，短短几句，念得抑扬顿挫，富于变化，情感饱满。

"到如今……"这一句唱，李金泉在结尾"忘却了旧日的时光"的"光"字上，运用了一个大腔，用激越的声腔表达了刘妈妈对寇准的不满情绪。刘妈妈越说越激动，情绪奔涌，难以遏制，第六句"采办那歌童、舞女，古玩奇珍去到苏杭"运用了垛唱的形式，尤其"歌童舞女，古玩奇珍"八个字要唱得清晰明快。到第七句"怪不得……"时，旋律归于平缓，但抒情性更强，需要通过唱来表现出刘妈妈对寇准的痛心疾首和对他幡然醒悟的期盼。

与前两段相比较而言，《罢宴》开场时刘妈妈的【二黄摇板】到【散板】，虽然不是核心唱段，但是在唱腔音乐与戏剧动作、表演、念白及锣鼓伴奏的统一配合上，有独到的艺术表现。"蒙相爷赐寿宴……直饮到醉醺醺日落西方""张灯结彩好辉煌，看今年又胜过往年景象""原来是蜡烛流油……相爷他身荣贵，把旧事全忘……"从唱词就能看出刘妈妈从欣喜到忧虑、再到忧伤的情绪转换，但是，如何设计唱腔，如何演唱，才能体现出此时剧情、人物的意境，使词意、唱腔设计和演唱方法达到水乳交融的程度，并非易事。

"张灯结彩"和"蜡烛流油"触动了刘妈妈的忧思，前三句【摇板】节奏还比较平稳，只是感叹，等唱到"结彩"二字时却用一口气唱了一个长腔。"辉煌"的"煌"字，一般唱来应该是高昂的走腔，具有彰显的意思，但李金泉唱的"煌"字既没有使高腔儿也没有拉长，而是往下行腔，表现出刘妈妈的忧虑。"往年景象"的"象"字，在唱法上用了"一口气"，当中有一个"2727"的腔儿，李金泉用"滑着唱"的方法，就像前后相连的小水波，曲折而婉转，体现了老年妇女声音的阴柔之美，表现出了刘妈妈的忧虑之情。"蜡烛流油"的"蜡"字，也拉了一个较长的腔，强调重点，接着腔随意走，"烛"字的行腔往上走，然后"流"字顺势而下，而"油"字唱得由内而外，生动地将刘妈妈的心痛之感通过唱腔外化。因为心痛，所以唱到"身荣贵"的"贵"字时，就完全没有彰显之意，反而唱得很苦涩。【摇板】和【散板】虽然在京剧的声腔中很少构成主要唱段，但是，它对演员在演唱中节奏的把握和情感抒发的要求极高。李金泉的唱腔设计和演绎，准确地体现了刘妈妈的内心活动，为《罢宴》的核心唱段做了充分的铺垫。

1955年11月28日，京剧《罢宴》由中国京剧院三团于北京人民剧场首演。台下的观众用热烈的掌声和叫好声肯定了李金泉的这次创作，"因人设戏，以腔传情"似乎取得了阶段性的胜利，然后他又紧张地站在师父面前等待评判。这次，李多奎先生对李金泉点点头，说了三个字："还可以！"

想得到先生一句称赞何其难哉，与看完《岳母刺字》之后的点头不语相比，"还可以"，就代表着老师的肯定和莫大的鼓励，李金泉对自己艺术道路的努力方向更加确定并充满信心。

　　《罢宴》凭借强大的艺术感染力和观赏性，以及极具现实意义的主题思想，自创演起，就成为李金泉经常演出的代表剧目。尤其是在三年困难时期，为了宣传勤俭节约、艰苦奋斗的精神，全国许多专业和业余剧团都纷纷演出此剧，还曾被移植改编为评剧，李金泉也将《罢宴》传授给各地的年轻演员。1959年3月，中国京剧院一团赴上海演出期间，李金泉向青年演员孙花满教授了《罢宴》。1963年3月，李金泉随中国京剧院一团到广西壮族自治区和湖南、湖北巡回演出，在长沙演出期间，与湖南省京剧团展开艺术交流，向湖南黔阳专区青年京剧团老旦演员周冬英等教授了《罢宴》。

　　而经过了几十年的舞台演出和传承，在今天，《罢宴》早已成为京剧老旦行的经典剧目。

　　2001年9月，在中国京剧院和北京京剧院联合举办的"京剧表演艺术家李金泉先生艺术创作及教学成果研讨会"上，上海戏曲学校校长王梦云讲道："那时戏校学生们学的戏都是一些传统京剧老旦剧目，专注于练唱工，对于表演并不是十分理解，直到毕业前与李金泉老师有了接触，尤其是《岳母刺字》《罢宴》这两出戏使我们懂得了老旦不仅是唱，还应该是唱、念、做、舞非常全面地来学习老旦表演艺术，所以当时我学《罢宴》，现在想起来就好像武生的《挑滑车》，我每天中午都不睡觉，就是在一个练功房里头走这个《罢宴》的圆场，每天都要拉一遍、两遍，是这样成长过来的。所以我觉得李老师的贡献不仅仅是创造的几出戏，而是培养了一代懂得表演，懂得唱、念、做的青年演员，解放以后这个贡献我觉得是非常大的，我觉得李老师是'演角色，而不是演行当'的楷模。"

　　20世纪90年代，中国京剧院著名老旦演员王晶华在采访活动中曾讲道："从李金泉老师的《罢宴》开始，老旦的化妆、脚步就开始不一样了，老旦的表演便不只是念白与唱而已，而是有人物、有动作优美的身段表演。这个美不是为美而美，而是符合人物情境的一种美。"

如果说《岳母刺字》是李金泉尝试着对传统唱腔稍作加工、灵活处理，那么《罢宴》就是他对老旦唱腔、唱法和结构的全面创新探索。《罢宴》的成功，让李金泉攀登上了一座山峰，登高望远，自己未来的艺术之路更加清晰明了。

三、大成

1956年，在袁世海的几番催促下，翁偶虹先生开始创作京剧《李逵探母》的剧本。这是袁世海心心念念的故事，甚至在翁偶虹先生尚未来得及动手前，他就按捺不住创作的激情，自己试着写了头两场。虽然唱词大多开着"天窗"等待着翁先生的妙笔，但他对一切表演的设想都已经了然于胸，细细讲来时，戏与人生水乳交融，流露出的母子亲情让翁偶虹也为之动容。

"李逵探母"的故事，原见于传统戏《沂州府》中，不过全剧重点在于"真假李逵"，"探母"只是一带而过。翁偶虹先生根据袁世海的艺术特点，将故事的核心变为"探母"，以李鬼剪径为开端，以朱富嬉战李云为结尾，着重刻画李逵的赤子之心、李母的舐犊之情、李达的叛变之恶，李逵和李母成为主要角色。

:: 《李逵探母》剧本封面

重新编写的《李逵探母》，全剧共有"下山探母""沂州看榜""冒名剪径""正义除凶""李逵见娘""恶兄陷弟""哭娘杀虎""计收李云"等十三场，于1957年初开始排演，编创阵容强大，编剧翁偶虹，导演樊放，顾问郝寿臣，袁世海不仅是第一主演，还身兼导演和编剧的工作，而剧中的李母，则由李金泉饰演。

与翁偶虹先生合作，是极默契极愉快的。从学戏到从艺，从如意社到中国京剧院，多年来，可以说翁偶虹先生是看着李金泉一步一步前进和攀登的，自然，对李金泉的特点和优长更是了然熟知。

拿到剧本，李母虽然只有两场戏，却是戏核，再一看剧情和唱词，便知道这是翁偶虹先生为自己量身定制的戏份。多年相知，此时化为了艺术上的契合：需要以唱传情时，唱词饱满；需要发挥表演刻画人物处，翁先生早已为他特意留白。这样难得的创作机会，让李金泉心头火热。

迅速研读剧本，案头工作并不复杂。剧中李母是一个山间贫苦的老太太，"长子大不贤，次子离家园"，在李达的忤逆不孝对比下，李母对李逵就更加思念了，由此哭瞎了双眼。山间贫民、目盲、老弱、不时遭受长子虐待，李母人物特点很鲜明，但是形象问题缺让李金泉颇费了一番心思。

李母双目失明，盲人应该怎样表演？想起马少波先生对演员们讲过，"表演表面化不行，形式化不行，瞎比划不行"，一切要从生活出发。过去演《遇后》，太后的眼睛是往上翻的，整出戏下来脑浆子疼，后来也有闭着眼表演的，就舒服多了。那么演李母是翻眼还是闭眼呢？一天，李金泉走在胡同里看见一位盲人，眼睛既会向上翻也会闭上，这给了李金泉极大的启发和借鉴的依据。这样表演的好处一是能减少演员的疲劳，便于演出，二是也能让李母的形象增加一些美感与慈祥。于是李金泉在家中抽空就闭上眼睛学盲人走路、找座位、辨别方向，切身体会盲人的世界。

在模仿盲人过程中李金泉体会总结了一个规律：欲行先问路，欲坐先摸清，目浑项呆板，听觉辨分明。意思就是要去哪儿先问怎么走，要坐之前先摸准摸清要坐的地方，脖子不能太灵活，如果太灵活就不是盲人了，做任何事要先把耳朵伸过去，用耳朵听。李金泉掌握了这个规律，拿好型了，再去挖内在的东西。所以在这出戏里，李母的藤子棍除了是老旦通常的道具，还起到探明杖的作用；李逵一说话，李母就要先把耳朵伸过去；当李母确认是李逵后向李逵扑去时，没有确切的方向，只是顺着声音过去，直到手触碰到李逵才确定，内心得有台词"噢，在这儿"。

盲人的感觉有了，接下来就是李母的形体造型。李母不同于"李后""刘妈妈"，她是一位山村老妇，饱受着生活的重压以及精神和身体的双重折磨。李母身体佝偻，双腿弯曲，行走时在鹤行步的基础上步幅再缩短，平脚步落地，这就是李母的造型，要求演员的腰和腿要有很好的基本功。

∷《李逵探母》首演剧照，袁世海饰李逵（右），李金泉饰李母（左）

"说老旦脚步没有基本功，笑话。老旦的腰腿都有基本功，圆场儿不按老旦的脚步走行吗？扎上靠按旦角的脚步走圆场儿那都成穆桂英了。老旦有老旦的基本功，不是没的练，练的就是腿和腰。哈着腰撅着屁股好看吗？得收回来，屁股往回一收，腿又受不了了，腿受不了，腿又变了，鹤不是鹤了，走形了。"这是李金泉在教授学生时反复强调的，而此时，他正是凭借多年练就的老旦身段基本功，往镜前一站，即便没有扮上，也有了李母这个人物的神髓。一切从生活中来，才会有舞台上的艺术真实。

"一旦有机会能够施展你的艺术才能，那么能体现就要尽量体现。"

第三章·别开生面创佳作

这是李金泉多年后对学生们说的话，也是他面对《李逵探母》时的想法。

李母和李逵刚一见面的戏，时间不长，但情绪的推进一波又一波，人物的思想、感情由愤恨到惊喜，从怀疑到相认交替着变化，把人物的感情一层一层地推向高峰。在这个过程中，人物的念白和表演都很重要，要把符合人物的思想感情体现在念白和表演上，既要利用程式，又要突破程式。

"我是怎么体现的呢？当李逵到家叫老娘时，李母不知是李逵，因为李逵多少日子不回来了，就认为是李达，便叫道：'好奴才，狠心的奴才你把娘抛。'李逵一愣，不知怎么回事，刚想说什么，李母不由分说紧接着又念道：'李达，你这个不孝的畜生呢。'虽然是李逵来到李母身前，但李母却认为是李达，表现了李母长期以来对李达的怨恨。这个过程仅短短几秒钟的工夫，如果李逵的反应和李母的表达稍稍拖一两秒，表达的意思就差了。从李母的这两句道白来说，处理上与传统老旦戏也是不一样的。'狠心的奴才你把娘抛'，'把娘抛'三个字念出来不是那种很漂亮、很清脆的声音，那样念出来恨是不够的。怎么念呢？要高低顿挫，声音要有变化，要用苍音，'抛'字要加喷口表现出李母的情绪。另外一句'李达，你这个不孝的畜生呢'，尾音要表现得苍衰力竭，以表现出李母年迈体弱，与过去传统老旦戏训斥儿子有很大区别。同是斥责，念法不同，表达的感情不同，一个是非常的清脆，一个是非常有内在深度的痛恨。之后，李逵急切地对李母说'我不是李达，我是你儿子铁牛回来了。'李母正恨着呢，突然听到是李逵回来了，李母由愤恨到惊喜，'噢'了一声，表示惊讶，接着说'铁牛儿，你想死为娘了。'这句念白不能用那种脆亮平直的普通念法，那就完了，不深沉。'铁牛儿'的'铁'字突高，以体现李母的惊喜，'你想死为娘了'则念得哭泣悲怆，意思是孩子你可回来了，一种由内而外的情感触发。刚刚悲喜的哭泣到'……你想死为娘了'，但李母触摸到李逵胡须的瞬间，马上又'嗯'了一声，表示了疑问，此时脸上的表情要有变化，要交代清楚，不能囫囵吞枣，随即说道：'我那铁牛孩儿哪有胡须，你是何人前来骗我哇。'这句道白要念得有高有低，有强有弱还要有顿挫，'哪有'念得要带有不信任的语气，'骗'字要带情感，语气加重。前面是李母由愤恨转入惊喜，接着又由惊喜转为不信任，几句话在这么短的时间内情感及表情却变化丰富。当李母听到李逵急切地说道：'我不是李达，我是你儿子铁牛回来了'后，再次转为惊喜，忙叫到'铁牛儿，铁牛儿'，本能地想看看李逵，但实际看不见。李逵见状急叫到'我妈眼睛看不见了！'这时李母音断意没断，着急地喊道'急死人了哇！'李逵忙用儿时的经历讲与母亲听，而此时李母的表演并不是一味地只在那儿听李逵讲，而是用'噢''啊'等语气词与李逵呼应，使两个人物产生互动的效果。'打花巴掌的，正月正，老太太爱看莲花灯……'李逵念着念着，当时我在台上就受不了了，这是我的孩子呀，发自肺腑高声喊道'儿呀！'李逵应了一声，李母向李逵扑了过去，母子抱头痛哭。"[1]

"演员的念白'嗯''噢''啊'等可不能忽略，这是我与周信芳老师演戏时他给我的感觉。我演《八大锤》乳娘时也这样，因为同台演出的演员人物刻画得很深，很容易把你的情感带入意境。演这路戏，'白'念不好，情出不来，减色。唱得好念得好，才能让观众有得听有得看。"[2]

"这出戏唱、念、做、表、舞都有，缺一不可，缺了就不是好演员。光唱，你是歌唱家，'千斤话白四两唱'，说明念白很重要。《李逵探母》的上山，重要的就是念白，今日'盼'明日'盼'，好容易我'盼'你回来，三个'盼'字，需要层层递进，充分强调。'你叫我如此伤心'，要用京剧念白的顿挫，有力将李母的切肤之痛表现出来。"[3]

---

[1] 李金泉在中央电视台教育频道录制专题节目的谈话，20世纪90年代。

[2] 李金泉在中央电视台教育频道录制专题节目的谈话，20世纪90年代。

[3] 李金泉在中央电视台教育频道录制专题节目的谈话，20世纪90年代。

"一定要唱、念、做、表、舞全面发展。《李逵探母》里有'鹞子翻身',谁想老旦会走'鹞子翻身'呢?一听好像太新鲜,好像我要出新似的。其实不是为出新而出新,而是符合剧情发展的设计:李母听老虎来了,霎时惊慌,而眼盲行动不便,又不知往哪里跑,这时走一个'鹞子翻身',表示被绊倒,是非常合适的舞蹈动作,不仅增加了欣赏性,还烘托了剧情。戏曲本就是舞蹈化的,老旦行的表演也要有舞蹈语汇,才更具戏剧性。"[1]

老旦走"鹞子翻身"让人惊诧叫绝,而李金泉在《李逵探母》中最杰出的成就,仍然是唱腔设计。

《李逵探母》,探母这场戏自然是全剧的核心,第七场中李母唱的"铁牛孩儿回家转"更是最核心的唱段。久盼不归以至为之哭瞎双眼的好儿子就在眼前,自己却看不见,意外、狂喜之后,母子抱头痛哭,李母不由得向儿子哭诉一腔思念和多年来自己的悲惨境遇,紧接着又想到铁牛儿这些年过得好不好?"这几载谁为你做茶做饭?哪一个为你缝缝连连?"满腹的话语,一时竟不知从何说起,问来问去,最后悲喜交加,唱出最后一句"铁牛儿啊,纵然我看不见,我也喜在心间"。

这段唱词,感情极为细腻丰沛,满满的舐犊情深跃然纸上,将李母写活了,李金泉看着剧本就湿了眼眶。导演樊放说:"金泉,这是李逵探母,可不是四郎探母!"导演的话,李金泉明白,这是要他在唱腔设计上有创新,有人物。而李金泉也不负导演的期望,耗费心血完全原创出一段老旦行从未有过的唱腔板式,不仅极为贴合人物,这段核心唱腔也成为李金泉艺术大成的代表唱段之一。

第一句"铁牛孩儿回家转",应该是【西皮导板】,尤其要突出"家转"二字,用高腔来表现李母此时的意外狂喜。如果按照传统老旦唱腔的设计,【西皮导板】接下来就该

---

[1] 李金泉在中央电视台教育频道录制专题节目的谈话,20世纪90年代。

是【流水】，李金泉试了各种流水板，快的，慢的，确实总是觉得缺乏情感力度，又尝试着用其他板式，还是不满意。直到快响排了，他仍然没想到一个合适的唱腔，不由得心里着急起来，茶不思饭不想，话也不说了，恨不能二十四小时都沉浸在创作中。这天下班回家，走到鞭子巷二条的胡同口，正巧碰到父亲李云山，李云山叫了声"金泉！"李金泉脑子里全是这段腔儿，浑然忘我，根本没听见。叫了几声无果，李云山急了，大吼一声"金泉！我是你爸爸！"李金泉这才如梦初醒，赶紧跟父亲躬身道歉。

成功的契机在不经意间到来，这天，李金泉走在路上，忽然旁边一户人家的话匣子里传来一段哀戚婉转的《哭灵牌》，李金泉眼前一亮，迅速扭头回家，在一堆唱盘里翻找了半天，找到这张老生前辈名家王又宸先生的《哭灵牌》。

这是一段【反西皮二六】，唱的是刘备在关羽和张飞的灵前哭诉。唱段中王又宸以情带声，唱得悲怆凄恻，唱中含泣，声泪俱下。虽然这与李母初见李逵时的戏剧情境不同，心情也不同，但其中的哀婉之意类似，板式和调性十分契合。

在老旦的传统声腔里，从未有过【反西皮二六】这样的板式，要将老生的板式借鉴过来并化为己用，还需要经过一番创造。设计唱腔时，李金泉反复吟唱，越唱越觉得喜欢，但这个板式要完成从老生到老旦的转变，就必须回避老生腔中的刚劲和激昂。怎么办？李金泉的脑中立刻浮现出龚云甫先生的唱腔，哀婉极了，他便借鉴了龚派的唱法，演唱时用更细致的气息处理和声音控制，从而使这段【反西皮二六】更富于女性美，也就更加婉转动人了。

等唱到"到如今儿对面，我看也看不见"时，因为李母的悲惨境遇，人物情绪由哀伤变得激进起来，唱腔板式就转为正的【西皮二六】，速度加快了一倍，音域由低音区跳到中音区，为了突出情绪表达，"到如今"的"今"字用了高昂的长腔。

接着便是母亲对久别的儿子嘘寒问暖，那是迫不及待的，是饱含关心的，李金泉为这几句设计了越来越快的【西皮流水】，问着问着，李母又忍不住哭起来，孩子终于回来了，自己苦熬这么多年的惨伤和挂念终于释怀，一时间悲喜交加，"铁牛我的儿啊"这几个字在几个音符间一唱三叹，不用看表演，光听这句的旋律就似乎能看见李母那张含泪带笑的脸来，最后自然地用【摇板】收尾，"纵然我看不见，我也喜在心间"。

【西皮导板】—【反西皮二六】—【西皮二六】—【西皮流水】—【摇板】，高低起伏，旋律丰富，唱腔与剧情节奏完美融合，与人物的感情更是相互烘托、相得益彰。在以前的老旦传统戏中，板式相近的唱段在不同的戏里听起来似乎区别并不大，而《李逵探母》的这一段唱腔，则只是属于这一出戏，只是属于"李母"这一个人物的。"因人设戏，以腔传情"，李金泉的艺术构想，终于在《李逵探母》中彻底实现了。

翁偶虹先生对李金泉的创造赞赏有加，"李金泉功底深厚，又不断加强自己的艺术修养，因此，他创造出的新唱腔无不脍炙人口，有强烈的艺术效果。李金泉在《李逵探母》中创造的【反二六】，是老旦行里从来没有过的板式，他以崭新的声腔，表达出李逵的老母想念儿子，哭瞎了双眼，一旦母子相逢，悲喜交集的感情"。"这段【导板】转【反二六】，再转【二六】和【流水】的唱腔，李金泉运用了【反二六】的调性，鲜明地唱出了李母爱子的深厚感情。特别突出的是'哪一天不哭你几百遍'的'哭'字，'哪一夜不哭儿到五更天'的'哭'字，'哭来哭去哭坏了眼'的三个'哭'字，以及全段里的'儿'字、'泪'字、'干'字，吐字发音上都有轻、重、高、低的不同处理。尤其是转【二六】的第一句'到如今儿对面我看也看不见'的'今'字和两个'看'字，第二句'眼泪流干才能转回家园'的'泪'字、'干'字和'家'字，唱得又激动，又委婉，柔中有刚，刚中有柔，一字一泪，声泪俱下。最后用【流水】板式抒发了慈母对游子的舐犊之情，又在末一句【哭头】后面的'见'字上，使了个高亢的大腔，一波三折，结合'铁牛我的儿啊'

的柔腔，倾泻出奔放的激情。"[1]

"李金泉的表演艺术，包括唱、念、做、表以及武功，都是从挖掘人物的内心世界、表达人物的思想感情出发，继承传统而又不拘泥于传统，志在创新而又不炫耀创新。他所塑造的人物，都是有血有肉、有声有色，标志着老旦艺术飞跃性的发展。"[2]

著名戏曲评论家龚和德先生对李金泉的艺术也十分尊崇："最充分体现李金泉表演艺术水平的要推他与袁世海先生合作的《李逵探母》。那段【西皮导板】接【反西皮二六】，转【二六】、【流水】，以【哭头】、【摇板】作结，是老旦史上未曾有的凄美唱段。老生唱【反西皮二六】的有名剧目是《哭灵牌》，我们能听到谭鑫培女婿王又宸的唱片。把这个老生腔运用于老旦，是李金泉的首创。这是有变化的创造性的运用。整个唱段，如泣如诉，哀婉深沉，有时激越，有极强的艺术感染力。演李母，还有形体造型、身段表情和角色之间（李母与李逵）格外密切的交流等特殊要求，难度极大，若不是唱、念、做的有机结合，难以把这出戏演得如此生动感人。可以大胆说一句，这是老旦前辈们从未到达过的艺术境界，这当然是同花脸大师袁世海的亲密合作分不开的。"[3]

除了第七场的这段核心唱段外，在第八场"上山"中李金泉也有成功的唱腔设计，唱词虽不多，但他借鉴了经典的传统唱腔，再根据不同的意境融入相应的情感而加以变化，唱得细腻、婉转又韵味醇厚，既给人以新颖别致和动听之感，又不离开传统的根基，可谓段段精彩。如"恍惚间来至在高山路上"这句，"在"字运用了"一口气"的唱法，拉了一个大长腔，而在行腔过程中，丝毫没有气口分配不均之感，唱得低回婉转，气息从容稳定。

---

[1] 翁偶虹：《介绍李金泉的艺术》，根据1983年10月中央人民广播电台戏曲专题节目整理。

[2] 翁偶虹：《介绍李金泉的艺术》，根据1983年10月中央人民广播电台戏曲专题节目整理。

[3] 龚和德：《京剧老旦艺术的开拓——从给赵葆秀庆丰收谈起》，《中国戏剧》2012年第11期。

:: 《李逵探母》首演剧照，袁世海（右）饰李逵，李金泉（左）饰李母

随后"高山路上"的"上"字陡然而起，空空的舞台就随着他的唱腔出现了崇山峻岭。到"被秋风儿吹得我"一句时，李金泉通过老旦特有的发音和对气息、声带的控制着重刻画了"我"字，一字赋予了人物环境感，观众似乎都身临其境，与李母一起走在沂岭的高山路上，被瑟瑟秋风吹得遍体生寒。

1957年3月30日，北京天桥剧场，《李逵探母》首演结束后，李多奎先生终于高兴地对李金泉掷地有声地说了三个字："是真好！"

"以唱腔为核心手段，综合运用唱念做打来塑造人物，因人设戏，以腔传情。"在《李逵探母》中的创造，不仅标志着李金泉个人特色的形成和艺术创作上的成熟，更标志着老旦唱腔发展到了一个新的阶段，即"一戏一腔，一人一腔"，这或许就是师父一直鼓励他探寻的"自己的路"。

袁世海与李金泉二位主演的珠联璧合，全团上下一棵菜的合作精神，让《李逵探母》成为国家京剧院的代表剧目，广受观众的好评和欢迎，然而，短短几年的演出之后，思想风向开始转变。

1964年，有人提出"大写大演十三年"，戏剧舞台上就不能再出现帝王将相和才子佳人，京剧也开始演起现代戏。《李逵探母》如其他优秀的剧目一样，被封存，而李金泉本人，也因为"男不能演女"，逐渐离开舞台隐退幕后，这出戏，这段【反西皮】，只能默默地被他珍藏在心底一隅。直到1979年的一天，一位年轻的女演员敲响了李金泉的家门，年轻人站在院中，直接又挚诚地对他说，"您是李金泉先生吧？我想跟您学《李逵探母》！"

　　这位年轻人就是刚进入北京京剧团不久的赵葆秀。云开雾散，拨乱反正，京剧界开始恢复传统戏，赵葆秀才第一次在收音机里听到李金泉与袁世海的这出《李逵探母》。这出戏她从没看过，却被剧中的李母唱得眼泪流下来，震撼极了，原来老旦还有这样风格的戏，可以将剧情和人物唱得声情并茂、感人至深。仔细听演员名字，李金泉。赵葆秀急切地想见这位李金泉先生，急切地想跟他学这出《李逵探母》，然而经过十年动荡，这位先生现在在哪呢？她只好在京剧院里四处打听，李元瑞先生说，李金泉就住在东珠市口，胡同里，一个高台阶。

　　只有这一句话，连个门牌号都没有，赵葆秀就来到东珠市口，用最笨的方法，一条胡同一条胡同地找，一扇门一扇门地敲，四五个小时之后，终于敲开了李金泉的家门。

　　李金泉看着眼前的女青年，没有多说什么话，心里却是不能平静。时近黄昏，在余晖之下，赵葆秀的眼睛里充满了尊崇和期待，这份执着让李金泉感动。十几年后，还有后辈能听了这段《李逵探母》的录音便寻上门来求教，可见李金泉的创作是有生命力的，想起师父的那句"是真好"，现在，李金泉是不是可以将这颗蒙尘的明珠再次捧出了？

　　赵葆秀回团后就向院里提出复排申请，院领导对此事也十分支持，将袁世海和李金泉两位先生请到了院里，开会座谈。年轻演员们正摩拳擦掌，准备学戏排戏时，不想袁世海说了一声"不着急，这剧本得改！"

原来自1956年这出戏创排以来，袁世海先生一直在琢磨，觉得原剧情枝蔓太多，真假李逵的情节应该删去，增加李达的戏，用李达的不孝反衬出李逵的孝，这样才是一个完整的故事，才是名副其实的《李逵探母》。

李金泉有点意外。这出戏原本袁世海就是第一主演，翁先生的剧本都是围绕李逵展开剧情的，所以才会保留传统戏《沂州府》中真假李逵等诸多情节，现在这样改，情节确实完整紧凑了，但李逵的戏份就大大缩减了，这出戏就从一出花脸戏，变成了花脸和老旦并重的"对儿戏"。

李金泉扭头对袁世海看了一眼，就见袋世海爽朗地笑着拍了拍他的肩膀，"金泉呀，李母的唱腔设计，就非你莫属了呀！"一句话、一声笑，这两位合作了多年的艺术家，彼此的惺惺相惜就全在其中了。

:: 李金泉（左）与袁世海（右）合影

重排的主创阵容很快确定，剧本整理：张胤德、袁小海；艺术指导：袁世海、李金泉；音乐唱腔设计：袁世海、李金泉、孙殿国。由北京京剧院四团演出，演员为罗长德、赵葆秀、班德福、关鸿基、冯玉增、丁立刚等。

在剧情安排上，袁世海先生提意，李母不能一上场就与李逵见面，要再加一场斥责李达的戏，一是突出李逵孝顺，二是展现李母盼李逵心切，为"见娘"这场母子重逢的戏做一个剧情的铺垫，李金泉对此极为赞同。编剧张胤德很快将这一场戏写好，第二次讨论剧本的时候，张胤德念了李母上场的四句念白。

这是四句文绉绉的念白，李金泉念着觉得这不像李母说的话，倒像是佘太君。"您能不能再改改，改得口语化一点，得像这个山村没文化的老太太说出来的，能不能类似于'李达不孝妈，李逵又逃离家，老身虽有子，盼儿把眼哭瞎'这类的话。"原本只是修改建议，李金泉没想到自己随口说的这几句就是最合适的台词，张胤德将之原样放在了剧本中，十分符合人物形象。

四句念白后，紧接着就是一个新增的唱段：

大不该儿打伤人把大祸闯下。

在异乡飘荡荡，儿难以还家。

我身旁有李达哪顾白发，

怎比得李逵他转辗病榻，时刻照料我老人家。

乖孩子，你回来吧，看一看这瞎眼的老妈妈。

这时袁世海对李金泉说："金泉，这段你得好好编个腔，可不能就按套路嘚啵嘚啵地唱下去。"

袁世海的意见李金泉明白，这是让他摆脱窠臼。剧本讨论结束后他便陷入了沉思，赵葆秀送老师回家，一路上李金泉都沉浸在唱腔创作中，一言不发。想到老师血压高，赵葆秀第二天特意十点才去到李金泉家中，想让老师多休息，却不想跨入院门口，就见师娘正坐在堂屋抽烟。见到赵葆秀进来，赶紧"嘘"了一声，小声地说："还睡着呢！昨天回家就坐在那儿'拍板'，晚饭热了六回他也不吃，最后我真气急了，他才吃了点儿。半夜四点我起床一看，他还没睡呢，坐在恭桶上还拍板想腔，真是一点也不顾念自己的身体，这不，刚睡下没多久！"

师娘话音刚落，赵葆秀就听到了老师的呼唤，只见老师坐在沙发上，点燃一根烟，"葆秀，你听听这段唱腔怎么样！"接着便哼唱起来。赵葆秀一边震惊于老师的创作速度，一边惊讶地发现，这是一段自己从没听过的老旦唱腔。

这一段总共只有四句词，为了表现李母此时的悲惨境遇和悲伤的心情，李金泉选用了稳重深沉便于抒情的二黄板式，别出心裁地在这四句中设计了【导板】【慢板】【快三眼】【原板】四种板式和"吟唱"，彻底打破了老旦传统成套唱腔的结构规范。

"第一句'大不该儿打伤人把大祸闯下'，这句【导板】，李母对李逵既是埋怨又掺杂着想念，所以用了一个大长腔，唱腔随着唱词走，唱词随着人物内心走。第二句'在异乡飘荡荡儿难以还家'，安排了【慢板】，为什么？因为李逵走了，不知道儿在他乡安危如何，所以李母的内心沉重。老旦的【慢板】多是像《钓金龟》中的那段'母子们离去了鬼门关'，是带有高兴的色彩，但《李逵探母》的这句【慢板】不是高兴，这腔儿如果简单搬到这儿来不贴切，情不对。老的是要借鉴，但如果情不对，就需要根据人物来重新设计加以突破，不能什么戏都一个腔。所以，这句【慢板】要唱得悲悲怆怆，用中低腔把李母非常想儿子的心情以及'你怎么不回来哟'这句心里话在唱腔里全部表现出来。第三句'我身旁有李达哪顾白发，怎比得李逵他转辗病榻，时刻照料我老人家。'这时李母的心情是恨李达，如果再唱【慢板】抒情，对李达的恨表现得就不够了，需要把节奏变紧凑，所以用了【快三眼】，恨的感觉就出来了，与前边想李逵的【慢板】就有了差别。"

"老传统里的【慢板】和【原板】，一般都是顺着唱下来，叫'圆着板'下来，这是合乎规律的。但是在这段里要突出李母的盼和想，表达出来是不容易的，要不高腔，要不拉大腔，怎么也和李母的感情不贴切。唱到第四句时李母应该是对铁牛儿发自内心的呼唤，所以'乖孩子你回来吧'要用半口语化的吟唱方式，到下半句'看一看这瞎眼的老妈妈'再回到【原板】上，充分使李母的感情奔放出来。"

听着老师跟自己一句一句地分析唱腔，赵葆秀大开眼界。老旦的唱腔还能这样设计，原来，那位把自己唱哭的先生是用这样的创作精神在塑造人物，才能将一段唱腔演绎得五味杂陈。这一刻，在氤氲的烟雾中，李金泉的每一句话，都对赵葆秀的艺术人生有着不可估量的影响。

新版《李逵探母》的演出大获成功，袁世海感慨地对赵葆秀说："好好跟老师学！金泉不在吾等之下！"

1982年，袁世海、李金泉两位艺术家亲自上阵，对重新整理后的《李逵探母》进行了录制，于中央电视台播放，留下了

:: 1982年，中央电视台录制《李逵探母》剧照，袁世海（左）饰李逵，李金泉（右）饰李母

第三章·别开生面创佳作　109

珍贵的表演影像资料。

曾任上海戏曲学校校长的王梦云在"李金泉先生艺术创作及教学成果研讨会"上讲："李金泉先生演的《岳母刺字》《罢宴》《李逵探母》三个剧目，是老旦的经典剧目，是长远的保留剧目，也是保留的教学剧目。《岳母刺字》可以在中年级的时候学，《罢宴》必须是在高年级时候教，而《李逵探母》这样一出表现复杂的人物内心和深厚的母子之情的戏，不是一般的小孩儿所能完成并驾驭的，必须要有一定经历和一定文化修养，应该是大专、大学、研究生所要学习研究的剧目，李老师为我们创造出了有层次的教学剧目。"

:: 李金泉（左）与王梦云（右）合影

2014年7—9月，人民网、新华网、光明网联合举办"聚焦核心价值观——中国传统名诗词、名故事、名折子戏"推荐评选活动，投票选出100篇名诗词、100篇名故事、100部折子戏，要体现中国传统文化精髓和社会主义核心价值观，彰显民族精神和时代精神，艺术上要具有经典性和代表性，至今广为传唱。同年10月，三大网站公布经网友和专家们投票与评审的结果，在100部折子戏的评选中，京剧《岳母刺字》《罢宴》《李逵探母》都位居前列。

从《岳母刺字》到《罢宴》，再到《李逵探母》，李金泉在唱腔音乐上从对传统唱段加工整理到探索新的唱法、新的结构，最终每段唱腔都有它独特的自身结构和富有个性的腔型、音调，在艺术创作走过了初探和登高的过程，最终，在集龚云甫和李多奎等前辈名家的艺术大成于一身后，李金泉也达到了自己艺术之路的巅峰。因人设戏，以腔传情，充分运用唱念做打等综合性表演来塑造人物，丰富老旦行的声腔与表演，为老旦行创作新的人物、新的剧目，李金泉都做到了，并且作品都有着蓬勃持久的生命力。然而当他站在行当发展的高度四下瞭望时，心中还是会升起不满足。

现在的孩子们学艺时有多少是自己主动选择老旦行呢？是不是还有很多孩子与自己当年归行一样经过了一番纠结和思虑？龚云甫、李多奎，诸多前辈名家，都为一个行当的确立和繁荣做出了卓绝的贡献，而自己呢？似乎是为老旦行的发展尽了自己的绵薄之力。但几十年过去了，老旦行还是京剧所有行当中偏弱的一个，他知道，不仅要找到自己的艺术之路，为了老旦行的发展和繁荣，自己还有很多事情可以做、可以尝试，这是他这一代老旦演员肩上所担负的责任。

四、求索

1957年秋，中南海怀仁堂，李金泉正在后台化妆，忽闻一阵激动的喧闹，原来是敬爱的周总理来看望程砚秋先生。

这是一场特别的名家折子戏专场，前场是由李元春主演的《金钱豹》和由李桂春主演的《薛礼叹月》，第三出是由程砚秋先生主演的《六月雪》"探监"一折，第四出是由谭富英、张君秋、裘盛戎主演的《二进宫》。

之所以特别，不仅在于演出阵容特别强大，也不仅在于这场戏演于怀仁堂，更在于周总理特意邀请了久不上舞台的程砚秋并且亲来探望。周总理对程砚秋说，许多人对程派艺术是念念不忘的。

这是程先生人生的最后一场演出，数月后，他便离开了人间。

然而此时所有人都不能预知未来，程先生被总理的话鼓舞并深深感动，作为配演的李金泉也激动异常，打起十二分精神来演出。

在《六月雪》中，程砚秋饰演窦娥，李金泉饰演婆母，肖盛萱饰演禁婆。"探监"一折，李金泉与程砚秋有一段对唱。在戏校时，他就与同学们去过程先生家中学戏，对先生的艺术特点早已相当熟悉，此时配合先生晚年的嗓音调门，自然也默契得多，虽然只有一段唱，却把婆母此时的心境唱得准确动人。翁偶虹先生对这场演出评价道："一个演员具备了高亢爽亮的嗓音，在主演的剧目中，自然能发挥个人的特长，但在与他人合作、充当次要角色时，就必须服从主演者的调门。在矮调门上，用低嗓宽唱的方法，唱出剧中人物应当表达的思想感情，这种唱法比用自己的高调门唱还要难。李金泉在这方面也颇有功力。他与程砚秋对唱的《窦娥冤》'探监'的唱段，给我们听觉上的印象是和谐、平稳。李金泉用低嗓宽唱，恰恰体现出蔡母在监牢中只能低声安慰而不能大声疾呼的特定感情表达方式。"[1]

演出结束后，程先生风趣地说："金泉你成了程派老旦了！"这是程先生对李金泉艺术的肯定，也是程先生对他说的最后一句话。

1959年八九月间，中国京剧院举全团之力排演《穆桂英挂帅》，为新中国十年华诞献礼。重排阵容强大，改编为陆静岩、袁韵宜，导演为郑亦秋，梅兰芳饰穆桂英，李少春饰寇准，袁世海饰王强，李和曾饰杨宗保，李金泉饰佘太君，杨秋玲饰杨金花，夏永泉饰杨文广，李嘉林饰王伦。除主要演员外，为穆桂英举帅旗的是李金鸿；众将官分别由王鸣仲、钮凤华、冯玉亭、李幼春、李益春等扮演；女兵则由吴素英等扮演。这些都是在京剧舞台上摸爬滚

---

[1] 翁偶虹：《介绍李金泉的艺术》，根据1983年10月中央人民广播电台戏曲专题节目整理。

打多年，有一定知名度的演员了，为了给祖国献礼，为了完成好梅先生的戏，大家都发扬了"一棵菜"的精神，众星拱月，用极大的热情去排练和演出。

:: 《穆桂英挂帅》演出前会议照，前排左起：李和曾、梅兰芳、杨秋玲、李少春、夏永泉、袁世海，后排左起：李世霖、李金泉、李嘉林

1959年5月，《穆桂英挂帅》就已经由梅兰芳剧团首演。此次中国京剧院重排，梅先生还和第一次演出一样认真专注。他与该剧的主要演员共同研讨剧本、分析人物，每一次排练都准时到达排演场。响排时，通常演员可以随便一点，但梅先生却全神贯注，放开嗓子唱，大家怕他累，劝他低声些，但梅先生说："我上了年纪，现在这样唱，到正式演出时便会自然些。"

第三章·别开生面创佳作　113

中华人民共和国成立前，李金泉就曾在梅先生的班社里搭班，此刻的梅先生，依然每次演出前都早早地化好妆进入人物，依然会和声细语地同自己分析戏中佘太君的心境，依然会谦和地对其他年轻演员予以指导。梅先生是所有梨园人心中高悬的那颗明珠，让人仰望，却光华温润。在梅先生的影响和带动下，整个创作集体都充满了积极向上的热情，李少春、袁世海、李金泉等中年演员也花费了很多时间，帮助年轻演员设计身段、唱腔和指导表演，提携后进。

:: 《穆桂英挂帅》排练照，左起：梅兰芳、李金泉、郑亦秋、夏永泉

1959年9月25日，中国京剧院版《穆桂英挂帅》在人民剧场与观众见面。10月2日，文化部举办京剧晚会，招待来华参加中华人民共和国成立十周年活动的各国贵宾，梅先生率领全体演员带着这出《穆桂英挂帅》走进了中南海怀仁堂。

:: 《穆桂英挂帅》剧照，左起：杨秋玲饰杨金花，梅兰芳饰穆桂英，夏永泉饰杨文广，李金泉饰佘太君，李和曾饰杨宗保

也许是错觉，李金泉觉得梅先生今晚的眼睛格外深邃，眼波流转，暗潮涌动，眉眼之间的神采，竟是将穆桂英此时复杂的心境表现得淋漓尽致。李金泉跟着梅先生入戏了，在得知王伦被杨文广刀劈而亡时，他凭借扎实的念白功力，充满激情地念道："贼子王伦，平日罪恶多端，欺压良民，这等人劈了就劈了！"最后三个字"就劈了"，运用了喷口，同时手持拐杖用力向地下一杵，豪气干云，爽快果决，佘太君，不就应该是这样的吗！当见到杨文广带回阔别多年的帅印时，这位百岁的巾帼英雄，眼前闪过了自己的夫君、自己的儿女。就因为这个帅印，杨家上下为国捐躯，到现在门庭冷落，何其伤怀，于是随着【导板】唱出"见帅印一阵阵心酸难忍"。还是因为这个帅印，让佘太君念起了杨家世代肩负的护国重任，家国大义，所以才会有最后的【散板】"你不挂帅我挂帅"。

第三章·别开生面创佳作

:: 《穆桂英挂帅》剧照，左起：梅兰芳饰穆桂英，李金泉饰佘太君，杨秋玲饰杨金花

演佘太君这么多年，此时，看着梅先生的眼睛，李金泉才第一次觉得与佘太君的心离得如此之近。

1962年，纪念梅兰芳逝世一周年，梨园界举办纪念演出，因心脏病阔别舞台整一年的谭富英先生也参加了演出，大轴一出《大登殿》，梅葆玖饰演王宝钏，李金泉饰演王夫人。

谭富英先生的身体不好，还能来参加这次演出，不知道为此与自己的主治大夫费了多少唇舌。世代情谊，这是他对梅兰芳先生最好的缅怀和纪念吧！观众们都激动了，李金泉也很激动，此时能与谭先生同台演出是多难得的机会呀！

演出前一周，谭富英先生就将琴师叫到身边开始吊嗓恢复状态。李金泉想要照顾一下谭先生的气力嗓音，正琢磨着要不要降调来唱，不想谭先生说，"四十分钟的戏，不碍的。"

:: 1962年8月9日，纪念梅兰芳先生逝世一周年演出《大登殿》后合影，右起：梅葆玖、谭富英、杜近芳、李金泉

:: 《大登殿》演出戏单，摘自1962年8月4日《北京日报》

演出当天，一千四百多张戏票很快售罄，等候补票的观众从平安里一直排到剧场门口，长达数百米。李金泉看着略显孱弱的谭先生，心中免不了还是有些担心，却不想先生上了舞台就好像换了一个人，"龙凤阁内把衣换，薛平贵也有今日天"和"二梓童搀岳母待王拜见，尊一声老岳母听儿言"，薛平贵的这两处主唱段谭先生唱得逢高必起，落腔雍厚，李金泉按原调门演唱，先生也游刃有余。观众们都疯狂了，叫好声迭起，只觉谭富英先生的艺术造诣炉火纯青，哪里能听出这是身患心脏疾病的人唱的呢？

这场《大登殿》，是谭富英面对广大观众的最后一次公演。

三位大师晚年的演出，李金泉都有幸同台陪伴。震撼的不仅是大师们的艺术臻于化境，还有他们眼中的光芒。是的，即便身体已衰，只要他们还能站在红氍毹上，眼睛就会熠熠生辉。这是他们对这片舞台的爱，这是他们对京剧艺术的执着，这是他们的初心。

这点光芒，让李金泉湿了眼眶。自己的初心又是什么呢？小时候学戏是想要成角儿，什么是角儿？上台有碰头好？能演主角？能挑班儿？能挣包银？随着一路的摸爬滚打，他知道所谓的角儿，绝不是自己小时候想象得那般简单。直到看着这三位大师舞台生涯的最后时刻，他才恍然。原来，所谓的角儿，不仅有盛名，更有盛名之下对京剧艺术的责任，他们不仅创建了自己

∷《太君辞朝》剧照，李金泉饰佘太君

第三章·别开生面创佳作　117

的艺术流派，更推动了行当乃至京剧艺术的发展进程，直到最后一刻，他们还在倾尽全力，还在为能驾驭这个舞台而熊熊燃烧。

与前辈大师们比起来，自己真的还有很多事情要做呀！

事实上，李金泉自进入中国京剧院以来，除《岳母刺字》、《罢宴》和《李逵探母》外，在其他剧目中也一直都在为了自己的艺术构想和老旦行的发展求索着，即便不是演主角。

:: 20 世纪 50 年代，李金泉外埠演出时拍于峨眉山

:: 20 世纪 60 年代初，李金泉随中国京剧院一团赴南方演出期间留影

1952 年 10 月 6 日至 11 月 14 日，第一届全国戏曲观摩演出大会在北京举行。中国戏曲研究院于 9 月编排出京剧《宋景诗》，并于 10 月 28 日在大会上演出。这出戏是根据清末山东农民英雄宋景诗起义的故事编写而成的，中央文化部还专门组成《宋景诗》历史调查组到山东、河北一带进行实地调查，由田汉、陈白尘、阿甲、翁偶虹、景孤血等执笔写成，

由中国戏曲研究院京剧第三团排演,主要演员李少春(饰宋景诗)、叶盛章(饰侯锦玉)荣获一等奖;李洪春(饰宋景礼)荣获二等奖;娄振奎(饰僧格林沁)、叶盛长(饰扬殿乙)、李金泉(饰宋母)、赵炳啸(饰刘长佑)、李幼春(饰杨明谦)、骆洪年(饰王二香)荣获三等奖。这一年李金泉三十二岁,这是他获得的第一个国家级荣誉奖项,奖状由文化部领导沈雁冰签发,李金泉一直珍视。

1954年7月,李金泉参加演出了《除三害》,由郝寿臣任顾问,袁世海、李和曾主演。李金泉在剧中饰演一位张氏,因丈夫遇蛟龙丧命,儿子又被猛虎吞吃,无依无靠,痛不欲生,被周处救下,经过她的一番诉说衷肠,使得周处对她产生了同情。人物虽小,李金泉也没有简单对待,反而依循自己塑造人物的创作理念,在念白和演唱上下了一番功夫。虽然没有留下剧照和视频资料,但仅从保留的录音资料中,凭听觉就能感受到这位贫婆悲戚的境况,悲悲切切,入木三分,很好地烘托了周处的另外一面人格品性。

:: 《除三害》剧照,李金泉(左)饰演张氏,李和曾(右)饰演时吉,于1955年12月中国京剧院演出

1958年秋,为迎接新中国成立十周年,中国京剧院以现代戏为纲,兼顾历史题材,编排了许多新剧目。京剧《响马传》就在此期间编排,并于1958年12月12日正式公演,编剧翁偶虹,集体导演。

第三章·别开生面创佳作　119

《响马传》从程咬金、尤俊达劫下杨林押送的六千万龙衣纲起，一直到秦琼会同贾家楼三十六友破了杨林附设的陷阱地网，射伤杨林为止，其中包括传统剧目《打登州》《贾家楼》的内容。李少春饰演秦琼，袁世海饰演程咬金，李金泉在剧中饰演秦母。

如今，《响马传》早已成为京剧的经典剧目，传唱不衰，而翁偶虹先生特别提到了李金泉在剧中的表演：

"在传统老旦戏里，内容不外是训子和哭儿，不是苦难的折磨，就是饥寒的煎熬，表现人物愉快、欢乐情绪的很少。善于创新的李金泉在《响马传》里扮演秦琼的母亲，在'拜寿'一场戏里，他仅有六句【四平调】，并穿插念白，就把一位明大义、有远见、豪情满怀的英雄母亲的形象勾画出来了。在声腔的运用上，他突破了传统唱法的束缚，达到了一种新的境界。这场戏描写在秦母的寿堂上，许多江湖好汉前来拜寿的热闹场面。李金泉在理解剧本的基础上，创造出这段唱的新意来。

"在这个短短六句的唱段里，却有两三处强烈的舞台效果。这种效果的获得，并不是由于李金泉以高亢的嗓音、充沛的气力来争取观众，而是他所表达的秦母在特定环境中的愉快、欢乐、兴奋、昂扬的情绪与观众发生共鸣的结果。第一句开始的'草堂上'三个字，他用高昂的音调起唱，结合句尾'豪气洋洋'的延展拖长的唱腔，表现出人物兴奋、昂扬的心情。这句唱完，见到了第一个到来的秦琼的生死之交单雄信，所以在第二句'难忘高谊二贤庄'的开始，仍然用高腔。唱完后，罗成上前拜见。罗成与秦琼是姑表弟兄，久别相逢，秦母自然是更欢快了，所以在第三句'见罗成'的'见'字上用长腔来表现。又在句尾'心花开放'的行腔上，回环婉转，把亲人欢聚的欢喜之情更加深一层。下面是众英雄向秦母问安，秦母在谦谢之余，以爽朗的笑声过渡，唱出第四句'敢劳列位登山涉水到庄上，叫老身我怎敢承当'的垛唱和大腔。下面秦琼的妻子回拜众英雄，众英雄向秦母拜寿，接着唱'豪杰欢聚在一堂，三山五岳地久天长'两句，结束全段，在'地久天长'的'长'字上，再用高昂的行腔，展现出秦母'老梅铁骨迎风立，龙马精神海鹤姿'的精神状态。从这里可以看出，演员在戏里，尽管演一个次要角色，只要演得符合剧情，切合人物性格，就能取得好的艺术效果。"[1]

翁先生对自己的这位优秀学生知之甚深，评语一语中的，"演员在戏里，尽管演一个次要角色，只要演得符合剧情，切合人物性格，就能取得好的艺术效果"，这正是李金泉长久以来秉持的创作态度和艺术追求，只要有机会，他都尽力地将人物塑造到位，以期立住、留下，让老旦行的人物形象更丰满一些。

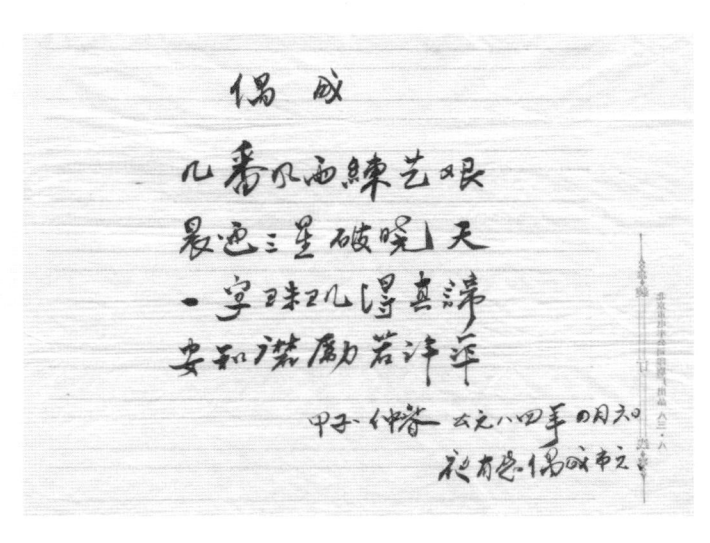

:: 1984年4月6日，翁偶虹先生为李金泉题作

还是在1958年，文艺界上下都在为即将到来的新中国十年华诞做着准备，不仅各个文艺团体都拿出了最强力量，剧院与剧院之间也展开了强强联合，创作出了一批优秀的剧目，其中就有中国京剧院和北京京剧团联合创作的《西厢记》。京剧《西厢记》首演于1959年1月5日人民剧场，由田汉编剧，郑亦秋导演，张君秋饰演崔莺莺，叶盛兰饰演张珙，杜近芳饰演红娘，李金泉饰演崔夫人，娄振奎饰演法本。华丽的阵容让田汉也为之欣喜，首

---

[1] 翁偶虹：《介绍李金泉的艺术》，根据1983年10月中央人民广播电台戏曲专题节目整理。

第三章·别开生面创佳作　121

演前写下序文:"本剧首次上演得亦秋导演,君秋、近芳、金泉、振奎诸位演出深引为幸。君秋、近芳、盛兰、金泉、振奎诸位都是有名的歌唱家,一定有出色的表演和新腔替本剧生色……"赖婚的崔夫人自王实甫《西厢记》写出后就一直是反面人物,李金泉不仅将她的势利和对莺莺的封建桎梏表现到位,还通过唱腔和表演将这位相国遗孀在

:: 《西厢记》演出剧照,张君秋(左一)饰崔莺莺,杜近芳(右一)饰红娘,李金泉(左二)饰崔夫人

:: 《西厢记》剧照，叶盛兰（左一）饰张珙，杜近芳（左二）饰红娘，李金泉（右二）饰崔夫人，张君秋（右一）饰崔莺莺

:: 《西厢记》剧照，叶盛兰（左）饰张珙，李金泉（右）饰崔夫人

:: 《西厢记·拷红》剧照，李金泉（右）饰崔夫人，杜近芳（左）饰红娘

不同境遇下的曲曲折折的心思刻画出来，让这个人物更加立体丰满。除了演戏之外，李金泉还参与了《西厢记》第六场"赖婚"红娘对张珙的唱段和第八场"探病红娘"唱段的唱腔设计。

1960年5月，中国京剧院一团的一些主要演员到国外演出，而留在团内的人员依然坚持演出，并排演了一出新戏《花灯记》，先后在北京中和戏院、人民剧场、广和剧场演出多次。

这出戏是根据山东茂腔的剧目改编而来的，讲述的是山东蓬莱知县的女婿朱雯然图奸杀人后，嫁祸于秀才陈华章，并污赖死者之妻李珠红和卖茶的王妈妈同谋杀害，青年知县赵寒秋采取"审火灯"的办法，令案情大白，捉获真凶。这出戏由景孤血、祁野耘两位剧作家改编，由李殿华导演。叶盛兰饰演赵寒秋，李金泉饰演王妈妈，李世霖饰演周少陀，张雯英饰演李珠红。

《花灯记》中演员们都有相当繁重的大段唱腔，而李金泉则大胆地为王妈妈设计了技巧动作。在"被捕""受刑"两场戏中，他除了用精湛的念白和唱工来表现人物以外，还使用并改良了老旦"甩发"的技巧，这是李金泉的才思和文武全能才能做到的艺术革新。年轻观众大概从不知道老旦还能"甩发"，不由得耳目一新，对这个从未见过的老旦形象报以满堂的喝彩。

1961年，田汉先生根据陕西碗碗腔《女巡按》改编创作了京剧《谢瑶环》，1962年由中国京剧院一团于北京首演。首演杜近芳饰演谢瑶环，参加演出的还有李金鸿、张雯英、孙盛武、吴素英、苏维明、曹韵清、骆洪年、李幼春等，郑亦秋任导演。

李金泉在剧中饰演肖郑氏，在"大堂"一场戏中，有一大段斥责恶霸武宏的念白，李金泉念得抑扬有致，清晰激昂，喷口有力，又以高亮的长托腔接唱到【快板】"抢夺民妻太

∷《花灯记》剧照，李金泉（右）饰王妈妈，张雯英（左）饰李珠红

不仁……还望大人把冤申"。李金泉在该剧中的戏份虽然不多，但充分发挥了以声传情的演唱技巧和深厚的念白功力，将肖郑氏这个人物刻画得十分富有激情，与台下的观众产生了强烈的共鸣。

《谢瑶环》的剧情是谢瑶环女扮男装微服出巡，所以这出戏要求主演谢瑶环的演员青衣小生两门抱，由于生理和发音方式都不同，这是不容易的，怎么唱才能做到融青衣、

:: 《彩楼记》剧照，高玉倩（左）饰刘翠屏，李金泉（中）饰刘夫人，江世玉（右）饰吕蒙正

:: 《玉簪记》剧照，侯玉兰（左）饰陈妙常，李金泉（中）饰老道姑，江世玉（右）饰潘必正

小生于一体，赏心悦目、光彩照人呢？都知道李金泉是设计唱腔的天才，正赶上天降大雪，杜近芳约上李金泉等诸位先生到东安市场"东来顺"吃涮羊肉，火锅一开，热气腾腾，大家就开始聊戏，这一坐就是半天，李金泉这唱腔就编得差不多了，便给杜近芳唱起来。"本是你这狗奸贼通敌谋反"，一段【娃娃调】，既高亢英武，又不失女性的柔美，就着羊肉的鲜美和一堂的火热，打动了所有人，就此定稿，遂成经典。2001年9月，杜近芳的弟子陈淑芳在"李金泉先生艺术创作和教学成果演唱会"上还唱了这段【娃娃调】，以为致敬。

1962年，中国京剧院四团赴湖北、河南等地演出。在《杨门女将》中饰演佘太君的王晶华因身体原因不能随行，团长于光是中华戏校"玉"字科的学生，与李金泉是师兄弟，经过院里的同意，便把他请去了。李金泉自己也觉得这是一次很好的创作机会。

演过多年的《四郎探母》，又陪着梅兰芳先生演过《穆桂英挂帅》，李金泉对佘太君这个人物再熟悉不过了。但是《杨门女将》中的佘太君很特别，不再是拄着龙头拐的内府老太太，而是要穿上蟒袍戴上帅盔披挂上阵的百岁英雄，需要英武，需要豪情万丈。王晶华是自己的弟子，她的刻画和创作很成功，弟子病了，老师代为披挂上阵，责无旁贷。

郑岩，当年是中国京剧院四团的年轻演员，回忆起李金泉的表演还记忆犹新：

"1959年，我们在中国京剧院四团，都是毕业生，院里规定每周四有半天时间，请一团、二团的老师们给我们面对面地排戏，说戏。像王晶华她们就找李金泉先生学，我就跟孙盛武先生学，李少春、袁世海先生分别给俞大陆、李嘉林、吴玉璋他们说戏。半天时间能学多少东西？主要是逐步让青年演员们受到老先生的艺术影响，有一个艺术发展方向。

"李金泉先生是中国京剧院第一老旦表演艺术家，没有人超过他。我觉得李先生非常了不起，取得了划时代的艺术成就，将老旦这个行当推向了一个新的历史阶段。过去一些老先生唱戏，都是听他的唱为主，而李金泉先生他不完全是唱，他通过唱来演人物，有很细腻、很精湛、很准确的表演。李金泉先生一张嘴，我觉得他就是剧中那个人物，他天生就有一条适合唱老旦的嗓子，这是他得天独厚特殊的才华。

"李金泉先生开辟了老旦刻画人物、讲究个性艺术手段的先例。就演唱传统戏而言，我看过李金泉先生的《遇后·龙袍》《望儿楼》《行路·训子》《甘露寺》等，他都在人物中。中国京剧院演出折子戏的时候，总是安排李先生唱一出《钓金龟》，与孙盛武、骆洪年、茹木春都合作过，他总是那么感人。不是说你听我唱这几句、几段，唱得多过瘾，就算了，李先生表演的康氏与张义的交流，整个人物心情的变化都令观众看得很清楚，进而感人。再比如他演《甘露寺》剧中的吴国太，不仅是表现出身份就成了，而是要表现出吴国太对刘备、乔玄、孙权和孙尚香不同人物的不同态度，刻画非常清晰。我们小时候不太爱听唱工戏，但李先生的《罢宴》我就坐住了，为什么？因为他载歌载舞，表演层次鲜明，神态丰富多彩，声腔细腻委婉，展现强烈、感人的艺术穿透力。

"演《杨门女将》，郑亦秋先生排戏，到了汉口就唱了，一唱就成了。我就在边上看，每次都看，我感觉到，这出戏唱佘太君的不知道有多少人，还是李先生的好！为什么？他演的佘太君有威呀，他一上场就有帅位的那种感觉。表现人物是他的特点，佘太君作为长者，对待家人、朝廷、文武大臣、儿孙都有一种不同的态度，这是别人做不到的，或者即便能做到也没有他表演的那么真实。而李先生唱得也好，最后'巡营'那场戏他唱得多好哇！他的嗓子没法比，他老是那么棒，没听说过他闹嗓子。一个是他，还有一位李和曾先生，他们唱了一辈子戏，就没听说过他们嗓子不合适了。"

是呀，在传统戏和新编历史剧中，李金泉的表演和创作可谓如鱼得水，自己的很多构想也在一一尝试并实现，但随着社会的发展，他也免不了要面对全新的挑战，那就是戏曲表现现代生活。

1952年11月4日，中央文化部副部长周扬在第一届全国戏曲观摩演出大会上的总结报告中明确指出："如何用各种戏曲形式恰当的，而不是生硬的表现人民的新生活，成为戏曲工作者当前的，也是长期的一个严重的创造性的任务。"

∷ 中国京剧院老文艺工作者合影，左起：赵永泉、叶盛长、李金泉、阿甲、白登云、李殿华、李和曾、王志勤

1958年3月5日，文化部在《关于大力繁荣艺术创作的通知》中强调指出："现在急需创作反映我国当前的和近十年来的伟大变革，歌颂我国伟大社会主义建设者的英雄业绩的艺术作品。"

1958年6月13日至7月14日，文化部召开了"戏曲表现现代生活座谈会"。出席会议的中国京剧院、北京京剧团、中国评剧院、上海沪剧团等12个院团向全国的戏曲院团发出倡议书，提出"苦战三年，争取现代剧目在全部上演剧目中所占比例分别达到20%～50%，或者50%以上"。7月14日，文化部副部长刘芝明在总结发言中提出：我们的口号是"鼓足干劲，破除迷信，苦战三年，争取在大多数剧种和剧团的上演剧目中，现代剧目的比例分别达到20%～50%"。

1958年8月7日，《人民日报》在发表的《戏曲工作者应该为表现现代生活而努力》的社论中指出"表现现代生活是今后戏曲工作的发展方向""大力发展现代剧目，但绝不能轻视和排斥优秀的传统剧目"。

这一系列的会议和纲领之后，全国迅速掀起了戏曲现代戏创作的第一次高潮，各剧团都是领导带头，人人动手，昼夜苦干，编写赶排现代戏。中国京剧院于1958年3月8日开始编写京剧《白毛女》的剧本，至3月20日便完成了排演工作。

京剧《白毛女》由歌剧改编而成，创作团队集合了中国京剧院的精英力量，剧本改编：马少波、范钧宏；导演：阿甲、郑亦秋；演员及饰演角色：杜近芳饰演喜儿、李少春饰演杨白劳、袁世海饰演黄世仁、叶盛兰饰演王大春、雪艳琴饰演黄母、骆洪年饰演穆

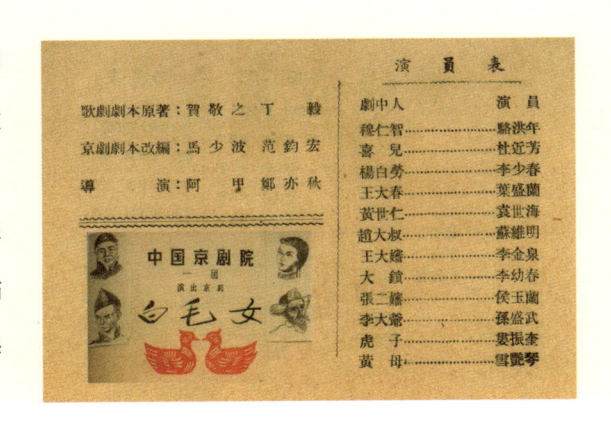

:: 1958年12月7日《白毛女》演出戏单，李金泉饰大春娘，中国京剧院一团演出 摘自《菊苑留痕》

第三章·别开生面创佳作　129

仁智、李金泉饰演王大婶（大春娘）、苏维明饰演赵大叔、侯玉兰饰演张二婶、李幼春饰演大锁、孙盛武饰演李大爷、娄振奎饰演虎子。在这样的创作团队共同努力下，虽然《白毛女》是短期内赶排而成，却依然保证了剧目的高品质，所有工作人员都在为探索戏曲表现现代生活贡献着自己的力量。

没有任何前人经验可以借鉴，一切都要靠演员们的创造。如饰演杨白劳的李少春采用以湖广韵的韵白为主，吸收北京音韵的方法来处理人物的念白，是京剧现代戏里少见的尝试。在杨白劳被黄世仁逼打手印的一场戏里，李少春先生运用了抢背、僵尸、跪步、蹉步等传统程式技巧，强烈地表现了人物的性格和内心感情，又能"技不离戏"，给观众极大的艺术享受。

在所有演员中，面临挑战比较大的，应该是饰演大春的叶盛兰和饰演大春娘的李金泉。叶盛兰是小生名家，除了要解决京剧传统程式如何表现现代生活的问题，还要面临小生的声腔与现代戏中表现革命英雄的要求有违和感的问题。而李金泉的首要问题，是作为一个男性演员，如何在现代戏里表现老年女性。

这对李金泉来说是个难题，却也是前人没有过的创作机会，老旦行想要在今后延续并发展蓬勃，他知道，表现现代生活是他们这代京剧老旦演员必须要迈过去的关。

在传统戏中，有行头的掩饰和性别指向，有专属的身段和程式动作，老旦演员一上台，不用张嘴，台下就知道这是哪个行当，但是在现代戏里，这些条件都没有了。现代戏要求真实，程式动作都要经过各种化用，在行头和化妆方面更是走的写实路线。王大婶在剧中穿着土布的上衣、裤腿匝口、平底布鞋、灰白的头发，头后梳着发髻，身材体态一览无余，那么对演员的第一要求自然就是"像"。不是传统戏中程式化的像，而是要一上台，就真的像一个农村老太太。对于一个男性演员来说，造型上已经不能有再多的帮助，李金泉照着镜子思来想去，还是要通过面目的表情神态和身体的动作体态来加强塑造。

首先就是脚步的问题。传统戏中老旦的脚步是"鹤行步"，女性由于受到封建思想的桎梏，还要夹着腿走路，这明显不符合王大婶的人物形象。李金泉就去生活中观察，发现上了年纪的妇女，走路时的重心大多在脚后，也就是走路时用脚后跟吃力，于是他就抓住这一典型特征，让王大婶迈开了大步，同时又不失年迈人的体态。这样的步法创新是成功的，李金泉也将这一经验传授给了其他演现代戏的老旦演员。

光外形的像还不够，现代戏更要注重表现人物的情感，情感有了，人物也就活了。京剧的老旦艺术，不论是传统戏、历史剧还是现代戏，表达情感的核心手段都是唱腔，万变不离其宗，李金泉又回到了"以腔传情"的创作道路上来。

:: 《白毛女》剧照，李金泉饰大春娘

在"迎接八路军"的一场戏中，李金泉所饰演的大春娘与叶盛兰饰演的王大春有一段对唱，堪称珠联璧合。当大春娘见到离家多年，如今参加了八路军的大春时，高亢激昂地演唱了一段"一见大春回家转，望断肝肠有今天，自从娇儿离家园，为娘我时刻心不安，那黄家逼得甚可惨，那时节为娘我就无依无靠孤苦伶仃受煎熬，多亏了乡亲们来照看，才得今朝母子们又团圆，难道说为娘在梦中见，怎得归家儿要对娘言"。用【导板】接【流水】的板式，把见到儿子时那种悲喜交加的情感酣畅淋漓地表达了出来，博得了观众的热烈喝彩。

关于《白毛女》大春娘的这段唱，翁偶虹先生讲道："同样是和《李逵探母》一样表现母子相逢时的激动心情，李金泉在现代戏《白毛女》中扮演的大春娘的唱段，也是用【西

第三章·别开生面创佳作　131

:: 《白毛女》剧照，李金泉（前右二）饰大春娘，叶盛兰（前左二）饰王大春

皮导板】起唱，下接【流水】。在这段唱里，李金泉准确地把握了大春娘的思想感情，从而表达出一个有革命理想、有阶级觉悟的农村妇女见到久别重逢的儿子时的激动心情。【导板】唱得高亢激昂，【流水】板式唱得爽亮明快，与《李逵探母》的那个唱段，从结构到唱法毫不雷同。虽然唱词里没有什么革命的词句，但在声腔上使人听得出，这是一位富有革命热情的母亲。尤其在'多亏了乡亲们来照看'的句尾，化用了'哭头'，唱得有声有泪。而这声、泪并不仅仅是表现伤感，更多的是为了表现阶级觉悟和阶级感情。"

李金泉这段唱后，紧跟着就是大春的一段"自那年逼得我离了家门"，用【西皮二六】和【娃娃调】，采用了大小嗓结合的方式来表演，唱得情绪饱满，刚劲挺拔而毫无柔弱绵软之嫌，叶盛兰为了此剧耗费了大量的心血去创新和创作。

在《白毛女》一剧中，李金泉还积极热情地承担起该剧的唱腔设计工作。第二场喜儿上场唱段"大雪飞北风紧"、杨白劳与喜儿的对唱"紧皱的眉头得舒展""人家的女儿有花戴""只见女儿笑颜开"、第七场中喜儿逃出黄家的唱段"逃出狼窝离虎口"等，李金泉是这几段唱腔的设计者之一，大多已经成为传世经典。

京剧《白毛女》在京剧表现现代生活方面，既尊重了京剧的艺术规律，保持其原有风貌，又根据生活内容和表现的需要，从剧本文学、表演手段、音乐唱腔、舞台美术等诸多方面，做了大胆而审慎的革新创造，达到整体的和谐统一，为京剧现代戏的发展提供了可贵的探索经验。这是李金泉塑造和表演的第一个现代人物形象，也是非常成功的艺术形象，他不仅出色地完成了演出任务，还为老旦表现现代生活蹚出了一条路。

在成功塑造出大春娘这个角色之后，李金泉参演了京剧现代戏《林海雪原》。他所饰演的王氏虽然在剧中戏份不多，但那段斥责和揭露匪徒罪行的念白和唱段，却凭借精湛的表演和激越高昂的演唱，博得了观众们的热烈掌声。这也是李金泉男扮女装，又一成功塑造的现代戏人物。

1959年12月，中国京剧院一团在"实干巧干十七天，比快、比好、比熟练，集中全力排演'柯山红日'照新年"的口号下，排练向新年献礼的现代剧目《柯山红日》。此剧描写的是平息两芷叛乱的故事。剧本由范钧宏改编，阿甲、郑亦秋任导演。最初安排李少春、袁世海、

:: 1954年5月外埠演出期间，李金泉（前左一）、田文玉（前右一）、叶德林（后左一）等人合影

杜近芳、叶盛兰、李金泉饰演戏中主要角色。

　　李金泉原本是要饰演民间老歌手麦力生，到彩排时，大家觉得麦力生这个人物，从形象到发音，花脸比较老旦更适合一些，于是临时改换娄振奎饰演。李金泉热情地把自己对麦力生的人物体会、舞蹈身段，都告诉了娄振奎。为争取时间，李金泉又同音乐设计刘吉典等共同设计唱腔。当娄振奎排练时，李金泉在台下看，发现问题，立即提出来，或者上台做示范表演。娄振奎虚心听取其他人的意见，并且圆满地完成了麦力生这一人物的创造。为了同一个目标团结协作，不计较个人得失，《北京晚报》在1959年12月16日为此刊登了"中国京剧院一团排《柯山红日》传佳话，彼此关心，互相帮助"的专题报道。

∷ 外埠演出期间，李金泉（右二）、李金鸿（右一）、谷春章（左一）等的合影

《柯山红日》之后，李金泉在中国京剧院一团工作的日子里，作为一位演员，甘为他人创腔和为集体服务，十分热心，任劳任怨。1963年9月，中国京剧院一团新排由杜近芳主演的《梁红玉》，李金泉与周国兴参加唱腔设计工作。1964年3月，中国京剧院一团演出《社长的女儿》，李金泉、张复、李广伯、郭根森担任该剧唱腔设计工作。

中国京剧院还排演了一出现代戏《昆仑山上一棵草》，该剧描写了当时的建设者们，像昆仑山上一棵草一样，不畏风沙和严寒，积极参加祖国高原建设的故事。

在该剧中，李金泉又一次担任唱腔设计工作。高玉倩回忆这出戏时，对戏中的唱腔记忆犹新。"《昆仑山上一棵草》剧中，我演一个四十多岁的农民，挎着一个篮子，高高兴

:: 外埠演出期间合影，右起：李金鸿、杜近芳、云燕铭、李金泉等

兴来到高原安家落户，协助丈夫工作。有一段'离延安，进草原，走过了千里戈壁滩'的唱段，那是李老师根据陕北的民歌、曲调来设计的唱腔，我觉得挺特别的，观众也没听过。"

王晶华也回忆道："李老师特别博学，他的唱腔怎么就能创出来呢？他一定会得多，各个行当他都会，各个剧种他都吸收。《昆仑山上一棵草》有一段唱儿，唱词是'一件东西一片心，多年的夫妻我总要惦念三分，自从接到了你的信，就决定离家来昆仑，我洗了衣衫又缝被，带来了锅碗儿瓶罐儿和瓢盆儿，这两只鸡我实在是舍不下，也带来高原来安身。'李老师设计的这段唱腔，我印象特别深刻，唱起来好听，所以到现在我还能想起来，还会唱。"

由于某些原因，《柯山红日》和《昆仑山上一棵草》这两出戏及中国京剧院那个时期排练的其他几个现代戏或公演不多，或未能公演，但时隔四十余年，人们仍能将当中这些唱腔完整地回忆起来，足以说明李金泉设计的唱腔的魅力。

1960年6月，中国京剧院改编姚仲明的同名话剧《同志你走错了路》为京剧，李金泉在现代戏中首次担任了主角，饰演政治部主任。这是男主角，但对李金泉来说却是"反串"。

反串，对李金泉来说并不陌生。他在戏校时就对多方面感兴趣，爱学习，善钻研，能拉琴，会创腔，特别是爱琢磨旦角和老生的唱腔。由于老生和老旦都是用大嗓演唱，并且老旦最初都是由老生兼演，在声腔上有很多相似之处，再加上他在戏校接受了全面又扎实的基本功训练，所以李金泉在多年的演艺生涯中，逐渐掌握了大量的老生唱段和唱法。加入中国京剧院后，由于李金泉的潜能所在，许多新编剧中，都留下了他精彩的反串表演，如《将相和》中的缪贤，《黑旋风》里的宋江，《大闹天宫》里的太上老君。

:: 《大闹天宫》剧照，李少春（右）饰孙悟空，李金泉（左）饰太上老君

而李金泉最出名的反串，是同年排演的《金田风雷》。

1960年8月13日，中国京剧院一团、二团在人民剧场公演大型近代历史剧《金田风雷》。李金泉反串老生，用高派的唱法，饰演太平天国将领冯云山。

:: 《金田风雷》剧照，李金泉（中）饰冯云山，茹元俊（左）饰徐胜朝，谭韵寿（右）饰吴应元

:: 《金田风雷》剧照，李金泉（右）饰冯云山，叶盛兰（中）饰韦昌辉，高玉倩（左）饰洪宣娇

"传教义，涉关山，八桂来往……"这段唱，他以高亢清冽、爽朗甜润的嗓音，运用高庆奎高派的唱法，【二黄导板】起，接【回龙】、【原板】，转【散板】，再转【原板】、【散板】，一波三折，很有特色，感染了观众，收到了强烈的舞台效果。翁偶虹先生评价道："我们不能因为李金泉是老旦演员，就埋没了他在高派艺术上的创造，而应当肯定《金田风雷》中的这段唱是一段完美的高派唱腔。"[1]

---

[1] 翁偶虹：《介绍李金泉的艺术》，根据1983年10月中央人民广播电台戏曲专题节目整理。

:: 《金田风雷》剧照，李金泉（左）饰冯云山，茹元俊（中）饰徐胜朝，谭韵寿（右）饰吴应元

　　这出戏在北京人民剧场、民族文化宫礼堂演出了十余场，周总理及文化部门的领导，都来观看并接见了演员们，使大家备受鼓舞。李金泉还被邀请到中央人民广播电台的专题节目中介绍教唱。高派名家李和曾笑问他："你是不是要改老生呀？"李金泉笑着答道："你

:: 李少春（右）、沈玉才（中）、李金泉（左）于中国京剧院一起研究唱腔设计

们在外边演出，我们根据留在家中的演员情况，排了一些新戏，都是根据新剧目的需要。"

是啊，不论是传统戏还是新编历史剧和现代戏，不论是主角还是配角，不论是做幕后唱腔设计还是饰演根据集体需要的反串，李金泉在每一次创作时都倾注心血、上下求索。一切都是为了他心中对老旦行的美好愿景，一切都是为了自己肩上担负的责任。

【第四章】

隐身幕后 细耕耘

一、顺势而退

1962年，上海爱华沪剧团以电影文学剧本《革命自有后来人》为蓝本，改编上演了沪剧《红灯记》。1963年2月，沪剧《红灯记》的剧本被带到北京，交给当时的中共中央宣传部副部长林默涵，建议改编成京剧。林默涵将这一任务交给了中国京剧院。

中国京剧院对这个任务十分重视，副院长、著名戏剧编剧兼戏曲理论家、表演和导演艺术家阿甲先生亲自带队，身兼导演和编剧之责，与翁偶虹先生共同完成了编剧工作，与郑亦秋共同导演。全剧音乐设计为刘吉典和李广伯，最初由李金泉设计老旦唱腔，李玉和的唱腔则由李少春设计。

李金泉本就是那时期中国京剧院的第一老旦，再加上《白毛女》中王大婶和《林海雪原》中王氏的表演的成功经验，在导演心中，李金泉应该是扮演李奶奶的不二人选。不久，全剧组准备去东北体验生活，却不想在一天中午，李少春将李金泉拉到京剧院二楼，悄悄对他说："金泉呀，东北的体验生活你可能去不了了。"

李金泉心头就是一突，一直隐约担心的事情，终于发生了。

戏曲中的"男旦"由来已久，其中有各方原因，就京剧而言，男旦出现的最直接原因是清末禁止坤伶上台，所以只能以男演女。进入民国后，虽然陆续有坤伶走上京剧舞台，但男旦已经成为人们心中的固有认知，再经过历代艺人的努力和舞台打磨，到"四大名旦"时，男旦的表演艺术达到巅峰，他们推动了京剧旦行的发展和繁荣，构建了京剧的繁盛时代。

但"男旦"毕竟从一开始就是因为封建社会对女子的歧视才出现的，中华人民共和国成立后，戏校就不再招收、培养男旦。在传统戏和新编历史剧的舞台上，男旦或许还能光芒四射，然而自从"以现代剧目为纲"被提出以来，男旦的境遇就越发尴尬。

男旦在现代戏的舞台上有着太多的违和感，"现代戏中不能有男旦"的各方评论和呼声也日益高涨，李金泉早已感知到环境的变化。当李少春先生对他说出"你大概去不了"之后，他清楚，即便自己是老旦，即便自己已经在现代戏舞台上取得了良好的反响，也终究抵挡不住历史的洪流。

此时李金泉刚过不惑之年，正是一个演员的"黄金时期"，艺术达到了一定高度，舞台经验丰富，本可以大有作为，却就此失去了现代戏的舞台。哪有演员愿意离开舞台呢？更何况李金泉心中对老旦行的发展还有诸多构想尚未来得及尝试，他正对老旦如何表现现代生活有很多想法并跃跃欲试。可现实已经无法改变，李金泉选择了积极面对，并希望能以另一种方式继续自己对老旦艺术的探索。

"现代戏中男不能演女，但我不因此而失望，我还能创腔，演老头或其他角色。"

于是，在以后的工作中，李金泉凭借其创腔才能，义无反顾地投入现代戏《红灯记》的音乐唱腔创作中，并且根据需要，还曾在剧中饰演八路军战士，即便后来剧本和演出海报上面除了演员之外，所有创作者的名字都变成了"集体创作"，没署名无稿酬，他也没有停歇。

:: 《红灯记》演出后部分演职人员合影，李金泉（前右二）饰战士

第四章·隐身幕后细耕耘　143

:: 20世纪60年代，中国京剧院赓金群（右二）、李金泉（右三）、沈玉才（右四）、钱浩梁（右五）等人工作合影

不只是李金泉，在这个时期，很多老艺术家都不计名利地积极投入艺术创作。"演好现代戏成为京剧工作者的政治任务。高百岁、梁一鸣、孙钧卿等年过六旬的老演员，都在排演现代戏过程中表现了不辞辛苦、老当益壮的可贵精神。老演员马连良也积极争取在《杜鹃山》中扮演角色。云南京剧院的演员关肃霜在排演《黛诺》时，为练好一场翻滚、跪搓动作，曾经把裤腿膝盖处磨穿了一个大洞。中国京剧院的老旦演员李金泉虽然自己不演什么角色，仍然积极热情地担任《红灯记》的音乐（唱腔）设计，为了琢磨一句唱腔，他苦思苦想，几乎到了废寝忘餐的程度。"[1]

所有人都在尽自己的努力去拥抱新时代，都试图在新形势下找到自己的位置，都愿意京剧艺术越来越好。

《红灯记》中李奶奶的核心场次是"痛说革命家史"一场，有很繁重的唱工和念白，也是李金泉的工作重点。经过现代戏《白毛女》的创作，再加上自己多年来成功的创作经验，李金泉深知任何新腔、任何新戏，都不是无源之水、无本之木，所有创新都要坚实地站在传统之上，即便是现代戏也一

:: 20世纪60年代中国京剧院音乐创作工作照，后排左二为李金泉

---

[1] 《要演革命戏，先做革命人》，《北京晚报》1964年7月11日。

样，不然就会丧失京剧最根本的特点和神韵。所以如何保证京剧基本声腔板式的完整性，同时又赋予唱腔鲜明的现代性，是摆在李金泉面前的新课题。

想要突破，方法其实没变，还是"一切从人物出发"。李奶奶是一位饱受苦难的老人，因为饱受苦难而有强烈的革命意志和精神，她又是个意志坚定、勇敢无畏的革命者，所以整体的唱腔既要有柔婉温情的一面，更要有刚强硬朗的特点。再结合剧情、人物、矛盾冲突和情感氛围，李金泉仔细揣摩"痛说革命家史"时李奶奶的情感走势和变化，弱化传统的固有板式，让唱腔成为李奶奶在此地此时的心理过程的外化和表现，进而实现因人设戏的个性化唱腔编创。在增强现代性的问题上，李金泉则选择用淡化技巧，让唱腔平易化、口语化的方法。

全场李奶奶有两段主要唱段，第一段是"学你爹心红胆壮志如钢"，李金泉最初设计了【二黄散板】—【二黄三眼】的板式。【散板】只有两句唱词，表现李奶奶对铁梅欲言又止的犹豫和纠结。接着是【二黄三眼】，共四句唱词，都是多字的不规则句，前两句抒情性很强，表现了李奶奶心中的忧思，从第三句"说明了真心话"开始，唱词转为生活化语言，唱腔也随之加快了节奏，到"不要哭"处，节奏进一步加快，开始用垛唱的方式，又在第三个垛句"铁梅呀"处打破常规，将节奏拉长了一倍，表现出生活里老奶奶对晚辈呼唤的音调以及无限的关爱，接着从"你不要哭"到"像一个铁打的金刚"，一组小垛句，力度一个比一个强，曲调一个比一个高，李金泉在这几句中安排了五个层次，气势逐步上升，从而表现了李奶奶从犹豫、忧思到关爱和坚强的心理转

:: 李金泉《红灯记》唱腔创作照

变，以及她坚韧不拔的革命意志。

第二个主要唱段是"血债还要血来偿"，李金泉选择用传统老旦唱腔中的【二黄原板】。【二黄原板】本来就善于表现老年妇女苍老、深沉而又不失刚劲的特点，用在此时情境中的李奶奶身上很合适。从过门到落音，李金泉都遵循了传统规律，但是在唱段中又略有变化。第一句"亲爹娘"之后，李金泉设计了一句中长腔，表现李奶奶对铁梅亲生父母惨死的痛心，在"惨遭魔掌"后取消了过门，用一个小垫头紧接着下一句，紧凑了节奏，表现了李奶奶的激动心情。从第八句开始加入垛唱的形式，用节奏逐渐加快的三个垛句来表现李奶奶对敌人的仇恨以及要血债血偿的斗志和决心，最后"来偿"两字叫散，以一个大拖腔结束，将李奶奶的情绪抒发到极致。

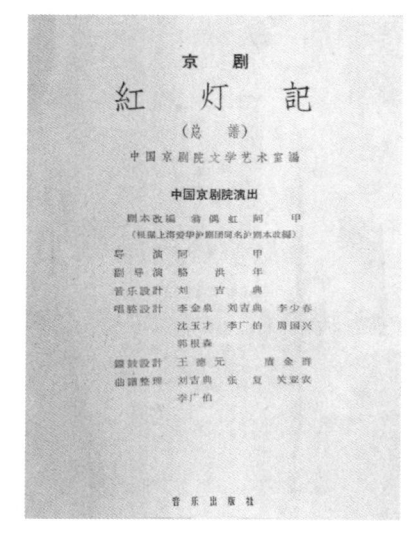

这是极度耗费精力的创作过程，辛苦异常。

"中国京剧院老旦李金泉最近没有排戏，可是他挺忙。有时候，他进了剧院，刚刚放下自行车，马上找到录音机，一个人轻轻地唱一段，然后再把刚才录下的唱腔放一遍，仔细地听着，琢磨着。有时候，他进了剧院，立刻找个熟悉简谱的同志，请对方把他的唱腔谱下来。一次、两次，渐渐地人们在看到这个情景时，便知道了，一定是李金泉在路上又想到什么唱腔了。"[1]

:: 《红灯记》总谱，中国京剧院文学艺术室编

这样的创作状态李金泉保持了很多年，因为自《红灯记》在全国京剧现代戏观摩演出之后，就没有停止过

---

[1] 杜振宁：《反复琢磨创唱腔》，《北京晚报》1964年7月21日。

修改。从 1964 年版，到 1965 年版，再到 1968 年版，最后到 1970 年版，"学你爹心红胆壮志如钢"这一段的板式已经变成了【二黄散板】—【二黄慢三眼】—【垛板】—【二黄原板】，板式更为丰富，节奏更加张弛有度，也将李奶奶的心理变化表现得更细腻、更有层次，这才是我们今天听到的最终版本。

没有名利，没关系，创作繁重，也无妨。在"集体创作"中，李金泉不仅为李奶奶设计出了流传至今的经典唱段，李铁梅的"听罢奶奶说红灯""爹爹留下无价宝""提起敌寇心肺炸"，李玉和的"临行喝妈一碗酒""雄心壮志冲云天"等这些脍炙人口的唱段，他也是主要设计者之一。

:: 20 世纪 60 年代中国京剧院音乐创作工作照，李金泉（左一）、钱浩梁（后排左二）、沈玉才（后排左三）、赓金群（后排左四）等人工作合影

顺势而退，李金泉原本以为退出的只是现代戏的舞台，却不想紧跟着的是传统戏和新编历史剧的禁演，以及"男不能演女"的全面推行。他这一退，就是十五年。中国京剧正处在从男性旦角到女性旦角的转变中，而李金泉正站在这个历史转折点上。

二、专职作曲

1964 年末的一天，凌晨两三点钟，伴着北风呼啸，整座北京城睡得正香。忽然，李金泉一家被敲门声惊醒，一声紧过一声，敲得人心也咚咚直跳。李金泉赶紧披上棉衣开了院门，就见北京京剧团的马长礼和叶德林站在门外，腋下还夹着个录音机。二位先生没有多言语，只说了句："收拾一下，有任务。"

第四章·隐身幕后细耕耘

这段时间，只要上级任务一下达，都不许过夜，需要立即执行，为此，这片儿的"传呼电话"负责人孔大妈都成了李金泉家的常客，隔三岔五就过来叫他去听电话。今天这二位先生不惜凌晨时分冒着严寒亲自找来，李金泉明白一定是有重要任务了。也不多问，扭身回房收拾自己的用品。妻子有点担忧，欲言又止，李金泉只是对她做了个"安心"的示意，便没入了夜色中。

1963年，沪剧《芦荡火种》通过文化部推荐给北京京剧团组织编剧人员对沪剧版本进行修改。1964年4月，第一版京剧《芦荡火种》公演，此时剧中的"一号人物"是阿庆嫂，郭建光还是二号人物。1964年7月23日，在全国京剧现代戏观摩演出大会上，国家领导人观看了《芦荡火种》，毛主席称赞了演员们的表演。几天后，毛主席提出几点意见，一要鲜明地突出武装斗争；二要修改结尾；三要此剧更名为《沙家浜》。由此，现代京剧《芦荡火种》中的地下斗争单一主题变成《沙家浜》中的双线并举，扩充了郭建光的戏份，他由二号人物变成一号人物，以此展现新四军的武装斗争，戏也变成了生、旦并重的剧目。

北京京剧团全力投入修改创作，却缺乏音乐革新经验，李金泉从家里被匆匆叫走，就是被邀请去帮助唱腔设计，同时受邀的还有中国京剧院的刘吉典。

李金泉被分派的任务是设计郭建光的两段重点唱腔。接到任务后，他和刘吉典就一头扎进北京京剧团的排练厅。寒冬腊月，在北京广和剧场后台，几个人经常围着煤球炉子拿着剧本拍着大腿就哼唱起来。首先要清楚问题所在，郭建光是由著名老生演员谭元寿饰演，之前的唱腔还是偏于传统的老生唱腔，这就容易显得苍老、缺乏朝气，不足以表现革命军人的刚劲挺拔和英姿勃发，人物情绪的转折、起伏、层次也不够鲜明。

怎么改进呢？李金泉又拿起剧本看了起来。

沙奶奶向新四军战士诉说了自己的悲惨遭遇后，与卫生员小凌一同走去河边洗衣服，这时新四军的指导员郭建光乘船来到沙奶奶家门前，让叶排长帮助沙奶奶把稻谷搬到屋后的水缸中储存，自己则拿起门前的扫帚给沙奶奶打扫院子。劳动之后，面对大好江南，郭建光心情激动，感慨万分，又思念战友，迫切希望能够早日奔赴战场歼灭敌人，于是唱了这段抒情的"朝霞映在阳澄湖上"，郭建光的心理也随着这段唱经过了喜悦、愤慨、思念、急切的转变，最终以坚定的杀敌决心为结束。

　　这是郭建光出场后的第一套唱腔，音乐形象对于塑造人物而言至关重要。李金泉选择用成套的西皮唱腔为结构，并且多用高音区，以凸显军人的英气和豪迈。全段唱词十四句，板式为【西皮原板】—【二六】—【流水】—【快板】—【散板】。头六句是一个段落，用【西皮原板】来表达郭建光对祖国大好河山的热爱。"朝霞映在阳澄湖上"的"上"字设计了拖腔，唱得喜悦又有力。"芦花放稻谷香岸柳成行"则一气呵成，旋律简洁。第三句和第四句中，在"画"字上用拖腔表现劳动人民的辛苦，紧接着下一句"祖国的好山河寸土不让"要唱得坚定有力，"岂容日寇逞凶狂"的"狂"字要唱出郭建光对日寇的痛恨之情，以及他英雄的性格。第七句到第十句是第二部分，唱腔转入【二六】，速度开始加快，第八句和第九句"养伤来在沙家浜""半月来思念战友与首长"要唱出郭建光心中对于战友的思念之情，第十句"也不知转移在何方"变成【流水】，节奏进一步加快，既表达出对战友的担忧与想念，

:: 《沙家浜》排演报道，摘自1965年2月21日《北京晚报》

第四章·隐身幕后细耕耘　　149

也为引出后面的【快板】做准备。剩下几句为第三部分，变成激情饱满的【西皮快板】，唱得格外高亢坚定，以表现郭建光盼望重返前线的急切和奋勇歼敌的决心。整个唱段既保持了京剧西皮唱腔的韵味，又有新的时代特征，先表达对祖国的爱，后表现对侵略者的恨，整个唱段在音乐上也做到了对比鲜明，使得郭建光这个人物的感情更深刻，形象更鲜明，音乐形象也更加深刻饱满。

第二段主要唱腔是《坚持》一场中的"听对岸响数枪声震芦荡"，郭建光在听到对岸枪响后，陷入沉思。在原来的这句【导板】之后还有二十多句唱词，该如何设计唱腔才能突出面对危机时郭建光的沉稳冷静呢？经过反复思考后，李金泉设计了一套二黄唱腔。为了躲避扫荡，郭建光带领着十八个伤病员隐藏于芦苇荡中，日寇扫荡的炮声渐渐远去，忽然隔岸又传来几声枪响，情况未明，郭建光凝神思考，唱出【二黄导板】"听对岸响数枪声震芦荡"，之后在音乐过门中，郭建光望着沙家浜，唱出心中的疑问"远望着沙家浜云遮雾障，湖面上怎不见帆过船航？"虽警惕但要唱得沉着，表现出郭建光的思考与判断力。战士们忍不住要冲出芦苇荡与敌人决一死战，郭建光依然冷静，"这样的心情不难体谅，阶级仇民族恨燃烧在胸膛"，节奏由快转慢，每一个字都加重语气，一方面要分析情况，做出判断，防止焦躁情绪，另一方面又要鼓舞战士们的士气，察全局、等指示，坚守在芦苇荡，"紧握手中枪"要唱得干净有力，最后一句用高昂的长腔，衬托出人物坚强的革命意志。于逆境中见英雄，这一段唱腔，让郭建光的形象高大了起来。

这两段唱腔很快在团里流行起来，不仅扮演郭建光的演员谭元寿会唱，剧团里的不少同志也都喜欢哼唱，上演后，观众也给予了高度评价。"这两段唱腔设计得紧密结合人物当时的思想感情。曲调一气呵成，气势贯穿而又层次分明，朴素大方，没有传统老生唱腔陈旧暮气之感，听来使人觉得人物雄姿焕发，生气勃勃。音乐过门也生动新鲜，富于激情，和唱腔融为一体，是全段富有表现力的有机部分。这是由中国京剧院李金泉同志精心设计的。"[1]

除了给郭建光设计唱腔外，李金泉还在《沙家浜》中给沙奶奶设计过一段【反西皮】，板式新颖，旋律优美，声情并茂，但在接受剧目审查时被取消了，原因是《沙家浜》要突出剧中主要人物郭建光，次要人物不能喧宾夺主。一直等到 2000 年时，人们再想请李金泉回忆还原这段精彩唱腔，却因为李金泉身患脑血栓后语言障碍而不得实现，这段唱终究成了遗珠之憾。

:: 《沙家浜》排演报道，摘自 1965 年 2 月 18 日《北京晚报》

1971 年，中国京剧团[2] 先后排演了现代戏《平原作战》和《红色娘子军》。此时李金泉已经是中国京剧团创作组组长，为了更好地创作，京剧团组织李金泉与张君秋、刘吉典、

---

[1] 鉴之：《清新舒展，刚健有力——听京剧〈沙家浜〉中郭建光的几段新唱腔》，《北京晚报》1965 年 2 月 18 日。

[2] 1966 年起，中国京剧院遭到严重破坏，曾改称"中国京剧团"。1976 年后，全面恢复了中国京剧院的建制、名称和机构。

:: 《红色娘子军》演职人员合影，前排右起：张君秋、李金泉、曲素英、戴宏威，后排右起：张建民、羊鸣、阎肃、杨牧云、丁家岐

:: 20 世纪 70 年代，李金泉（右）与张君秋（左）合影于承德

李紫贵、骆洪年、李广伯等有关的创作人员，一起去往河北省遵化市沙石峪村体验生活。除同当地的负责人、农民群众一起座谈、参观外，他们还下到田间地头，与农民兄弟们同吃同劳动。面朝黄土背朝天，在田地里一弯腰就是很久，对于没干过农活的表演家和作曲家们来说，这真是全新的生活体验，不用一会儿，便汗流浃背，扶着腰站起，四下一看，农民兄弟们都正干得热火朝天呢。背上阳光的炽热，脚下泥土的踏实，看着一垄垄的秧苗，对这片土地的热爱便自然生发起来。这是农民的希

望啊，是共产党和新中国让农民们安稳地站在自己的田地里耕种，是那些革命先烈们用生命换来了现在的解放呀！在这样的感染之下，表演家和作曲家们一步一步地走到了即将要塑造的人物面前，一颦一笑、一举一动，都在他们的脑海中鲜活起来。

"唱一段吧！"这是每天在田间最欢悦的呼唤。劳作间隙，李金泉和张君秋这些表演艺术家就会受到农民兄弟们的热烈邀请，站在田埂上、阳光里，就着泥土的芬芳和农民们的笑脸，一段一段地唱着现代戏选段。这或许是最简陋的舞台，却受到了最质朴的赞美。正是有了这样的体验，他们才设计出了"披星戴月下太行""哪里有人民哪里就有赵勇刚""人民的安危冷暖要时刻挂心上""红心永向共产党""做一个中华好儿女"等这样的经典唱

:: 20世纪70年代中国京剧团创作人员体验生活照，坐者右起：张君秋、李紫贵、骆洪年、刘吉典、曹韵清、李金泉（前左一）等

段，其中李金泉为《平原作战》中张大娘设计的几段老旦唱腔，以及在《红色娘子军》中为洪常青设计的老生唱腔，更是达到了曲因情设，情由曲生，情曲相容的境界，充分展现了李金泉在唱腔设计上的优长和特点。

由于创作能力强，成功经验多，李金泉除完成本院的创作任务外，还经常受邀去帮助

:: 《红色娘子军》李金泉（左二）与乐队同志们练乐工作照，摄于 1971 年 6 月 11 日

:: 《平原作战》音乐、唱腔创作工作照，右起：李金泉、戴宏威、羊鸣，摄于 1971 年 8 月

外团设计唱腔。比如，给山东省京剧团《奇袭白虎团》剧组的宋玉庆、张春秋、栗敏等演员说腔儿，还帮助他们研究设计了剧中侦察排长严伟才"打败美帝野心狼"和志愿军团长那段脍炙人口的"决不让美李匪帮一人逃窜"的唱腔。

《红灯记》开始，李金泉就退下了舞台，成为一名专职的唱腔设计工作者。经过多年的探索和实践，他的唱腔设计也达到了炉火纯青的地步。

他不是仅按照唱词的字面意义来设计，而是在深入研究全剧剧情和人物性格气质的基础上，把握住人物的内在情绪才开始做唱腔设计。他在创作中，经常是一边脸上做着表情，一边手里比画着姿势的状态，他要自己先揣摩这个人物的表演，再一边哼着唱腔，两相交映，方能针对每个人物，设计出最符合人物形象的唱腔。

∷《奇袭白虎团》唱腔、音乐创作时，李金泉（前中）、刘吉典（前右）与山东省京剧团栗敏、宋玉庆、张春秋等研究唱腔

第四章·隐身幕后细耕耘　155

李金泉在唱腔设计中追求在传统腔调基础上的变化创新，以确保"京剧姓京"。讲究旋律节奏的抑扬顿挫、轻重缓急、收放有度，并且设计得极为细致，连唱法、劲头、气口、字的念法都一起设计出来，他设计的过门、垫头也是乐曲的有机构成部分，不仅起到过渡、衬托的作用，还能使全段唱腔气势贯穿、感情饱满。

在设计唱腔时，李金泉还善于根据演员的条件，扬长避短，兼顾人物思想感情的表现和演员潜能的发挥。

从台前转到幕后，从主演变成"集体创作"，李金泉没有任何计较得失，依然用最饱满的热情投到唱腔设计的工作中。而一旦进入创作状态，李金泉就会沉浸在自己的艺术世界里，脑中萦绕的都是各种唱腔板式，行走、坐卧，甚至是吃喝，都成了机械化的肢体动作，

:: 20世纪70年代，中国京剧团创作人员赴河北省遵化市沙石峪村体验生活。李金泉（前排右二）、张君秋（前排右一）等在田间向社员们教授京剧现代戏

别人对他说什么，他听不见，遇见同事向他打招呼，他也看不见，以至于传出了"李金泉目中无人"的说法。等他从艺术世界走出来，听到这样的说法时，也只能无奈笑笑，对于这种创作时的"忘我"状态并不多做解释。

"目前大家排演革命的现代戏，只要能贡献自己的一份力量，我就感到同样光荣。"

这是李金泉发自肺腑的话。而他"因人设戏，以腔传情"的创作宗旨，也凝结在这些唱段中，留在了几代人的心里。虽然换了一种形式，但谁又能说，这不是他艺术生涯的新篇章呢？

三、幕后良师

1964年，高玉倩被中国京剧院选中饰演《红灯记》中的李奶奶。这个机会来的突然又意外，高玉倩既高兴又担忧。

能在这么重要的革命现代戏里饰演主要人物，当然高兴，但剧中的李奶奶是老旦行，而高玉倩从八岁进入中华戏校学戏开始，学的唱的一直都是青衣花旦，老旦的发音位置她都找不到。给她留下的时间只有一个月，不仅要从小嗓变成大嗓，从青衣变成老旦，还要学会所有的唱念做表。隔行如隔山，又是这样的时间紧任务重，高玉倩担忧极了，直接向李金泉求助。

这不是她第一次向师兄求助了。在中华戏校排演《美人鱼》的时候，高玉倩就跟着李金泉学习，受他在唱腔上的指教。毕业后，他们在排演新剧目《九件衣》时，高玉倩饰演的人物有一段发疯的情节，这难坏了她。还是李金泉，将尚小云先生在《乾坤福寿镜》中失子惊疯的这段表演仔细地教给了高玉倩，并且帮她有选择地将这段表演融到《九件衣》中。进入中国戏曲研究院后，高玉倩与李金泉又成了同事，她排演的新戏《彩楼记》，李金泉也参与了唱腔设计的工作。现在面临《红灯记》李奶奶的考验，高玉倩自然第一个想到的就是这位多才又赤诚的师哥，这位李奶奶唱腔的编创者。

"师哥，这可怎么办啊，我唱出来不是李奶奶，是李大嫂呀！"

"甭害怕！你有嗓子，唱人物，唱情，唱出来就是李奶奶了！"

李金泉的一句话，让高玉倩吃了定心丸，一下子就有了信心。

然而，困难还是实际存在。京剧是唱念做打的综合性表演，唱，自然是最重要的，不学会老旦的声腔唱法，其他的身段表演都无暇顾及。情急之下，高玉倩使劲憋着嗓子唱，就为能有宽音。李金泉立刻阻止她，"哪能这样唱？嗓子不都毁了吗？老旦不是把青衣的嗓音憋宽了就行，你按照我教你的方法来，别着急！"安抚住了高玉倩的急躁，李金泉将老旦的吐字、发音、行腔、归韵都细细地教给了她，拿着笔，随着腔的走势上下舞动，一句一句地带着她唱。拐弯拐不了，归韵归不上，尾音总是落不好，一句"难回返"的"返"字，听李金泉唱得挺顺溜，也早就听熟了音调，但高玉倩一唱就好像机器零件缺了油，怎么也不对味。李金泉将方法教给她，又给她留下作业，一个"返"字练两百遍，终于量变产生了质变，高玉倩硬是靠着勤学苦练，将李金泉传授的老旦唱腔掌握了。

到排练时，原本"痛说革命家史"中李奶奶有三大段唱，并且还有繁重的念白，高玉倩刚唱完前两段，李金泉就喊了停，对导演说："她的嗓子到饱和点了，不能再唱了。"导演还想再试，果然高玉倩的嗓音便顶不住了。对于这位师妹的嗓音条件，李金泉太清楚了。嗓子好，但是这么短的时间内从青衣改为老旦，从小嗓改成大嗓，突击完成的转变，让她承受不了这样长久的演唱。怎么办？李金泉多次向导演和编剧提出压缩删改唱词的建议，最后，由他根据高玉倩的嗓音条件，在原有唱词中逐字逐句地挑选，扬长避短，最终确定了十六句唱词。虽然只有十六句，但李金泉为之设计了【二黄散板】【二黄慢三眼】【垛板】

和【原板】的成套板式，腔型丰富，张弛有度，最终不仅让高玉倩得以成功地完成这段演唱，这段唱腔也成了传唱不衰的经典名段。

在拍摄京剧电影《红灯记》的先期录音阶段，高玉倩在前面录音，李金泉坐在录音棚里严格把关，一忙活就是几个昼夜不停歇。唱到"学你爹心红胆壮志如钢"这句时，刚到一半，高玉倩的嗓音就变得不纯净了，李金泉按了红灯，叫了暂停，对她说："玉倩，你别着急，喝口水，歇一会儿，一会儿咱们单录'志如钢'。"这与舞台演出不同，拍摄电影就要所有环节都力求完美，不然谈何"样板"呢？为了让录音达到完美效果，李金泉想到了用分切的方法进行录制，这才有了今天我们能欣赏到的精彩呈现。

:: 《红灯记》说戏照，李金泉（左）、高玉倩（中）、张曼玲（右）

《红灯记》之后，高玉倩又参与了现代戏《平原作战》的排演，她在剧中饰演张大娘。这对高玉倩来说又是一个新挑战，因为人物变了，声腔也变了，张大娘是一个农村大娘，要豪放些，她的唱腔都是腔少字多，这就对老旦的吐字基本功要求很高。于是，每天早上高玉倩都到李金泉的宿舍去练习，有的腔小嗓儿行，大嗓儿就是拐不过弯儿来，李金泉还是用老办法，不厌其烦地让高玉倩冲着墙唱五十遍。到后来甚至有的同志都不耐烦了，过来敲门说，"金泉哪，你别这么掰她了，这么笨！"李金泉只是笑笑，"我不这么掰扯，她上不去。"

"李老师教学他知道你的问题出在什么地方，他了解我，能抓住我的特点，有针对性

第四章·隐身幕后细耕耘　159

:: 李金泉（右）、高玉倩（左）合影

地帮我想解决办法。比如《平原作战》有一句，'红心永向共产党'，这一句是个大腔，我要拉得长，嗓子就顶不上去，嗓子顶上去了气又拉不了这么长。李老师就把他的窍门告诉了我，说'党'字声腔一出来就要表现出你的气息和嗓音宽厚，只要你的情绪饱满了，先声夺人，就能把观众吸引过来，观众就不会注意别的了，这有个方法问题。后来我找到法儿以后，拉很长的腔，也能做到一点都不虎头蛇尾，一直很饱满。我很感谢李老师对我的帮助。"[1]

不只是对高玉倩这样毫无保留的教授，在《红灯记》的排演中，李金泉对钱浩梁的表演也做了很多指导。

刑场那场戏李玉和唱的那段"雄心壮志冲云天"，李金泉也参加了唱腔设计，比原先设计的唱腔更加慷慨激昂。给钱浩梁说腔时，他一直跟着，跟大乐队练乐时，李金泉也一直在旁边指点钱浩梁的气口和运气方法。

刘长瑜在表演上也得李金泉的授教，获益良多。"我是演花旦的，可李老师也是我的老师，很多艺术上的东西都是李老师教我的。早在60年代初，李老师就教我唱了一出纯花旦戏，《桃花村》中的春兰。到了排《红灯记》的时候，我这五段儿唱没有一段没有经过李老师的要求、点拨和具体的教授。'十七年教养的恩深'就难住了我，总唱这谱子音儿，是李老师带着我一遍一遍地练习才找到感觉的。在那段【娃娃调】里，我唱'咬住仇，

---

[1] 高玉倩在中央电视台教育频道录制李金泉专题节目的谈话，20世纪90年代。

咬住恨'时，李老师就提出我唱的没仇也没恨，他就给我示范怎么唱这个'仇'和'恨'字，并且加上五个手指攥成拳头的手势，嘴里唱得非常有劲，我才明白了老师说的行腔和吐字要把人物的心声通过旋律体现出来是什么意思，才明白了怎样才能做到声情并茂。这些地方

:: 李金泉（右）、刘长瑜（左）合影

太多了，几乎每一个字，每一个唱腔都是金泉老师耐心教我的，这在我以后的艺术道路中，确实起着非常重要的作用。以后我又排了一些古装戏，每次排戏的时候，我都会想起李老师的教诲。李老师真像一支红蜡烛，燃烧了自己，照亮了别人。"[1]

在帮助北京京剧团排演《沙家浜》时，饰演沙奶奶的万一英也让李金泉格外注意。

"李金泉一来就以高度的责任感参加战斗。他满腔热情地辅导青年演员万一英，事先做了调查研究，听过万一英的戏，觉得万一英虽然嗓子好，但不太会用丹田气。他从万一英的具体条件出发，首先教她如何运用丹田气，教她练'啊'字的发音，由低到高反复练习。万一英坚持天天早上练，果然得法了，唱来比以前好了。

"第二场转移，戏中沙奶奶与卫生院小凌一同说笑上场，原来万一英一上场的脚步走得不太像老年人，上身有点晃，李金泉从台步的基本方法教起，要她走步用脚跟和后小腿使劲儿，果然老太太的神态出来了，上身也不晃了。

"李金泉特别注意启发万一英对人物内心的刻画，比如说戏中指导员郭建光提出'伤

---

[1] 刘长瑜在"京剧表演艺术家李金泉先生艺术创作及教学成果座谈会"上的讲话，2001年9月9日。

已经好了,可以先走(指回部队)'时,沙奶奶惊奇地说:'走?'这里万一英念得情绪不够饱满,李金泉就教她一听'走'字要凝神,'走'字要念得快,语气和眼神配合一致,使观众理解到军民之间的亲密感情。万一英领会了,但做得不够劲儿,李金泉就一遍又一遍地做示范、指导,直到万一英表演得准确为止。

"他不仅对万一英这样关心,对谭元寿和乐队同志也是热情帮助。为了演好革命现代戏,哪怕一点一滴的不足,只要他看到的,都诚恳地提出建设性的意见,同志们很受感动。万一英深有感触地说:'同李金泉老师在一起仅仅一个月,学习收获却很大,他不仅耐心传艺,而且在思想上对我有很大帮助。'"[1]

一部剧作,优秀的剧本、优美的唱腔、精妙的导演,最终都需要演员将之呈现在舞台上。革命现代戏对当时所有演员都是前所未有的挑战和尝试,在每一个成功光鲜的舞台形象背后,都凝聚着老中青三代演员的共同探索和努力,都有前辈对后进新人的保驾护航。李金泉,就是众多默默无闻的幕后良师其中之一。

四、录音录像

1974年,侯宝林、郭全宝在电视台为中央领导录过若干段相声,之后,文化部便将此作为一项长期的任务,于1975年2月组成了"录音录像组",办公地点在西苑宾馆,总负责人陈应时,其次是李金泉。1975年4月5日晚,在钓鱼台国宾馆召开了有部分文艺界人员参加的会议,北京的有李金

---

[1] 立群,淑慎:《协作之花结新果——京剧现代戏〈沙家浜〉幕后的故事》,《北京晚报》1965年2月21日。

∷ 1970年10月1日晚,李金泉(左)、李德伦(中)、谢铁骊(右)于天安门国庆晚会合影

:: 1973年7月，日本友人河原崎长十郎先生及夫人到访中国京剧团进行艺术交流。左起：杜近芳、高玉倩、河原崎长十郎夫人、河原崎长十郎、团领导郭瑞、袁世海、李金泉等

泉、赓金群、李少春、高盛麟、洪雪飞、万一英、侯少奎、李宗义、杜近芳、李慧芳、马长礼等，上海的有方洋、刘异龙、闵惠芬等。会上由京、津、沪等一些剧团的演员、演奏员表演了一些传统唱段、曲目，又听了一些老唱片后，正式宣布成立录音录像组。

但是，为什么成立这个小组，录下来的录音录像用作何用？大家都不知道，也不敢问。这些艺术家们只被告知，这是一项极其光荣并且需要严格保密的工作，拿到的文件上，写着"保存一批资料，批判地继承文化遗产，推陈出新，古为今用"。

不管原因是什么，还能有机会唱传统戏，还能把声音和表演资料留下来，大家都高兴极了，更不用说那些正在遭

:: 20世纪70年代，李金泉摄于中国京剧团

第四章·隐身幕后细耕耘

受迫害的老艺术家，能有这样的机会让他们得以喘息，重新得到尊严，即便时间短暂，也弥足珍贵。李和曾在接到通知来组里录像时，特意来到李金泉家里，那份喜悦和激动溢于言表，临出门时，冲着李金泉做了个亮相，两个年过半百的人，无声地大笑起来。

录音录像组又分为两个工作组，分别是送审录音组和录像组。

:: 20世纪70年代，李金泉摄于中国京剧团

录音组最早有四位工作人员，都是电台的专家，其中有电台的戏曲编辑刘书兰，音响导演詹月圆，还有两位中央控制室的录音技师高洪廉、王致珍，后来由孙以森担任录音组组长。这个组的主要工作，就是翻录传统戏曲、曲艺录音或者录制传统戏曲，并且还要录制一批词曲音乐和京剧唱腔音乐。所谓"词曲音乐"，就是让戏曲演员演唱古诗词，以昆曲为主，演员有计镇华、蔡瑶铣、岳美缇、李炳淑、杨春霞、李元华、方洋等。古诗词的伴奏是由中国歌剧舞剧院琴筝瑟乐器改革小组担任，古筝和箫这两件乐器本身就很能体现古典乐曲的清悠淡远，与昆曲相融合来唱古诗词，也是一种新型表演形式的有力尝试。而"京剧唱腔音乐"则是由"擂胡拉戏"演变而来，即只用乐器来演绎京剧唱腔。录音工作进行得比较艰难，因为很多演员都多年不唱戏了，甚至有些是临时从牛棚里被调到北京来，两三天的工夫就要开录，嗓音、气力、精气神儿，根本承受不了这样的工作，所以经常一句要录很多遍。

录像组的工作就是用原有录音或翻录的录音以及新录制的戏曲、古诗词等，由演员对口型录像。李金泉作为录音录像组主要负责人的同时，还担任了录像组组长，赓金群协助工作，电视导演莫宣、杨洁也参加了录像组的工作。

录音录像这个工作，对李金泉来说并不陌生，20世纪70年代初，他就参加了京剧电影《红灯记》《平原作战》《红色娘子军》和钢琴伴唱《红灯记》的录制工作，主要负责录制和艺术把关。在同志们的支持下，李金泉对录音质量的要求都极严格，每一段、每一句，甚至每一个字，稍有瑕疵就会要求重来，经常为选出最好的录音而反复进行比较、节选，再一句句地剪辑、拼接，为了影片质量真正做到一丝不苟、精益求精。

这样的工作态度也延续到了此次录像工作中。李和曾已经九年没唱戏了，这次录制《逍遥津》，他与琴师沈玉才和鼓师赓金群又从未合作过，几个人光说腔就从下午两点说到了六点，晚上八点正式开始录制，一直录到天蒙蒙亮，李金泉全程都跟着，一点瑕疵也躲不开他的耳朵，反复录制后，终于高质量完成，大家的成就感和满足感，足以超过一切辛劳了。

此次录音录像工作的规模不小，涉及北京、天津、上海、广东、山西等多家剧团的演员、演奏员及行政工作人员，1975年5月，参与

:: 第四届全国人民代表大会部分文艺界代表合影：李金泉（中排左二）、庄则栋（前排左一）、吴印咸（前排左二）、殷承宗（前排左三）、李少春（中排左一）、成荫（中排左四）、洪雪飞（中排左五）、谢芳（中排左六）、薛菁华（后排左一）、李德伦（后排左二）、刘诗昆（后排左三）

工作的已达四百多人，集中了一大批老艺术家和当时十分优秀的中青年艺术家。

中国京剧团录音录像工作的总负责人是郭瑞，闫世善先生负责剧目和演员调配，沈玉才先生负责伴奏成员的派遣，赵寿延、董广田同志也都参加了工作。老艺术家们在录像工作中也都团结协作、尽心尽力。张云溪、张春华在录制完《三岔口》后，摄制组纷纷称颂此剧是两个"一百一"，两位先生年龄加起来一百一，而艺术更是精彩绝伦，没得说，一百一。张曼玲在排《贺后骂殿》时，赵荣琛先生亲临现场把关指导。杜近芳排《宇宙锋》《廉锦枫》时，贾世珍给予了认真的辅助。为排好《穆桂英大破天门阵》，李金鸿、何金海对该剧进行了编导。

为了保证录像剧目的质量，在录制前，录像组都会请老艺术家来把关。如看了王芝泉主演的昆曲《盗仙草》的彩排后，高盛麟说："灵芝要再突出一些，颜色再紫一点，撒上点荧光粉，周围配点鲜花野草。"邝健廉指出："山景在灯光下显得没有层次，要加工。"关肃霜也谈了自己的意见："白素贞在夺取灵芝后，宽慰的心情还可以表现得再充分一些。夺草之前的急切、焦虑心情也需要再加强。"张世麟补充说："白素贞上场时要带着焦虑的感情上来，不要背朝外，到了灵山，想盗草，要冒险，不盗的话许仙难以活命，要把这种矛盾的心情表现出来。"李少春则从把子上提了指导意见，"打出手扔枪时不要像'喂给你'的样子，应该做出投掷法宝的样子。"几乎每一出戏的录像都汇聚着老艺术家们的真知灼见，在当时的环境下，这是难得又珍惜的创作经验。李金泉看着来自全国各地的艺术家们为了录像的工作齐心协力，毫无保留地发光发热，不由心生感慨，"过去同行是冤家，现在是团结协作，亲如一家！"

李金泉虽然担任了主要负责人和录像组组长，却没有借机给自己抢录剧目，录像只有《罢宴》和《四郎探母》。当他坐在化妆桌前，拿起那熟悉的簪花，看着镜中的自己，恍如隔世一般。多年没有演戏，原以为会生疏，没想到扮戏时一切都熟练如往昔，上了台后，当年首演《罢宴》时的记忆重现，仿佛和现实画面重叠了，虽然台下没有观众，虽然自己的身形已然发胖了些许，但心中的这个舞台，他一直都没有离开过。

十几年的沉寂，亦是艺术的沉淀，李金泉用更加深邃的表演，将这出《罢宴》保存在了胶片里，成为未来年轻演员们学习的范本，想来也是幸运。

第一阶段的录像工作从1975年4月5日到1975年8月中旬，共四个月，完成剧目19个。第二阶段从1976年1月到1976年9月9日，增拍了电影和杂技、体操、驯兽节目，共计百余。就戏曲而言，这次录像工作为后世留下了一份宝贵的财富。

看看这份计划录像的剧目名单吧。

京剧：《古城会》（高盛麟、袁世海）、《独木关》（高盛麟、高盛虹、萧盛萱、张春华）、《薛礼叹月》（高盛麟、郝庆海）、《长坂坡·汉津口》（高盛麟、袁世海、俞大陆）、《挑滑车》、《洗浮山》、《走麦城》（高盛麟）、《盗御马》（袁世海）、《蜈蚣岭》（张世麟）、《闹天宫》（李少春）、《闹天宫》（王鸣仲）、《盗库银》（关肃霜）、《虹桥赠珠》（张美娟）、《逍遥津》（沈金波）、《打焦赞》（齐淑芳）、《红娘》（赵燕侠）、《盗魂铃》（李宗义、李慧芳）、《大·探·二》（李宗义、李长春、李炳淑）、《法门寺》（李宗义、李慧芳、罗荣贵）、《空城计》（李宗义、萧英翔）、《斩黄袍》（李宗义、王泉奎、吴富友）、《辕门斩子》、《斩黄袍》、《李陵碑》、《哭灵牌》（李和曾）、《逍遥津》（李和曾、苏维明、骆洪年、张元智）、《梅龙镇》（张学津、刘长瑜）、《小放牛》（张春华、刘秀荣）、《三岔口》（张云溪、张春华）、《武松打店》（李景德、郭锦华）、《杀四门》（李景德、李嘉林、李益春）、《穆桂英大破天门阵》（郭锦华）、《贺后骂殿》（张曼玲）、《宇宙锋》（杜近芳、苏维明）、《廉锦枫》（杜近芳）、《空城计》（孙岳、吴玉璋）、《断桥》（杜近芳、叶盛兰［音］、肖润德［像］）、《艳阳楼》（俞大陆）、《辛安驿》、《五台会兄》、《二堂舍子》。

昆曲：《盗仙草》（王芝泉）、《李冲夜奔》（侯少奎）、《游园》（洪雪飞）、《闹学》（蔡瑶铣）、《醉打山门》、《钟馗嫁妹》（方洋）、《芦花荡》。

河北梆子：《断桥》（韩玉花）、《辕门斩子》（王玉磬）、《泗州城》（杨连璋）。

粤剧：《打神》、《祭塔》、《海港·壮志凌云》、《搜书院》（邝健廉）、《杜鹃山》（红虹）。

山西梆子：《算粮》（王爱爱）、《杀宫》（马玉楼）、《小宴》、《打金枝》、《龙江颂》、《卖画劈门》、《金水桥》。

湖南花鼓戏：《打鸟》《打铁》《刘海砍樵》《盘花》《访友》《扯萝卜菜》。

这份名单蔚为壮观，几乎集合了当时还能上台的各个剧种的顶尖艺术家，那一个个名字在今天看来都是让人仰望的星光。高水平、高质量，他们的表演资料，让后来的千千万万戏曲演员不用靠想象来构建戏曲往日的辉煌，而是让他们能真真切切地看见一代戏曲人的巅峰，为之崇拜，学习和追随。

不论这件工作的实际目的是什么，李金泉和众多同人们的多月辛劳，都为濒临断绝的传统戏曲表演艺术留下了传承的一脉，功莫大焉。

【第五章】

承上启下
开新篇

一、短暂回归

1979年，全国上下开始恢复传统戏，随之而来的，还有"男不能演女"的禁锢的打破。阔别十五年后，李金泉终于能回到京剧舞台上来了。

:: 李金泉（右）与骆玉笙（左）合影

1979年11月，骆洪年敲响了李金泉家的大门。1949年夏末，李金泉参加李少春组织的起社剧团就是由骆洪年、孙盛武介绍的，之后又同事多年，交往甚密，骆洪年一直是李金泉家里的常客，直到动荡开始，大家都慢慢减少了工作以外的往来，现在再走进这个院子，一切好像都和以前一样，但是二人都两鬓见了银丝。

"玉茹要来北京演出，她说自己已经多年未在北京演出了，这次一定要请她的金泉师哥出山，你们这么多年没有合作，玉茹说，深表怀念。"

骆洪年说明来意，李金泉有点儿意外，随后便是一颗心忽地一下热了起来。中华戏校时一起学艺、演出的画面，在如意社一起享受掌声的场景，自己在困境中时这位师妹的施以援手，四十多年的时光岁月，就如电影一样，一帧一帧地浮现在眼前。真的很怀念啊！

"玉茹要来北京演出？太好了，这十几年呀……不易！你转告她，我虽然很久没上台了，身体也不好，但是她的演出，我一定参加！"

李玉茹邀请李金泉参演的是《柜中缘》，李玉茹饰演刘玉莲，李金泉饰演刘母，黄正勤饰演岳雷，孙正阳饰演刘春，罗世保、罗喜钧饰演公差。这是一出有名的传统"三小"戏，即以花旦、小生、小花脸为主的戏，对李金泉来说，这原本是一个简单又轻松的演出。但是多年未上台，加上这是与戏校同窗的难得重聚，距离正式演出也只有一个多星期，李金泉拿着剧本就又开始了没日没夜的准备工作，熟悉台词，编腔，琢磨表演，根本忘了自己的高血压。

短短几天后，就到了响排的日子。刚走进剧场，就听见一声熟悉的呼唤，"师哥！"李玉茹早就等待着和李金泉重聚的这一刻，迎上前来，两双手紧紧握住，笑着彼此上下打量了起来，看着看着，眼中就有了晶光。

"师哥，咱们上台吧！"

"好！"

不需要过多的言语，锣鼓点响起来，两人一起站在舞台上，熟稔地一搭一唱，这四十多年的感情就随之萦绕在这片红氍毹上了。

1979年11月30日，《柜中缘》在北京人民剧场演出。这出久违了的传统戏，不仅集合了上海京剧院的三位名家，还能见到多年未上台的李金泉，戏票早早卖空，剧场里坐了个"满坑满谷"。熟悉的剧场，熟悉的侧幕条，熟悉的灯光，熟悉的台毯，踩着锣鼓点走上台去，迎面响起熟悉的碰头好，"适才我把衣衫换"，一句唱完，满堂的喝彩声从观众席轰了上来，或许，台下也还是熟悉的观众。十五年，李金泉用表演告诉观众自己的回归，而观众，则用热烈的掌声传递他们对李金泉的挂念和期待。这一夜，在这个人民剧场，

:: 中华戏曲专科学校校友北京合影。前排右起：何金海、李和曾、李玉茹、袁金锦，后排右起：高玉倩、赵永泉、李金泉

李金泉与李玉茹，演员与观众，传统戏与时代，都完成了久盼的重聚。

上海京剧院在北京的演出结束后，付德威、李和曾、周和桐、王金璐、李金泉、王玉敏、高玉倩、吴素秋和景荣庆等十余位中华戏校的同学与李玉茹相聚于北京同和居饭庄，为她饯行。老同学见面，亲热地呼唤着学艺时的小名、绰号，抱着胳膊拉着手互相端详，"你怎么老成这个样了？""你的头发都白了还说我？"笑着笑着，便有人悄悄地擦拭眼角。十余年的阴霾终于过去，大家都还安好，这是最大的安慰，感怀过后，是对未来的无限希望。虽然头发白了，眼角有了皱纹，他们依然都在盼望着自己舞台艺术的下一个春天。

而从这出《柜中缘》之后，李金泉的演出也逐渐多了起来。1980年开始，他随中国京剧院一团、二团先后赴保定、邯郸、临清、邢台、安阳等地演出《红鬃烈马》《龙凤呈祥》《清风亭》《西门豹》等剧目。外地条件艰苦，李金泉又长期患有高血压，家中妻儿对他的身体有诸多的不放心，幸而学生赵葆秀的爱人赵书成也随团演出，全程如子侄般对老师悉心照料，才得以让家里安心，让李金泉踏实地享受舞台。

:: 1979年底，中华戏曲专科学校校友北京合影。前排左起：李金泉、周和桐、付德威、李和曾、齐合昌、王金璐、何金海、张金樑，后排左起：高玉倩、张玉英、王玉敏、吴素秋、周金莲、李玉茹、赵永泉、景荣庆、刘永琛

:: 1981年3月，中国京剧院一团赴邯郸演出时于工人剧院合影，左起：赵书成、李金泉、罗长德

:: 20世纪80年代初，中国京剧院一团赴河北、河南等地演出期间部分演员合影，左起：冯志孝、夏美珍、李金泉（左四）、袁世海（左六）、杨春霞（左八）

:: 1981年5月4日，中国京剧院一团赴山东临清演出期间部分演员合影，有李金泉（前排左三）、沈玉才（前排左五）、庚金群（前排右三）、曹韵清（前排左一）、杨春霞（后排左三）、李宝春（后排左四）、王忠信（后排左五）等人

:: 20世纪80年代《清风亭》剧照，李金泉（左）饰贺氏、冯志孝（右）饰张元秀

:: 20世纪80年代《清风亭》剧照，李金泉饰贺氏

:: 1981年《大登殿》剧照，李金泉（右）饰王夫人，梅葆玖（左）饰王宝钏

:: 1981年《龙凤呈祥》剧照，李金泉饰吴国太

1981年1月28日，人民剧场修缮正式竣工，中国京剧院一团演出了新排马派名剧《清风亭》，由冯志孝主演张元秀，李金泉饰演贺氏。李金泉的演出得到媒体高度评价，"李金泉已多年不登舞台，如今将一位倔强的贫苦老太太贺氏演得活灵活现，时而悲伤，时而埋怨，时而气愤，都反映在面部表情上，一句'他一辈子不认我，我就一辈子不起来'，怒气满腔的道白，感染得观众也气愤填膺，这是演员表演技巧的动人之处"。[1]

∷ 1981年8月24日，梅兰芳逝世20周年纪念演出之后，著名京昆表演艺术家俞振飞（左三）与京剧表演艺术家张君秋（左二）、李金泉（左一）、姚玉成（右二）等在人民剧场后台相见留影

1981年8月，北京举行了纪念梅兰芳逝世20周年的演出活动，李金泉同梅葆玖、梅葆玥、李和曾、陈永玲、高玉倩演出了《红鬃烈马》，同杨荣环、李万春、袁世海、叶少兰、冯志孝演出了《龙凤呈祥》。8月31日，李金泉在这次纪念演出中第二次出演《龙凤呈祥》，张君秋、梅葆玖分别扮演前后孙尚香。而这，也是李金泉的最后一次演出。

李金泉与梅兰芳先生的最后一次演出，是他在台上饰演佘太君；而他自己的最后一场演出，是为了纪念梅兰芳。1979年末到1981年8月，李金泉的舞台生涯只恢复和延续了短短两年，这十几年的退隐，不仅耗损了他的健康，也终究让他错过了最好的艺术年华。

二、桃李满园

从三十多岁起，李金泉就开始课业授徒。旧时有句老话，"教会徒弟饿死师父"，

---

[1] 郗旺：《冯志孝演出马派名剧〈清风亭〉》，《北京晚报》1981年10月18日。

在李金泉的身上,却丝毫看不见这样的顾虑。一路走来,从学艺,到拜师,再到舞台上与各位名家前辈的合作演出,没有这些师长前辈的滋养和提携,怎么会有自己的舞台光芒?又怎么会有京剧这百余年的枝繁叶茂呢?李金泉深知传承的重要性,尤其是老旦行,想要实现他对行当的发展构想,靠自己一人之力远远不够,这是一项需要更新迭代,所有老旦演员共同努力才能完成的事业。

1952年,李金泉随团去沈阳演出,演了《望儿楼》和《钓金龟》,迷倒了台下刚十二三岁的王晶华。她从没学过《望儿楼》,看了之后就忘不了,喜欢,想学,怎么办呢?她大着胆子给李金泉写了封信,信上说"您能不能把《望儿楼》的唱词给我寄来?"没想到,她真的收到了李金泉认真的回信,上面工工整整地写着唱词。

说来也巧,不久后,王晶华所在的东北戏校与中国戏校合并,她来到了北京,同班同学有王梦云、金煜辉、李玉英,教她们的,正是李金泉。王晶华高兴极了,在教室里见到李金泉时,她恨不能激动地拍巴掌。

李金泉传授给这些女学生的第一出戏,就是《罢宴》。虽然此时的李金泉还没有意识到自己正站在男老旦向女老旦过渡的历史转折点上,但是面对女学生,他还是注意到了男老旦和女老旦的区别。"我是男的,所以我要尽量找一些女性的动作,你们本来就是女孩子,那就应该着重于找一些老人的动作。怎么找?从生活中去找,走在大街上,或者坐车的时候,要多看一看老太太们的动作。"

从戏校毕业后,王晶华也分配到了中国京剧院。有

:: 李金泉(右)与弟子王晶华合影

人说她的嗓音太窄，王晶华就自己用铜锤花脸的《铫期》来喊嗓子，喊了没几天，便被李金泉叫进了办公室。

"喊什么呢？"

"喊喊花脸。"

"喊那个干什么？"

"他们说我嗓子窄。"

"喊花脸就能喊宽了？这么喊嗓子不就毁了吗！糊涂！去我那儿听唱片去，听听李多奎先生三四十年代时是怎么唱的！"

没有太多言语，却是拳拳爱护。20世纪60年代初，院里组织集体拜师，王晶华选择了李金泉，就此成为正式拜入李金泉门下的弟子。从20世纪50年代直到动荡前，李金泉先后传授的弟子和学生有李春芳、王晶华、柳素霞、田文玉、李鸣岩、王梦云、王晓临、金煜辉、李玉英、王竹铭、杜福珍、李文秀、孙花满、刘征祥、施月娥、苏玉萍、万一英、粟敏、张岚、李本群、李大贵等。

:: 李金泉（右）与弟子李春芳合影　　:: 李金泉（右）与弟子柳素霞合影

第五章·承上启下开新篇　177

:: 20世纪60年代，李金泉给上海京剧院青年老旦演员孙花满授课传艺

:: 20世纪60年代，李金泉于中国京剧院内给中国京剧院、上海京剧院青年老旦演员杜福珍、李文秀、孙花满及广东、甘肃省院团青年演员们授课传艺

1963年3月，李金泉对湖南黔阳专区青年京剧团的老旦演员周冬英教授了《罢宴》，不久，动荡即至，师生南北相隔，明月两乡，周冬英再想向李金泉求教，变得遥不可及。直到1983年的夏天，周冬英受剧团派遣与几位同事结伴赴北京学习，这才有了重续师生缘分的憧憬。"一路渴望再睹老师风采，却又心存疑虑，毕竟已时隔二十多个春秋，老师也年过花甲，他还会记得我吗？还会认我这个来自湖南怀化的学生吗？"她来到李金泉家，恰巧李金泉有事外出未归，师母热情地接待了这位远道而来的学生，正当她无比遗憾地准备告辞时，李金泉回来了。见到老师，心中所有的惴惴不安都烟消云散，老师不仅记得、认得她这个学生，还像当年一样手把手地给她说戏，不厌其烦地从一字一腔、一招一式、一板一眼入手悉心传授他多年积累的技艺和经验。甚至在传授《李逵探母》时，李金泉不顾年事已高，亲自示范表演李母的跪步。那一跪，跪出了周冬英的眼泪。

1981年，李金泉告别舞台之后，更是将一腔心血都投入戏曲教育上。不仅应北京电视台，北京人民广播电台之邀，教唱了《李逵探母》《岳母刺字》《罢宴》，介绍《三

:: 李金泉（左）与弟子周冬英（右）合影

关宴》选段，还参加了中国戏剧家协会北京分会举办的戏曲表演艺术讲习班和北京京昆艺术学校举办的全国性专业剧团老旦训练班，授课主题为"创新与基本功"。也曾应邀赴天津市青年京剧团进行辅导工作，与张春华先生一起给学生们辅导《草莽劫》。

:: 李金泉（中）与弟子赵葆秀（左）、赵书成（右）夫妇合影

:: 赵葆秀拜师照，左起：赵葆秀、何盛清、李金泉

就在1981年，已经跟随李金泉学戏三年的赵葆秀来到老师家里，带着热切的向往，又有点儿胆怯。

"老师，我们院要给年轻演员办集体拜师会，我特别，我想……"

余下的话还没说，李金泉心下已然明了，就点点头，"那咱们就一起办了吧！"

赵葆秀一下子笑了，激动之余却又怯声地说，"可是，我还想拜一位师父。"

原来，1970年，赵葆秀正处于人生的低谷中，巨大的落差，没有光亮的前景，让她每次半夜醒来，整颗心都好像坠入无底深渊。富连成盛字辈的何盛清先生，很明白和理解赵葆秀的痛苦和绝望，就对她说："姑娘，别灰心，瓦块儿也有翻身的日子！"

第五章·承上启下开新篇

在极度痛苦无助的时候，这样一句话，就是拯救精神的灵药。现在，赵葆秀也想拜何盛清为师，这是她感恩的方式，是她孺慕之情的表达，却又怕李金泉介意，李金泉却说："好孩子，梅先生也不是只有一位师父啊！"

若老旦演员们都只学李多奎，或者只学李金泉，那一定不是他们愿意看到的情形。老旦行要发展，要壮大，要繁荣，必然需要种类丰富的幼苗，才会有未来的百花争艳。

1981年的寒冬里，湖北省宜昌市艺术学校的一位老师怀揣着中国京剧院著名导演郑亦秋的介绍信，领着十六岁的袁慧琴走进了李金泉家的院门。李金泉先是惊讶于这孩子的一双眼睛怎么这样大，水灵灵的好像会说话，而后则看向了袁慧琴的脚，这姑娘居然穿着一双单皮鞋。夫人田玉兰不由得心疼："闺女呀，这么冷的天，你怎么穿个单皮鞋就出门了呀！"原本就有点紧张的袁慧琴这下更加不好意思了，"我第一次来北方，不知道北方的冬天这样冷……"田玉兰赶紧领着她进屋，询问之下，竟然和李金泉是一个鞋码，李金泉赶紧找出自己的一双棉皮鞋给袁慧琴换上，那叩人心扉的温暖，让袁慧琴铭记至今。

郑亦秋在信中说，袁慧琴是宜昌艺术学校的在校生，学老旦，条件不错。李金泉便让她唱两句听听看，"叫张义，我的儿啊……"袁慧琴刚一亮嗓，李金泉就眼前一亮，越听越高兴，扭头对艺校的老师说："这孩子，条件和别的老旦演员不一样。"这句评语袁慧琴听见了，却不明白其中的意思，但看起来这位久仰大名的先生对自己还算满意，于是便嘴角弯弯笑得灿烂。

"初次考核"顺利结束，李金泉就刚才唱的那段《钓金龟》对袁慧琴指点了一下行腔、气口，然后又亲自录了一盘《孝义节》【慢板】的磁带交给她，"回去好好听这段，仔细地学，打个好基础！"临别在即，袁慧琴就想脱下棉皮鞋还给先生，不想李金泉一把摁住她，"鞋子送你了，一路严寒，要暖和地到家！"

这双鞋和这盘磁带，让初来北京的袁慧琴视若珍宝，回到宜昌后，不仅跟随录音带勤加练习，还特意找了在皮鞋厂上班的邻居，以先生的鞋为样，做了一双新鞋，仔细地包好给先生寄了回去。

转过年来，1982年，在宜昌市艺术学校的促成和李金泉的首肯下，17岁的袁慧琴再次来到北京，正式拜李金泉为师。一束鲜花、一盏清茶，拜师仪式简单又朴素。"老师是一位很纯粹的人，除了戏，除了艺术创作，似乎什么事情都可以不在乎。就像我的拜师仪式，没有花哨的形式，只有最真挚的求艺与接纳，可就是这一拜一收，决定了我的艺术和人生，从此，我在老师的指引和榜样之下，也去寻求那条最纯粹的艺术之路，只有纯粹，才会获得成就。"

学生中也有本身就是戏曲教师的，对待这样"有基础"的学生，李金泉不仅没有放松，反而会更加严格。他告诉弟子们："如果我教的学生是老师，要特别认真负责，因为她要传宗接代，她要教会那么多的学生，你不把她教好了，那将影响一大片。"这点刘莉莉深有感触，"不能忘的就是老师把我领进了教学的门槛，我一边学习，一边从事教学，老师的心怀，一般人不能理解。他教我比教其他学生都要认真负责，不仅要教我戏，还要教我怎么为人师，怎样对学生因材施教。所以从1993年以来，我一直在北京戏校、中国戏曲学

∷ 李金泉（左）与弟子袁慧琴合影

∷ 李金泉（前）与弟子刘莉莉合影

:: 李金泉（前）与弟子郭少良合影

:: 李金泉（左）与弟子于泓濡合影

:: 李金泉（左）与弟子吕昕合影

:: 李金泉（左）与弟子贺敏合影

:: 李金泉（左）与弟子顾艳秋合影

:: 李金泉（右）与弟子王玉梅合影

:: 李金泉（前）与杜福珍（后排左）、李雨钟（后排右）合影

:: 李金泉（左）与弟子彭玉玲合影

:: 20世纪90年代，李金泉（左）于家中向上海演员胡旋教授《李逵探母》

:: 20世纪90年代李金泉（左）向天津演员田萍教课传艺

:: 1997年，谭晓令拜师会上李金泉（中）与梅葆玥（右）、叶少兰（左）合影

:: 20世纪80年代初，李金泉（左）教授刘桂欣《李逵探母》

院及研究生班进行教学，在这个过程中我的受益比别的学生还要多，老师非常无私，不求名利，就这么默默无闻地耕耘，默默无闻地为别人做嫁衣。"

刘桂欣说："1983年盛夏之时，我和吴玉璋受院里的委派，到李金泉老师家学习《李逵探母》，李老师本就是'不用扬鞭自奋蹄'的老党员。他当时已经60多岁了，仍对我一字一句的无私传授，他对我说，以往你演的戏很多了，但演《李逵探母》的李母是不容易的。你要演人物，不可演行当。李老师家住的是老房子，青砖地凹凸不平，有一天他讲到李母的动作激情处，突然啪的一声跪在地上，又是跪搓，又是翻身，不顾双腿磕破与疼痛，身体力行，仔细示范，令在场人无不感动。正式演出时，李老师到人民剧场后台，亲自为我化妆、勒头，这些事让我终生铭记。他呕心沥血，编的好腔、好戏，叫别人去唱去演，用自己的智慧把诸弟子、学生培养为京剧事业优秀人才，为国家京剧事业的传承和发展作出了自己贡献，这得有多宽广的胸襟啊！李金泉老师是用灵魂去劳动的老党员。"

从20世纪80年代到90年代，李金泉被文化部、中国戏曲学院聘为戏校兼课教师、客座教授、研究生班导师，这是他传艺教学的高峰期。这段时间里，李金泉教授过的弟子有赵葆秀、袁慧琴、刘莉莉、郭跃进、成彧雯、郭少良、周冬英、任芳华、林雅雯、贺敏、张文洁、吕昕、谭晓令、周力、王玉梅、顾艳秋、于泓濡、樊凤来、李雨钟、彭玉玲等。

:: 20世纪80年代，李金泉于中国戏曲学院授课，与学院师生合影，二排右起李金泉、王玉敏，后排右起：张学玲、胡根萍，一排右起张玉新、徐红、张静、郑子茹

教授过的学生有刘桂欣、李全、张学玲、于军、孙美华、石春香、刘英、郭冬梅、孙惠珠、牛玉玲、李冬梅、马玉清、程启荣、高艳亭、胡根萍、高淑娟、郑子茹、徐红、张静、张玉新、李丽萍、胡旋、王小砖、田萍、张菊慧、张薇、康静、温雪竹、闵玲娣、门丽杰、陆淑燕、胡金萍、金淑凤、张翠英、黄晶华等。

:: 20世纪80年代初，李金泉（左）于家中向弟子温娜教授《罢宴》

除了专业演员，李金泉正式拜师的徒弟中也不乏业余爱好者，温娜是其中佼佼者，曾获得首届国际票友电视大赛等各大比赛的金奖和第一名，不仅是学生，还是李金泉的义女。李金泉上课、演出，她都陪在身边，看过师父和大师们的同台合作，参加比赛时更是从服装到离话筒的位置都得到师父的亲自指点，专业以外，在李金泉家里，温娜还享受到了浓浓的亲情。"小时候特别爱去老师家学戏。学戏，听老师讲戏班有意思的故事，吃好吃的，于那时的我而言，都是顶高兴的事情。我的师娘漂亮贤淑，是大家闺秀，永远端秀温和的样子。在我后来为人妻为人母的日子里，师娘对我的影响是极大的。"

其他业余弟子有景寿林、陈英培、白福恩、乔维善、王桂英、王树森、张丽英、陶永君等。这里面有北京百货大楼的员工，也有铁路系统的工作人员，有普通的农村小伙子，也有海外的华人华侨。不一样的学生，各有各的教法，可是李金泉教授业余的弟子所耗费的心血与对专业学生无异。在北京的，每周去李金泉家学戏，不论早晚寒暑，只要上门求教了，李金泉就会倾囊相授，经常管了午饭管晚饭，只为学生能在家里多听一

:: 李金泉（中）与弟子景寿林（左）、陈英培（右）合影

:: 李金泉（右）与弟子白福恩合影 　　　　:: 李金泉（右）与弟子王桂英合影

:: 1986年，弟子白福恩题作，晓山先生绘

第五章·承上启下开新篇　187

:: 20世纪90年代初，李金泉（左）于家中教授台湾弟子陶永君《遇皇后》并录音

听唱片，多学到点精髓。不在北京的，除了抓紧有限的见面机会面授以外，还亲自将唱腔、念白进行录音，并对表演进行说明，将对一出戏的所有指导都写在纸上，让学生们带回去学习。甚至有时为了能让一些学生听明白，李金泉要对着录音机一句一句地唱，然后把每句需要注意的地方和方法都录下来，给她们带回去听。弟子、学生及一些戏迷来信，他都坚持亲自回信或让家属代写回复。

真诚，豁达，乐于助人，绝不保守，这让李金泉与身边的同事们也有了亦师亦友的情谊。杜近芳曾动情地讲道："李老师从1958年起就在多方面培养了我，已经有43年了。我创演的喜儿、李香君、巧春兰、谢瑶环、铁梅、吴青华等角色都渗透着李老师的心血，李老师的教授方法，很多方面很像我师傅王瑶卿，因材施教，因地制宜，对剧中人想想事儿，找找人物，琢磨琢磨劲儿，使我很自然地愿意把自己成熟和不成熟的想法向李老师倾诉出来，这是一个搞创作的人心灵中最神秘而又最可贵的活动。李老师对我讲起戏就没有完，就忘了时间的概念，从不厌恶，仔细听，深分析，精挑选，讲利弊，加完善，达完美。这表面看是技艺问题，实质上是李老师对工作、美德的具体体现。80年代，我们都搬进高知楼，李老师嘱咐我趁嗓子还好的时候，多录音，多积累资料。"[1]

李金泉的学生不仅数量多，而且质量高，很多学生都成长为了各个剧团中的当家老旦，更有优秀者成为著名表演艺术家，李金泉的戏曲教育，为京剧的老旦艺术开启了一个新阶段。有这样卓著的教学成果，得益于李金泉开放包容的艺术观念，和他精妙准确的教学方法。

---

[1] 杜近芳在"京剧表演艺术家李金泉先生艺术创作及教学成果座谈会"上的讲话，2001年9月9日。

在旧社会的梨园，门户之见是普遍存在的，中华人民共和国成立后，这些弊端都被革新，而李金泉自己一路走来，更是深知门户之见对京剧传承与发展的制约。于是他面对来自四面八方的学生和弟子时，总是会说："不要忘记曾经教授过你们的先生和老师，不要分什么门派，只要谁的东西好，就完全可以学，这样京剧才能不断发展。不是说跟着我学就非要像我李金泉，我像李多奎吗？我像不了我的义父，洪钟大吕那嗓子多好呀！我的义父也没要求我像他。父女、母女俩声音有的都不一样呀，只能从腔、味、韵腔方法来学，不能追求百分之百的像，这不太科学，让学生太为难了。"

自1982年拜师之后，袁慧琴的学戏方式是每年来京跟随李金泉问艺数月，其余时间还是要回到宜昌。在这几年里，曾有很多次改行的机会放在袁慧琴的面前。湖北省电视剧制作中心要拍电视剧《黄兴》，到处选饰演黄兴妻子的演员，十九岁的袁慧琴被选中了。面对这个机会，袁慧琴想接又很有顾虑，担心师父知道了会说她不务正业，会不高兴。思来想去，她给师父写了一封信，问能不能拍电视剧，李金泉的回信是："可以啊，你要认真地参与啊，要把他们好的地方和表演方法学过来啊！"这让袁慧琴意外又惊喜，一颗定心丸吃下了肚，原来师父是这样开明！

1987年，袁慧琴要考大学了，中央戏剧学院对戏曲演员伸出了橄榄枝，有优先政策，而那时正是京剧的低迷期，很多人都劝她还是报考中央戏剧学院更有前途些。但她舍不得如此纯粹为艺术传道的师父，更

:: 李金泉（左）于家中教授袁慧琴唱段

第五章·承上启下开新篇　189

深知师父的不保守和对学生的包容与尊重，所以还是选择了中国戏曲学院，选择在京剧老旦艺术的道路上坚定地走下去。

李金泉给予了学生最大的艺术发展可能性，不会用流派和门户给学生们禁锢，相反，只要方向对、方法对，他很乐于站在学生们身后，看着他们各自展翅翱翔，若遇到困难挫折也无妨，回转身来，他还是一如既往地帮学生们答疑解惑、指引方向。

当然，所有学生在"自己的路"上迈步前进，都必须充分继承，这是前辈们的艺术经验，也是李金泉自己一路走来摸索出的心得。关于继承，李金泉在介绍恩师李多奎先生演唱艺术时曾谈道："李多奎先生的嗓音极为出色，高、脆、亮、宽、柔、润兼而有之。李派的演唱特点是吐字清楚，喷口有力，行腔流畅，韵味醇厚，中气尤其充沛，大有穿云裂石的气势，讲究味儿、字儿、气儿、劲儿。"他将自己翻录的李多奎老师唱的《孝义节》录音盒带送给弟子、学生们，"李多奎老师告诉我，演老旦必须要有很好的基本功，要练气。我也要求我的学生加强基本功训练，要练气，多听李老先生《孝义节》的录音，好好地练孝义节'三眼'，要一字不差，一腔儿不差地给我练去，气口不能断。当年李多奎老师就是这样要求我的，我也这样要求你们"。在传授《李逵探母》时，他便要求学生一定要把"一口气"的唱法学会，"大不该儿打伤人把大祸闯下"，这一句虽然可以缓一口气，后面唱起来气力充沛了，但是意断了，情就不饱满。"必须记住老前辈教给我们的艺术方法，这是老先生多少年的艺术经验呀，要很好地继承下来，不很好地继承传统，想要求发展，谈何容易呀！"

传统的唱腔，前辈的艺术，就是后辈们需要学习的规矩。李金泉尽全力将自己学到的最规范的唱法、技巧都教授给了学生们，力求将这些小树扶正，同时，他还秉承着一个核心的教育观念，那就是因材施教。

:: 李金泉（左）与弟子成或雯合影　　:: 20世纪80年代初，李金泉（左）于家中操琴教授成或雯唱段

"这个演员嗓子高，那就想怎么往圆里找一找，那个演员嗓子宽，就把立音儿找一找，要发挥演员的特点。正是因为这点，才会产生四大名旦。四个旦角，四个样儿，四个唱法，流派不就出来了嘛！"

京剧讲究口传心授，李金泉更是一个学生一个教法，因材施教，针对每一个学生的条件精雕细琢。嗓子好，那就突出她的唱工，再加强表演，全面发展。表演好，李金泉就给排做工突出的戏，扬长避短。成或雯曾是吉林省京剧团演员，武功好，嗓子也好，还会"打出手"，李金泉便有意给她排神话剧，能让她的武功通过剧情和人物得以展示。刘莉莉会走"僵尸"，李金泉就给她排《清风亭》，突出刘莉莉艺术特点的同时也加深了人物刻画的效果。男学生的唱念和女学生的教法一定不一样，每个人的嗓音条件不同，各有优势和问题，李金泉总能想出办法帮助学生训练和克服嗓音的不足，甚至帮助设计最符合这个学生的唱法。李金泉的所有良苦用心，都源于他对于传承的强烈使命感。

在生活里，李金泉是一个和蔼的先生，学生来了，师娘就给做好吃的饭菜，遇到经济条件有限的学生来拜师，学生还未开口，他便提出拜师仪式一切从简。学生们演出了，他不仅在后台帮助化妆，还会亲自把场，当他听闻长春弟子任芳华患病后，托人代为看望，并

第五章·承上启下开新篇

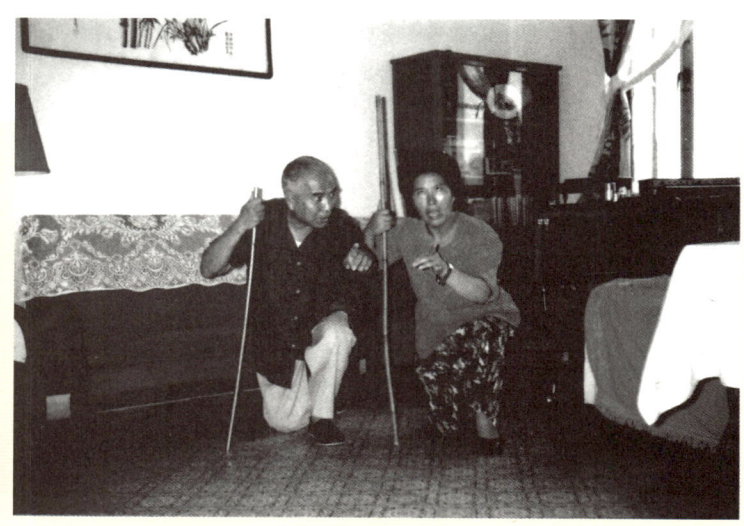

:: 李金泉（右）与弟子任芳华合影　　:: 20世纪80年代，李金泉（左）向长春市京剧团任芳华教授《李逵探母》

带去亲笔慰问信，这样暖心的时刻学生们说也说不完。但是在艺术上，李金泉绝对是一位严师。

当学生带病示范演唱完后，李金泉并没有因为学生病了而放松要求，而是会做更为深刻的点评。"嗓子不舒服可以理解，这慢板大腔儿缓气可以，台下吊嗓还能说得过去。但是，演出的时候，观众不知道你感冒不感冒，你怎么样在生病的情况下还能坚持演出成功，才算出功了。年轻人平常练功就要严格要求自己，这样在演出时遇到什么困难你都能完成演出任务。唱儿要神完气足，表演要有环境感，脱离环境演人物就错了，只顾亮嗓子，不管人物情绪了，这是大错特错。演戏要声情并茂，刻画人物，没有功力，没有嗓子，没有表演，你演不好这些戏。希望你们很好地记住这些问题。"话音很严肃，却处处都在提点，是谆谆教诲，更是殷殷期盼。

严师出高徒，而明师，则会推动一个行当的发展。除了传授技艺，更重要的，李金泉还向学生们传递了自己的艺术观。

"以唱腔为核心手段，综合运用唱念做打来塑造人物，因人设戏，以腔传情。"

这条艺术之路，李金泉并没有走完，现在，他将这个接力棒交到学生们手中，希望她们能沿着这条路继续走下去。

:: 李金泉（左）为郭跃进说戏教学

:: 京剧电视连续剧《佘赛花》，郭跃进饰佘赛花

他对学生们说，"你不要像我，要像人物"。"演戏要从人物出发，充分运用表演和声腔艺术去细腻地刻画人物、感动观众。演主演要根据剧情的发展去演人物，通过声情并茂的演唱表演，给人以艺术美的享受。演助演时，既要有戏，又不能搅戏，要做到众星捧月。"他帮助学生们创作新剧目，为了一句唱腔，能设计出好几版，然后让学生来鉴别，选择出最适合人物的那一版。弟子郭跃进说："我录制《太君辞朝》唱段光盘时，关于《长亭送别》中'万岁爷驾亲临，折煞老臣哪'这一句中的'老臣'两个字，李老师设计了五个唱腔版本，让我鉴别哪一个版本更贴切，更好听，以体现佘太君的复杂心理，直到李老师满意后，才许我进录音棚录音，并对这段唱重新整理设计。"为了一个脚步、一个身段，他能带着学生练习好久。在教授郭跃进《李逵探母》时，要为人物重新设计两组形体动作，于是李金泉便带着郭跃进一遍又一遍地反复实践，屋里燃着煤炭取暖，几小时过去，头晕恶心的感觉袭来，师徒二人却都浑然不知，全都沉浸在创作中，直到煤气中毒

:: 李金泉（前）与弟子郭跃进合影

第五章·承上启下开新篇　193

:: 20世纪90年代,中央电视台教育频道采访李金泉先生,王晶华展示《罢宴》中刘婆的表演,左起:高玉倩、王晶华、袁慧琴、李金泉、赵葆秀、成或雯、林雅雯

:: 20世纪90年代中央电视台教育频道采访李金泉先生,袁慧琴展示《李逵探母》中李母的表演,左起:高玉倩、袁慧琴、于泓濡、成或雯、李金泉、赵葆秀、林雅雯、王晶华

休克过去，才被救下。

言传身教地领着学生们去分析人物、体会人物，李金泉传授的不仅是剧目，更是如何将提高自己的思想境界来认识和挖掘人物的内在心理，通过娴熟的表演技巧，准确无误地塑造鲜活的人物形象。再然后，李金泉就会放手让她们去悟道。

所以，当看到学生们陆续创演出《杨门女将》《八珍汤》《金龟记》《风雨同仁堂》《火醒神州》等诸多佳作时，李金泉满心欢喜。

1998年，中央电视台教育频道为制作李金泉在其从艺道路上教育工作的专题节目，在北京璧晟俐文化传播有限公司进行了采访，高玉倩、王晶华、赵葆秀、袁慧琴、林雅雯等纷纷畅谈了李金泉的艺术创作及教学工作，留下了宝贵的艺术资料，为此，成彧雯做了大量工作。李金泉在节目前的谈话中说道：

"不论唱、念、做、表都要从情出发，这一点，我的学生王晶华、赵葆秀等都体现得挺好，王晶华的《杨门女将》人物塑造得多好呀，唱情、表演都好，葆秀也有很多自己的剧目。根据自己的条件，创作自己的剧目，有人物，有性格，唱法、念法、舞蹈、表情，她们的剧目全国影响很大，甚至影响到海外。老旦剧目越发展越好，因为老旦剧目贫乏，我愿意她们多发展，发展就是振兴，不要限制她们，要鼓

:: 李金泉（左）与弟子谭晓令合影

:: 李金泉（右）与弟子张文洁合影

:: 李金泉（左）与弟子周力合影

:: 李金泉（左）与弟子温娜合影 　　　　　　　　　　　:: 李金泉（左）与弟子王树森合影

励她们发展。"[1]

　　桃李不言下自成蹊，在众多学生和弟子中，赵葆秀、袁慧琴、刘莉莉、郭跃进、周力、周冬英、张文洁、贺敏、顾艳秋、谭晓令等一大批弟子及学生们获得了"文华表演奖"、"五个一工程奖"、"梅花奖"、"梅兰芳金奖"、上海"白玉兰"戏剧奖主角奖、"蓬勃奖"、"飞天奖一等奖"、"金鹰奖一等奖"、"最佳表演奖"、"十个一"工程奖、"银屏奖"、"优秀表演奖"等国家和省、市、地区各级荣誉奖项。业余弟子温娜、王树森也获得过全国广通达杯、全国业余戏曲展示金奖及国际票友大赛金龙奖等各大奖项。她们当中有的享受国务院政府特殊津贴，有的被选为全国人大代表、全国政协委员、全国先进生产者，有的被文化部评为国家级非物质文化遗产（京剧项目）传承人，有的获得省、市或地区级的劳动模范、劳动奖章、尖子人才、优秀指导教师等各项荣誉称号，有的弟子还走上了国家、省、市京剧院（团）、院校的领导岗位，有的成为中国京剧优秀青年演员研究生班、京剧流派班导师。在组织关怀下，有的弟子将自己主演的剧目拍摄成京剧电影和电视剧，还有的赴美国、德国、澳大利亚、日本、新加坡、巴西等国家进行文化交流，用出色的表演赢得了观众的高度赞誉，为祖国争得了荣誉。

---

[1]　李金泉在中央电视台教育频道录制专题节目的谈话，20世纪90年代。

如园丁，如红烛，春风化雨，李金泉在近七十年的艺术生涯里，为京剧的老旦艺术培养了继承人，并让老旦行从被冷落的偏行，变得如今枝繁叶茂、硕果累累。

:: 20世纪80年代初，《李逵探母》创作会议照，左起：赵葆秀、李金泉、袁世海、罗长德等

三、甘为人梯

1982年，北京京剧院重排《李逵探母》，由罗长德和赵葆秀主演，袁世海和李金泉为艺术指导。在正式上演前，这出戏经过了漫长的修改剧本、前期准备以及排练的过程，袁世海和李金泉两位先生都要求演员们要在深挖人物的基础上，于艺术上反复精雕细琢，在把握好每一个细节并且配合成熟后，才可以公演，否则对不起买票来看戏的观众。

两位年轻演员就此踏实下来，跟着老师们仔细学、慢慢悟。李金泉先将赵葆秀的戏都看了一遍，对于这个学生的各方条件都了然于胸，然后便将李母这个人物掰开了揉碎了分析给赵葆秀听，带着她，从脚步练起。

"葆秀你的个子比较高，李母是一个身受生活重压的贫苦老太太，身体得格外佝偻一些，你得存腿深一点，适当的猫点腰。李母的脚步得注意，并腿走不行，岔开腿也不行。她手里拿着的也不是一根平常的藤棍，而是盲人当眼睛用的明杖，要探路的。李母的双目哭瞎，所以你的双眼就要多露白眼珠儿，尽管这样演会很不舒服，但你心里要有这个人物，这就是李母特定的人物造型。想要达到理想的舞台效果，你就要多去练习，每天要存腿练脚步两个小时，才能找到感觉。"

:: 李金泉（右）为赵葆秀说戏

第五章·承上启下开新篇　197

:: 排练教授《李逵探母》，左起：赵葆秀、李金泉、袁世海、罗长德

:: 《李逵探母》排练教学，左起：李金泉、赵葆秀、叶德林、李月增

:: 1983年李金泉（右）指导赵葆秀《罢宴》

当年自己对李母这个人物的心得与经验，此刻都毫无保留地教给了赵葆秀，李金泉领着学生重新走了一遍自己的创作过程，而对赵葆秀来说，这是一场关于老师"因人设戏，以腔传情"创作观的浸入式学习体验。

《李逵探母》首演那天，刮了好大的风，李金泉让孩子们搀扶着走进剧场，看完戏后满怀欣慰。他对赵葆秀说了八个字，"来之不易，得能莫忘！"这是李多奎先生当年送给李金泉的教诲。紧接着，他又对赵葆秀语重心长地说了一句，"你要有自己的戏，才能立得住！别人乱你别乱，你就踏踏实实这样走！"这是他对这位学生的期许，一如当年李多奎先生对自己说的"你走你自己的路"。

这两句话让赵葆秀醍醐灌顶，很快，她便从著名剧作家吴祖光先生那里拿到了京剧《三关宴》的剧本。这是她艺术生涯中第一出自己挑大梁的新戏，既兴奋又紧张，她想要师父来做这出戏的艺术指导和唱腔设计，有老师的保驾护航，她才会有充足的信心。对学生们的新戏创作，李金泉向来是支持和欢喜的，但是在开始排演《三关宴》之前，他要求赵葆秀先学会《徐母骂曹》，因为《李逵探母》中的李母与《三关宴》中的佘太君人物差别太大，从外形、气质到脚步身段都截然不同，李金泉担心赵葆秀不能一下子适应这种人物的转变，所以让她用《徐母骂曹》过渡一下，循序渐进。

:: 1982年，李金泉（右）于天坛公园为赵葆秀设计《三关宴》身段

每天清晨，天坛公园里都能看到赵葆秀和李金泉的身影。学生陪着老师晨练，师父打完太极后就给她分析人物，将自己对《三关宴》的创作想法一点一滴地告诉学生。"要体现佘太君的人物气质，'引子'要打'虎头引子'，脚步也要有分量，要把老生、武生、武小生的特点融进来，但不能亮靴底儿，亮靴底儿就变成男性了。"

:: 李金泉在天坛公园晨练

还是在天坛公园里，李金泉帮助赵葆秀完成了《三关宴》中核心唱段的唱腔设计。从塑造人物出发，李金泉想在全剧最后为佘太君设计一个核心唱段，能极好地表现人物。设计的构想都已经在脑中了，但他还有些顾虑，让赵葆秀唱了唱闭口音，"一七""姑苏"，结果赵葆秀每个辙口都响，调门儿高低都有，并且上不封顶。李金泉高兴了，这就不用考虑辙口和调门的因素了，可以放开手脚，一切围绕人物来设计唱腔，于是便有了《三关宴》最后那一段十三分钟的"训延辉"唱段。在剧情矛盾的顶点，李金泉为这四十多句的唱词设计了【二黄导板】【回龙】【慢板】【原板】【垛板】【反二黄原板】等丰富的板式，

:: 李金泉（中）在紫竹院昌运宫家中与赵葆秀（左）、琴师王福隆（右）研究唱腔设计

:: 1989年4月，赵葆秀折子戏专场演出后李金泉（右）与赵葆秀在座谈会上

:: 《八珍汤》剧照，赵葆秀饰孙淑琳

变化巧妙、跌宕起伏，让佘太君此时的心理情感随之倾泻而出，感人至深。

《三关宴》的演出效果非常好，赵葆秀的第一出新戏成功地立在了舞台上，并且那段"训延辉"的唱段被广为传唱，还荣获了北京市1979—1989年度优秀戏曲唱段评选一等奖。

1985年，赵葆秀请师父去老长安戏院看戏，重庆京剧团的厉慧兰老师演的传统戏《三进士》，她对师父说："我想改这出戏。"李金泉自己就演过《三进士》，那时他就认为这出戏的剧情还有待完善，剧本还能做到更引人入胜，人物也可更加丰满，现在赵葆秀提出想改，他很赞成。看完戏，赵葆秀陪他去坐公交车回家，一路上风雪交加，可是李金泉走了一站又一站，也不说话，思绪全在怎么改编这出戏上了。之后，赵葆秀请来同学吴江帮忙写剧本，李金泉得知吴江是翁偶虹先生的弟子后，更是放心，特意带着赵葆秀和吴江去到翁先生家登门拜访，商议剧本改编的脉络。吴江成功地完成了剧本，取名《八珍汤》，李金泉又给赵葆秀设计了全剧的唱腔，尤其《风雪夜》一场戏里的成套【二黄】和《周府》一场戏里的成套【反二黄】，新颖别致、感人肺腑，为该剧树立了成功的音乐形象。

1990年10月末，为了纪念徽班进京两百周年，北京京剧院二团在吉祥戏院上演了老旦重头戏，全部《金龟记》。该剧由李金泉、苏维明先生整理并任艺术指导，已是梅花奖获得者的赵葆秀饰演康氏。

:: 1991年，《金龟记》演出后合影，左起：李金泉、剧本整理者苏维明、赵葆秀

《金龟记》是在老旦传统折子戏《钓金龟》《行路训子》《哭灵》的基础上删繁就简、去粗取精，继承经典之后创新而成的。在整理这出戏的过程中，李金泉强调《钓金龟》《行路训子》《哭灵》的主要唱段都需要保留，因为它是经典，是老前辈们给京剧声腔艺术留下的珍贵财富。在"雪冤"一场戏中，李金泉设计了两段西皮唱腔，一反一正，抑扬有致，感人肺腑。

赵葆秀对李金泉老师的创腔艺术感佩至深。"李老师创腔是一绝，各行的曲子，包括其他兄弟艺术门类，只要他觉得这个曲子好，就能过耳不忘，再把它化到自己戏中人物的感情里去，不露痕迹。即便是传统戏，李老师也一直在改动革新，比如《太君辞朝》《徐母骂曹》，原来老先生们经常演，很成功，但现在却演的少了，李老师就会分析哪里应该不太符合观众的口味了，把毛病找出来，重新写，重新编腔，就能让这些戏旧貌换新颜，跟上时代的审美脚步。"

《风雨同仁堂》是1997年上半年北京市文化局、北京京剧院排演的重点剧目，赵葆秀主演，李金泉担任艺术顾问。《风雨同仁堂》一共五稿，李金泉参加了前两稿并设计了唱腔。

在中央电视台教育频道的采访中，当谈到《风雨同仁堂》这个戏时，李金泉讲道："清代题材以老旦为主的戏从来没有，七八年前赵葆秀就想出一个清装戏，她脑子不空，有清装形象，《风雨同仁堂》正好给了这个机会。第二次稿我看了，很顺。顺在什么地方呢？人物性格比较突出了，像正中间的人物了，造了型更好。有的地方还在修改，戏都是千锤百炼，越改越好。"

《三关宴》《八珍汤》，再到后来的《金龟记》和《风雨同仁堂》，从人物形象到剧本改编，从表演身段到唱腔设计，赵葆秀的代表剧目里，处处都有老师的心血和付出。

:: 李金泉（右）与弟子赵葆秀合影

"老师为我创了那么多好腔，帮我塑造了那么多人物形象，可是在台前享受掌声的是我，他一直在幕后。我跟老师学艺，不光是学艺术，还学先生对待传承的无私精神。"

李金泉的为师之道，滋养熏陶着赵葆秀，而赵葆秀在未来的收徒仪式上，都会对学生们说，"我会像我的老师一样，把我学到的东西倾囊相授，甘为人梯"。

甘为人梯，李金泉不光对赵葆秀如此，他对所有的学生都是这样的无私。

从中国戏曲学院毕业之后，袁慧琴进入中国京剧院工作，遇到的第一出新编剧目就是现代戏《北国红菇娘》，她被选中饰演剧中的朝鲜族女战士安顺福，有两段主要唱腔。第一时间袁慧琴去向师父求助，"我能接这个人物吗？"李金泉肯定地说："怎么不能接？"可袁慧琴还有些迟疑，"这个人物很年轻哦，我是老旦，能演吗？"李金泉再次肯定说："人物年轻又怎么了，你的条件完全可以把她塑造好！"说完，还答应帮袁慧琴设计那两段的唱腔，这让她彻底有了创作的底气，不仅凭借这个人物获得了全国现代戏汇演"个人表演奖"，李金泉为她设计的这两段唱更是广受赞誉、传唱至今。

从这出戏以后，每次要创演新剧目时，袁慧琴都会先去找老师聊一聊，听听老师对自己建设性的要求和指导，面临挑战和困难时，师父身边就是最有安全感的港湾。排《火醒神州》，袁慧琴演慈禧，老旦要穿花盆底，她心里打鼓，李金泉说："你不要害怕，放开了胆子去想象，传统戏的基础你已经打好了，现在就要突破束缚，出新不出圈！"当袁慧琴面露难色时，李金泉找出自己与程砚秋先生的演出录音，袁慧琴惊讶于老师居然能用这样低的调门去演唱，并且好听得很，和程先生相得益彰，李金泉却说："作为京剧演员，唱念做打，不论是什么情况，都要有应对能力，与别人合作是这样，自己创新更是这样，这是作为一个好演员的基本前提。"

:: 袁慧琴（左）拜师照

:: 李金泉（中）与夫人田玉兰（右）同弟子袁慧琴合影

第五章·承上启下开新篇

当有机会拍京剧电视剧《契丹英后》时，袁慧琴对这种形式有点拿不定主意，又去问师父，李金泉说："咱们老旦啊，跟生行青衣花旦就没办法比，你说这是什么原因？就是因为角色太少，戏太少，人家一说剧目一百多出，咱们掰指头数就这么几出，年龄段卡在这儿，所以这个任务就在你们身上了，要创新。你应该去拍这个电视剧，你要有影响力，这才能使我们这个行当壮大和发展。你的条件和别人不一样，没有问题！"

"你的条件和别人不一样"，这句话袁慧琴听老师说过好几次，此刻再思索，似乎能悟出一些道理来了。"有人说老师的剧目少，那是他们不明白，我们这些弟子立在舞台上的新剧目都是老师的作品，都是秉承了老师的艺术思想再结合自身的条件才结出的硕果。我们蹚出的每一条路，都源于老师这条主干道。"

后来，袁慧琴又进入中国京剧青年研究生班继续深造，那时她刚排演完《曙色紫禁城》，班主任张关正对她说："你这个路子很对，要坚持下去，你是可以在老旦发展史上留下一笔的。"能否留下一笔，袁慧琴对此并没有过多想象，她只知道，老师一直教导她们要多出剧目，多出人物，她就要一直秉持着这个追求，努力前进。

:: 李金泉（左）指导袁慧琴《李逵探母》　　　:: 李金泉（左）指导袁慧琴《红灯记》

1987年北京军区战友京剧团演出《焚绵山》，主演是李金泉的弟子刘莉莉，李金泉担任了唱腔设计和艺术指导。1989年，李金泉为刘莉莉重新编排传统戏《清风亭》，1993年，李金泉又在刘莉莉的新戏《一饭千金》中担任艺术指导和唱腔设计。

:: 1988年11月27日，长安戏院北京军区战友京剧团演出《焚绵山》后合影，左起：朱宝光、杜元田、马少波、李金泉、刘莉莉

"《清风亭》这出戏演的人很多，是一出做工戏。可是这出经过老师改编的新《清风亭》，不但主题明确，并且每个人物的性格都特别鲜明。更重要的是，他给老旦安排了两大段唱腔，经过大胆创新，在《望子》上增加一大段新【四平调】，这个板式是老旦行里从来没有过的。而在贺氏碰死之前又编了大段的【二黄原板】，现在这出《清风亭》，变成了光有表演没有嗓子的人根本唱不了的戏了。内容洗练唱腔又好，是一个很动人很有现实教育意义的好戏，受到了观众们的好评。老师为此也付出了极大的辛苦，就拿贺氏临死前的那一大段【二黄原板】来讲，他就给我编了八个方案。他不断地编不断地自我否定，终于到第八稿时他自己才满意了。记得那年夏天我去取老师新腔录音带的时候，我惊呆了。他都是在深

:: 《清风亭》剧照，刘莉莉饰贺氏

夜给我录的，怕吵到邻居，就把门窗都关上了，多么闷热的天气呀，老师的两个胳膊上都长满了痱子，抹了很多的痱子粉。我看着心里真是又酸又痛，百感交集，这一幕是我终生难忘的。"

"在《一饭千金》的【二黄慢板】唱段中，李老师既吸收了旦角的唱腔及过门风格，又融进了京韵大鼓的唱腔特色，使人们听了既动听又感人而且有新意。但他的创新有一个大原则，那就是出新而不能出京剧的规范，把握好这样一个尺度谈何容易，可李老师却做到了。尤其是《一饭千金》这出戏，它是根据传统戏《漂母饭信》改编的，老师既是编剧又是导演还是唱腔设计，他居然把老旦和小生这两个不同行当真假声用一个调门来设计唱腔，优美动情，这大概是空前的创造了。这出戏在中央电视台播放了很多次，受到了内外行的充分肯定。李老师连续为我创排了三出戏，《焚绵山》、新改编的《清风亭》和新创的《一饭千金》，在这三出戏的创编过程中，我更是看到了李老师广学博收和艺术视野的宽阔，这三出戏是老师给我的宝贝，我要用一生去呵护它、传承它。"

1981年，李金泉告别舞台，却又进入了另一个创作高峰，只不过，台上的主演换成了他的学生们。一旦开始创作，他就会沉浸在自己的世界里，不停地哼着唱腔，拍着板，废寝忘食，却很少同自己的孩子们说说话。他愿意这样辛勤耕耘，甘愿为后来者们做攀登老旦艺术高峰的奠基石，看到学生们的进步和发展，他比谁都欣慰。

诚如吴江所言："李金泉先生从还在中华戏校的时候，就开始为别人创腔儿，为别人去创作，他把'为别人，为了戏'当成了自己的乐趣，当成了另一种营养。他刚过而立之年，就开始教学了，在教学中他把自己完全打碎，把自己最掏心窝的东西教给学生。当你打碎自己的时候，你就会得到一个大我，打不碎自己的时候，留下的只是一个小我。如果李老师不是把自己打碎了去帮助同事，教授学生，大概就不会有老旦艺术今天的满天星光。他存在，他永恒地存在了。他把京剧的美学吃透了，他能使自己的艺术不断地延伸，使

:: 1992年5月28日，新苗奖首届儿童京剧邀请赛后李金泉（左一）、王金璐（右一）与大连艺术学校小选手合影

:: 1996年12月7日，北京市工人俱乐部老旦专场演出后合影。前排右起：吴一平、孙毓敏、李金泉、赵葆秀、刘莉莉、张镜艾。后排右二起：佟彤、陈晓霞、翟墨、康静、姚利、谭晓令、温雪竹、侯宇等

第五章·承上启下开新篇

自己的舞台不断地扩大，使京剧艺术不断地传承。因为对艺术的爱，对学生的爱，对整个事业的爱，他把自己化了，化在整个京剧艺术当中，使有限的李金泉成为无限的李金泉，所以，李老师是一个哲学家。"

四、返本开新

纵观京剧老旦艺术的发展史，龚云甫将老旦行发展成为一个独立的行当，丰富了老旦的唱腔和表演并形成了自己的特点，不仅扩大了老旦在京剧艺术中的地位和影响，还引得众人争相学习，"龚派"艺术的形成和流传，标志着京剧老旦艺术的初成。李多奎在学习诸多前辈名家的艺术之后，以龚派为基础，充分发挥自己的嗓音天赋，为老旦声腔艺术的发展做出了卓越的贡献，他的唱腔风靡全国，深入人心，进一步推动了老旦艺术的影响力，"李派"艺术的形成，标志着京剧老旦艺术发展到了一个更高的新阶段。而李金泉，在近学李派远宗龚派的基础上，返本开新，寻找到了一条适合自己的艺术道路，成为京剧老旦历史上第三个里程碑式的人物。

从进入中华戏校开始，李金泉就接受了全面又规范的京剧学习，并且练就了一身扎实的幼功，奠定了文武全能的基础。毕业后拜师李多奎，进行老旦艺术的进一步研修，多年的搭班演出，与诸多名家的同台也让他汲取了丰富的营养。李金泉将传统的根基扎的牢牢的，学得透彻，并且坚持所有创新都要建立在传统之上，这就是他的返本。

而开新，则是多层面的。

李金泉力求"因人设戏，以腔传情"，他不仅丰富和加强了老旦的表演，明确了唱念做表一切都为塑造人物服务的创作思路，还让最关键的唱腔变成塑造人物的最有力手段，做到了一人一腔、声情并茂。他为老旦行创作了新剧目、新人物，还将这个创作思想传授给了学生们，推动京剧老旦的表演艺术走向成熟。

:: 李金泉于家中研读剧本

李金泉在唱腔设计上取得了老旦行里空前的成就，不仅将唱腔与人物的感情、环境紧密结合，还兼容并蓄，吸收各家之长化为己用，创作出了很多老旦行以前从未有过的板式、音乐，大大丰富了老旦的声腔艺术，并让京剧老旦的声腔艺术达到了成熟。

由于历史原因，在艺术最成熟的时候，李金泉无奈离开了舞台，但是他没有沮丧，而是更积极地探索如何将老旦的表演和唱腔设计得更贴近人物，更符合演员的自身条件，进而做到与时俱进。他用无私的奉献和科学的方法，教授出了一大批老旦人才，为老旦行的传承和发展培养出一支高水平高质量的生力军。"他既是男性演员创造的老旦艺术的一个完美的终结者，又是女性演员传承、拓展老旦艺术的积极推助者和杰出指导者。"[1]

---

[1] 龚和德：《京剧老旦艺术的开拓——从给赵葆秀庆丰收谈起》，《中国戏剧》2012年第11期。

李金泉从艺以来，演出了传统、改编、新编及现代题材剧目一百多部；从1983年到1993年为弟子们新排、改编、整理的老旦剧目六部；一生设计的老旦、老生、小生、旦角、花脸等各行当的唱腔达百余段；教授过的弟子、学生近百人。他的代表剧目都已成为京剧的经典剧目，不仅流传广泛，更是各大院校的教学剧目，是老旦演员们学习的范本。他的弟子遍布全国，成就斐然，让老旦行枝繁叶茂，硕果累累。

李金泉集表演艺术家、作曲家、教育家，三位一体，拥有顶尖的表演艺术，有自己的艺术特色，有自己的代表剧目，有自己的创作理论和思想，有一大批学习和追随者，广流传，多传承。所谓流派形成的诸多条件和要素，李金泉都达到了，"新李派"的创立也自然水到渠成。

2002年，天津艺术研究所的马同驹先生撰文道："李金泉以他的执着追求、勇于创造的毅力和坚忍不拔、锐意进取的精神，在长期的艺术生活中，经过艰苦卓绝、孜孜不倦的刻苦钻研与学习实践，在李多奎、文亮臣、石青山、孙甫亭、刘俊峰等一批资深名著的京剧大家的帮助影响下，终于走出了一条适合于充分发挥其独特创造潜力及才能的康庄大道——在如饥似渴地吸收、融化龚（云甫）和李（多奎）派优长的基础上，又结合自身艺术条件和对艺术上的理解与追求，在二十余年的舞台实践过程中，逐步创立出了在京剧老旦行当中以激越醇厚、细腻委婉、清新俏丽、声情并茂而特立独行、卓而不群的艺术流派——李金泉派，一些著名的戏曲家和业内同人，以及广大京剧爱好者将其称为'新李派'。相对而言，'新李派'的演唱风格、特点，更适合女演员的生理条件，所以，一时间（约从20世纪80年代后至今）新李派老旦艺术风靡南北，成为京剧老旦演员和京剧爱好者争相宗法追求和学习仿效的对象。就京剧老旦行当发展历史而言，新李派艺术风格由20世纪50年代始至80年代后逐渐形成期间，恰逢老旦行当由男演员主宰舞台逐渐过渡到女演员所取

:: 2001年9月9日，在李金泉先生艺术创作、教学成果座谈会上，天津艺术研究所马同驹先生发言

代这一重要的历史变化阶段，而在李多奎之后又一代老旦行当的代表人物李金泉及其艺术风格和流派则起到了不可替代的承前启后的作用。高玉倩在老旦艺术上创造的'高玉倩现象'；'老旦三王'之一——王晶华在20世纪60年代的崛起；20世纪80年代后具有'状元老旦'之称的赵葆秀创造的多台老旦专场戏的奇迹，以及再后来的郭跃进、袁慧琴，直至更晚些时候的谭晓令等一批批不同年龄段的后学者'学李'的股股'洪流'，都无不在反复印证了新李派艺术的感染力、影响力和生命力，也无不反复说明了李金泉及其艺术流派，在这一重要历史时期做出的重要贡献。如果说龚派的形成，使老旦艺术迈上了一条成熟的道路，李派的出现，展示了老旦艺术发展的一个新阶段，那么新李派的崛起，则标志

着京剧老旦艺术的发展已掀开了'新时期'的一页。"[1]

2006年，中国戏剧家协会书记处书记齐致翔先生在文中写道："李金泉是李多奎的义子，他在继承义父艺术的基础上形成了自己的表演风格。他的唱、念，激昂中有低回，苍劲中寓委婉，他注重唱念的抒情、表演的细腻和身段的优美，用各种手段刻画人物性格，揭示人物内心情感，使京剧老年女性的形象更加温婉慈慧，使以大嗓歌唱的老旦形象更加女性化，更充满老年成熟女性所具有的美蕴和魅力。李金泉先生的艺术给人以新的审美感受。他的一些代表作，如《李逵探母》《岳母刺字》《罢宴》等，同样在全国产生了重要的影响。很多继承李多奎艺术的演员，同时也继承了李金泉的艺术。"[2]

2009年，在张永和、钮骠先生等编写的《打开京剧之门》一书中，列举了中华人民共和国成立以来京剧的九个新流派，李金泉的"新李派"艺术赫然在列。

曾与李金泉共事长达半个世纪的原中国京剧院副院长、杰出的剧作家、戏曲理论家马少波先生坦言："金泉同志是我国当代京剧老旦艺术卓越的革新家、教育家，他的艺术，世人称之为新李派，我认为实至名归，当之无愧。"

当年在报考中华戏校的时候，李金泉大概不会想到未来自己不仅成了角儿，还能开创老旦的新流派，在桑榆晚景中看着京剧老旦行繁花似锦时，他已然完成了自己的初心。

---

[1] 马同驹：《艺精德劭 成就卓著——李金泉先生艺术创新及创作、教学成就浅议》，《中国京剧》2002年第4期，第87—88页。

[2] 齐致翔：《期待京剧老旦艺术创新与发展》，《中国京剧》2006年第7期，第24页。

【第六章】精诚不散 艺长存

一、一心相系

1941年，李金泉拜李多奎为义父后，便是李多奎先生家的常客，他的人品和才华，都被李多奎先生的六姐李万波看在眼里，觉得这孩子赤诚可靠，便想为他牵线搭桥，成个姻缘。

红线另一头的姑娘名叫田玉兰，1922年2月生，家住正阳门外南芦草园胡同。田玉兰的母亲田梁氏与李万波是多年的好姐妹，经常在一起打牌娱乐，李万波对田玉兰也十分喜欢。现在看李金泉与田玉兰年纪相当，又都到了谈婚论嫁的年纪，何不就此成就佳偶？

李金泉自然高兴，田玉兰的父母和李云山对于李多奎和李万波也充分信任并表示感谢，在他们的牵线下，李金泉、田玉兰一见钟情，于是两家便定下了这门亲事。

1942年初冬，坐落于北京正阳门外大席胡同的安徽石埭会馆，李金泉的二大爷李连卿，时任石埭会馆常务董事，在这里为他操持主办了一场西式婚礼。李金泉穿着西服，打着领带，站在会馆门口，等着迎接新娘。一辆西式马车在人群的簇拥下缓缓停住，田玉兰穿着婚纱，在伴郎伴娘的陪伴中从车上走下，伴着进行曲和花炮，缓缓走进会馆。

::田玉兰照（1922—1989），摄于20世纪40年代

这场婚礼高朋满座，不仅有梨园行的前辈友人，还有田家的各方亲朋。著名中医肝病专家关幼波先生就是田玉兰父母的好友，特意赠送李金泉一条褐色羊毛围巾以示祝贺，李金泉很是珍视，一直用到了20世纪60年代。

田玉兰家境优渥，又是家中独女，抬送嫁妆的队伍就排了很长，还带过来一位老妈妈，这是父母见李金泉家人口太多，怕女儿初嫁适应不了繁重的家务，特意做的安排。

李云山六子一女，李金泉排行老大，李金泉的母亲及继母早已去世，田玉兰作为长媳和长嫂，不仅要和李金泉一起支撑自己的小家，确实还要承担照顾老父和弟妹这一个大家庭的重担。

::田玉兰晚年照

但是老妈妈并没有留下多久，田玉兰就全面接手了家务。原本在家里受父母宠爱的独女，现在要里里外外担起来，经常一个人做一大家子的饭菜，若赶上吃抻面，她瘦瘦小小的身躯要揉那硕大的一盆面，街坊四邻见了，都免不了赞叹一声。

李金泉搭班演出拿的"包银"和新中国成立后的工资收入，大部分交给了父亲李云山，供给全家开销支配，甚至为了这个大家，李金泉都没有置办自己的房产，而田玉兰对此从无怨言。长嫂如母，田玉兰的贤惠大度，让弟弟妹妹们敬重了一辈子。

20世纪50年代，政府号召妇女走出家门去工作，李金泉是党员，积极响应号召，想让田玉兰参加社会工作。可孩子们都还小，田玉兰身体又瘦弱，李云山不同意儿子的想法。但田玉兰理解李金泉，党员家属要起带头作用，最终，她劝服了公公，到鞭子巷三条一个街道托儿所工作。田玉兰读过私塾，毛笔字写得好，会珠算，到了托儿所，这些知识和技能便都用上了，家里家外地忙乎起来。在田玉兰的带领下，街道的很多家庭妇女也都纷纷走出了家门。第一个月的工资有十几块钱，田玉兰把钱攥在手里，第一个想到的是要给公公买些点心。她一直工作到1958年，李云山患脑溢血半身不遂，为了照顾公公，让李金泉能安心工作，田玉兰只能辞掉工作，回到琐碎繁杂的家务中。1959年，李金泉与弟弟们分户，李云山便跟着李金泉一起生活，瘫痪卧床八年半，伺候在病榻前的，一直是田玉兰。

这样的任劳任怨，皆因李金泉和田玉兰都是彼此的心之所系。

生活里，田玉兰将李金泉照顾得无微不至。李金泉演出前有一个习惯，就是戒荤和服

:: 20世纪80年代，李金泉、田玉兰夫妇于紫竹院昌运宫家中合影

用一些中药，以防上火生痰和感冒，只要他有戏，田玉兰一定提前几天到三里河街的保和堂抓药，并把帽子、围巾、衣服、鞋、手绢等物品备齐。散夜戏前，田玉兰就提前将茶泡好，晚饭做好。李金泉爱吃"溜肉片""西红柿鸡蛋"，田玉兰就经常给做，等李金泉夜戏归来吃完饭，通常已近子夜时分。忙乎了一天的田玉兰这时还不能休息，一家老小的衣服铺盖还等着她洗。孩子多，能换洗的衣服却没多少，经常今天换下明天就要穿上，夏天还好说，冬天时田玉兰只能衣服洗完了再用烘笼烤，等全部干透，已经夜里两点多了。

而李金泉虽然话语不多，却一直将田玉兰放在心上。外地演出必给田玉兰带回喜爱的东西，特别是到上海演出，因田玉兰脚瘦，北京的鞋田玉兰穿着总不合脚，所以每次到上海李金泉必定要去店名为"小花园"的鞋店为妻子买鞋，他挑的款式、面料和纹样都雅致得很，每一双田玉兰都喜欢。后来孩子们陆续大了，赶上去上海出差时也学爸爸的样儿去这家鞋店为母亲买鞋，田玉兰虽也欣慰，但总是会说，"还是你爸爸的眼光好"。

生活中总有避不开的风刀霜剑和理不清的鸡毛蒜皮，可是只要有这些闪光的片刻，一切的劳苦和委屈，便也不算什么了。

李金泉和田玉兰一共有四子一女，不幸的是，唯一的女儿在上小学时因病夭折，这是他们不愿提起的伤痛。为了照顾家人，田玉兰倾其所有。在三年困难时期，粮食严重短缺，做饭时米面都要用秤称，好在一定级别的文艺工作者能享受国家政策的照顾，李金泉有副食特供证，每月能多买些肉、蛋、糖、香烟等，田玉兰便千方百计地省下点钱，给公公、丈夫和孩子们打牙祭。然而还是避免不了捉襟见肘的时候，她只好悄悄地将自己钟爱的一件灰鼠皮大衣变卖。四个孩子在田玉兰的精心照料下都很健康，而在孩子的教育问题上，田玉兰则充满了智慧。没有喋喋不休的说教，也不会有刻板的要求，四个孩子完全都在田玉兰的言传身教下平和地完成了独立人格的养成，在学校的表现都很好，一直都是学生干部。每逢开家长会时，老师和其他家长都问田玉兰"您是怎么教育孩子的？"而田玉兰总是谦逊地回答："是学校教育得好，孩子自己努力，我没怎么教育。"

李金泉的学生多，田玉兰待这些学生也都如自己的孩子般。赵葆秀经常说，"我就爱吃师娘做的红烧肉！"师娘做的饭菜，是学生们心里永远的念想。不论多晚，不论天南海北来自哪儿，也不论是专业学生还是业余的学生，成名的学生还是初出茅庐的小孩，田玉兰都一视同仁，给做好吃的。遇到四川、湖南来的学生，还特意做些辣菜给他们吃。弟子刘莉莉说："师娘对我们多年如一日，只要一进门，就是一把扇子，一杯热茶，一块西瓜招待着。"弟子温娜说："老师教我们唱戏，师娘教我们做人。"

偶尔，她也会对李金泉的教学工作发表一下意见。有一次，李金泉正给一位外地的学生教戏，此时，一位戏曲学院的学生也来找老师学戏，由于某些原因，李金泉便停下来，先给这位学生说了戏。事后，等学生们都走了，田玉兰才对李金泉说，外地学生远道而来，时间宝贵，应尽量为他们多争取学习的时间。

1988年，田玉兰患脉管炎，后查出罹患宫颈癌。这时轮到李金泉对妻子悉心地照料了，一边仔细地为田玉兰外敷换药、打针，一边想办法转移妻子对疼痛的注意力，经常约同住一个"高知楼"的李洪春和琴师沈玉才及袁广和的老伴儿等朋友到家陪田玉兰打牌，自己则在一旁沏茶送水。1989年初，为便于田玉兰的治疗，长子李思光将母亲接到家中养病。1989年农历正月三十，操劳一生的田玉兰病逝于航天工业部第一研究院七一一医院，享年67岁。

学生、亲友都来悼念，哀荣备至。弟子白福恩特意从外地送来汉白玉的墓碑，李金泉将"贤妻良母"四个字刻在了石碑上，仍然不能抑制心中的哀伤。出门前，桌上再也不会放好他的帽子、围巾，归来后，也不会再见那一盏热茶、一盘溜肉片。他只能透过案上的青烟袅袅追忆斯人，而那个对他一心所系的人，在他的梦里，又变回了初见时的眉目清秀、颔首浅笑。

二、满堂和美

"妹妹李曼琴五岁的时候，我妈就去世了。大哥承担起了挣钱养家的担子，二哥李景贵维持家里琐碎的事务，三哥李景泰会缝衣服，就照顾我们生活，那时我们都小，生活也比较艰苦，一到夏天就见我大哥前心后背长满了痱子，知道那是唱戏时捂的，就不理解，这么苦，大哥为什么还要唱戏呢？长大了才明白，大哥为了这个家付出了多少。"

:: 李金泉照（1920—2012）

在年幼的李景富眼里，李金泉这位大哥就是家里的顶梁柱，和父亲一样伟岸，大哥在，兄妹几人便有了依靠和安全感。幼时负责他们的生活教育，随着兄妹们长大成人，李金泉和田玉兰又忙着帮他们成家立业。

随着兄弟们陆续成家，家族里的孩子们也逐渐多了起来。逢年过节，他都会给这十几个孩子买礼物，随中国京剧代表团访日结束后，他带了满满一箱日本生产的物品回来，大人小孩人手一份，然后乐呵呵地看着孩子们在家里疯闹玩耍。二弟李

:: 李金泉与弟弟妹妹们合影，左起：李景华、李金泉、李景泰、李景贵、李景富、李曼琴

:: 2003年冬，李金泉（前排左四）与弟弟、弟媳、妹妹及晚辈们合影

景贵的女儿李苓霞，出生在中华人民共和国成立前夕，正是黎明前的黑暗，刚出生没几个月，母亲就因为生病断了奶水，小婴儿饿得哇哇哭，环境所迫，李金泉多方托人买来进口的奶粉喂养，这个姑娘才得以长大成人。到三年级的时候，戏校招生，李苓霞喜欢京剧，李金泉便对她说："你喜欢这个，有嗓子，又是个女孩子，可以去考戏校试试看。"一句一句地教她《罢宴》，还不忘嘱咐："你就唱这段去考试，咱们凭本事考！"可惜在考试当天，李苓霞还是年纪小，看到同考的人都只唱了歌，便也怯生生地跟着唱了一首歌，大伯亲授的《罢宴》没有派上用场，她也遗憾地与京剧演员这个职业失之交臂，后成为上海人民广播电台经济台新闻频率节目主持人。

李金泉对自己一直很节俭，尤其在三年困难时期，生活很艰苦。他平常的饭食就是一半细粮，一半粗粮，玉米面贴饼子，也没有什么菜，他吃得很少，却总想着让孩子们吃好些。一个大雪漫天的晚上，四个孩子穿上田玉兰新做的棉衣，李金泉带着他们到东安市场的森隆饭庄吃饭，这是几个孩子记忆里最香的一顿饭，而李金泉只坐在一侧，微笑着看儿子们狼吞虎咽，基本没怎么动筷子。

第六章·精诚不散艺长存

李金泉的工作实在太忙了，难得陪伴儿子们，又很少与他们聊天。在孩子们心中，最怀念的就是过年时，父亲会在院子里自己动手做跑马灯，精美、繁复，孩子们围在一旁看，父子们一同呵着白气，院里充满了欢声笑语，然后共同将灯挂到房檐下。或许孩子们怀念的不是那精美的跑马灯，而是灯下父亲的笑容吧。李金泉最喜欢打乒乓球，经常在院子里放上板凳，再铺上木板，中间挡点东西代替球网，搭成一个球台，然后和四个孩子乒乒乓乓地打来打去。后来，李金泉打不动了，四个儿子却成了乒乓好手。老二李思亮在1965年曾获得北京市青少年乒乓球赛亚军，正准备第二年参加全国比赛，可惜因故作罢。老三李思宝在20世纪七八十年代曾代表崇文区参加了北京市举办的各类乒乓球赛事和运动会，并取得了不错的成绩，现从事社会乒乓球培训工作。

:: 1980年，李金泉与孙辈们在家中

　　四个儿子，没有一个继承衣钵，成为京剧演员，旁人经常会为李金泉感到惋惜，然而李金泉却有自己的想法。孩子们的条件是否合适学戏？他们是否喜欢这一行？克绍箕裘当然好，但是作为过来人，李金泉深知这其中要遭受多大的苦楚，并且一切，都要建立在孩子们自己的意愿上。

　　并不是没有机会，1960年，中国京剧院根据院里未来工作发展需要，要招收学员班，长子李思光此时刚过十岁，李金泉也曾考虑过让他去考，但终究是对孩子的发展前景不确定，怕耽误了他的前程，还是放弃了。后来李思光专注学业，被航天部（原七机部）所属科研

:: 1998年10月16日，李金泉（前坐者）与儿子、儿媳及孙辈们合影

:: 孙辈们于祖父李金泉、祖母田玉兰像前合影，右起：李芮、李茗、李菁、李苑、李蓬、李超

第六章·精诚不散艺长存

生产单位招入，成为一名光荣的"航天人"，从事科研生产四十余年。李金泉平生就非常喜爱航天航空，对儿子的发展十分欣慰。"你虽然没干我这行，但是依然很有出息，为建设祖国做了贡献。"

小儿子李思增上小学时，在学校的各种活动中爱唱戏，在野营拉练行军的途中也唱，是学校的文艺骨干。田玉兰也不是没有让孩子搞文艺工作的想法，见小儿子喜欢，就也动了心思，想让他穿上军装当一名文艺兵。恰巧广州军区文工团在京招募学员，有意将李思增招入部队，没想到他因为不愿意离开家和小伙伴，拒绝了，田玉兰向来尊重孩子们的意愿，也只好放弃了。

儿子们没有继承衣钵，没想到在孙辈中出了一个好苗子。李菁，是李金泉的长孙，从小就非常喜欢听戏、学唱，七八岁时便常穿家里旦角的戏装，模仿旦角的表演动作，舞动水袖走台步，李金泉觉得孺子可教，闲暇时就常给孙儿指点一二，还亲自写唱词教李菁学唱《失街亭》的"两国交锋龙虎斗"。学生们也都盼着李金泉的艺术后继有人，提出可以让李菁成为专业演员。但李金泉却对他们说，孩子学习些才艺可以，对他们今后成长有好处，但干艺术这行难度大，唱戏这碗饭不是一般人能端得起来的。

:: 长孙李菁自幼喜爱京剧，得到爷爷李金泉的教授

本来对从艺标准的要求就很高，再加上对孩子的爱护，李金泉并不主张孙子们今后报考戏曲学校再干京剧这一行。可是拦不住孩子喜欢，1985年中国戏曲学院附中招生，学制七年，李菁符合报考年龄，想要报名。正在跟李金泉学戏的成或雯、

蒋莘夫妇多次劝说李金泉同意李菁报考，并在考前教李菁练功。徐美玲、王德林夫妇也在戏校排练厅教授他，徐美玲不顾身怀六甲，几次督练。李金泉见李菁真心喜爱、信念坚定，便也不再坚持。李菁如愿考入中国戏曲学院附中，田玉兰看到自己的孙子终于跨入了梨园行，心中也是安慰。

李菁在毕业后分配到北京京剧院工作，现任北京京剧院舞美中心音频总监和中国舞台美术学会音响专业委员会专家委员，多次出色完成重要的演出任务，得到各级领导和演员们的表扬与信任，在国内音响界得到赞誉。虽然最终还是没有留在舞台上，但他同样成为爷爷的骄傲。

:: 2009年10月24日，"庆贺李金泉先生从艺七十八周年暨九十寿辰"李金泉家属与来宾大合影，前排右起：江新蓉、李金鸿夫妇、李金泉、王金璐、高玉倩、刘长瑜、胡桂英等

三、烨烨荣光

2001年5月26日，时隔三十多年，中国京剧院在人民剧场再度演出《红灯记》，演员、演奏人员均为原班人马，"三代人"平均年龄七十多。演出消息刚一放出，观众们就炸了，一票难求。

中场休息时，场灯亮起，观众们都在激动地交流和回味，一个记者站起来寻找合适的采访对象。她看见在一排观众席的边角，放着一把轮椅，旁边坐着的是一个白发苍苍的老人。行动不便还坚持来看戏，这必须得采访一下，于是她带着摄像来到老人跟前，唤了一声老先生，却发现老人说话似乎有点儿困难。

这时，赵葆秀寻了过来，看见这一幕，不由得心里酸疼了一下。"记者同志，您知道这位老人是谁吗？他就是《红灯记》的主要唱腔设计者之一，为了这出戏做了很多幕后工作的京剧表演艺术家李金泉先生！"记者立刻肃然起敬，而李金泉，只是微微摆了摆手。

演出结束后，李金泉由儿子推着轮椅到了后台化妆室，见见老朋友，表示祝贺。袁世海对他说："这里面有你的功劳！"钱浩梁紧紧握住了他的手，郑重地叫了一声"李老师！"高玉倩把在台上得到的鲜花都放到了李金泉的怀里，便忍不住落下泉来。

:: 2001年9月8日，人民剧场举行"李金泉先生艺术创作、教学成果演唱会"后时任中国京剧院院长吴江（左）、著名节目主持人余声（右）与李金泉合影

李金泉向来是淡泊名利的。在京剧院时，工资调级他总是谦让他人，发表文章时坚持署名靠后，虽为京剧艺术奋斗八十载，却从未出版过自己完整的音像专辑，更别提书籍了，在他近九十岁时，才知

道自己设计的那些唱腔都可以申请著作权。他的心思全放在表演、创作、教学这三件事情上，至于名利，在他心里都是虚妄。

:: 2001年9月8日，"李金泉先生艺术创作、教学成果演唱会"李金泉（中坐者）与演员们合影

年轻的记者已经不知道李金泉是谁，但是京剧界的同人和学生们不会忽略他的贡献和成就。2001年9月8日下午，中国京剧院、北京京剧院为弘扬国粹、振兴京剧，颂扬有突出贡献的老一辈艺术家，并以此激励后辈从艺者，在人民剧场联合主办了李金泉艺术创作及教学成果演唱会。这是一次老旦艺术的盛会，原中国京剧院老领导马少波先生在《光明日报》发表题为《李金泉是老旦艺术革新家》的文章，《人民日报》海外版、《光明日报》、《北京日报》、《北京青年报》等，为此次演出刊登了《八方老旦大会贺金泉》等多篇报道。

演唱会由北京电视台著名节目主持人余声和中国京剧院院长吴江主持。李金泉坐着轮椅，由李菁推着，在满台弟子和学生的簇拥下来到舞台中央，与到场的领导、嘉宾和观众见面，观众们纷纷起立，用掌声和喝彩声向李金泉先生表示崇高的致敬。余声代读了李金泉先生向大家的致谢信，感谢剧院领导、感谢恩师李多奎，感谢帮助和支持过他的人们，并希望弟子、学生为弘扬国粹艺术而努力。

台下高朋满座，原人民日报总编辑、第十三届全国人大常委会副委员长王晨，文化部老领导高占祥出席了演唱会，中国京剧院的老领导和艺术家简朴、王一达、王金璐、杜近芳、李金鸿、景荣庆、赓金群、李世章、曹世才、谷春章、李殿华、孙毓敏、王梦云、王玉珍、刘章寅、郭根森、李广伯、张建民、周桓、赵景勃、魏子晨、吕国庆、吴国宝、赵书城、高牧坤、朱宝光、罗长德、李世英、郭新生、马同驹、丁本亮等也都坐在席间。

第六章·精诚不散艺长存

:: 2001年9月9日,李金泉艺术创作、教学成果座谈会,上图马少波发言,下图袁世海发言

:: 2001年9月9日,李金泉艺术创作、教学成果座谈会,吴江发言

:: 2001年9月9日,李金泉艺术创作、教学成果座谈会,刘长瑜发言

台上,是李金泉的亲传弟子和再传弟子,听着这两代老旦演员轮番演唱自己的代表剧目,演绎自己编创的唱腔,李金泉心中激动。自己努力了一辈子,盼望的不就是此刻老旦行的生机勃发吗?

演唱会的第二天,2001年9月9日,教师节的前夕,在北京柳泉居饭庄举行了李金泉艺术创作、教学成果座谈会。

会前,嘉宾们现场泼墨。著名书画家李滨声、孙以增、徐进,天津画院院长王峰、副院长李志强,天津杨柳青和祥龙画院王洪增、李祥龙,天津警备区文化中心主任范余曾等先生用丹青描摹了李金泉在《岳母刺字》《罢宴》《李逵探母》中的人物画像,马少波先生赠"老旦泰斗,桃李满园"题词。

研讨会由中国京剧院高牧坤主持,李金泉家属代表父亲向到会嘉宾深致谢意。

中国京剧院院长吴江,中国戏曲学院院长周育德,北京戏曲学校校长孙毓敏,北京京剧院院长王玉珍,上海戏曲学校校长王梦云,中国京剧院老领导马少波,京剧表演艺术家袁世海、杜近芳、刘长瑜及李金泉的弟子王晶华、赵葆秀、刘莉莉、袁慧琴、郭跃进、温娜、陶勇君等出席研讨会并发言。中国京剧院党委书记刘孝华、副院长赵书成，北京京剧院党委书记刘胜利、戏曲评论家周桓、中国京剧院作曲家李广伯及李金泉先生弟子和学生刘桂欣、周冬英、周力、王玉梅、顾艳秋、谭晓令、景寿林、成彧雯、王桂英、王树森，中国京剧院和北京京剧院机关工作人员及家属代表等七十余人同时出席研讨会。

各位专家和艺术家都分析和总结了李金泉的艺术成就，认为在长达半个多世纪的不同历史阶段，李金泉先生在京剧表演艺术、音乐唱腔设计和戏曲艺术教育上都取得了令世人瞩目的艺术成就，为京剧艺术事业和弘扬民族优秀文化做出了杰出贡献。他在忠于传统的基础上，精于借鉴、勇于创新，将老旦艺术进一步性格化、人物化，把老旦从配角地位推向主角地位。李金泉的艺术风格起到了不可替代的承前启后的作用，他也是京剧老旦艺术发展史上具有里程碑意义的人物。

得此成就，李金泉深厚的传统艺术积淀是

:: 2001年9月9日，李金泉艺术创作、教学成果座谈会，上图杜近芳发言，下图王梦云发言

:: 2001年9月9日，李金泉艺术创作、教学成果座谈会，上图王晶华发言下图赵葆秀发言

"基础";他高妙的艺术造诣是"条件";他勇于探索创新的精神是"灵魂";他高贵的品德和敬业精神是"保证"。来宾们赞颂了李金泉先生一生为京剧艺术事业呕心沥血、尽心竭力、鞠躬尽瘁的精神和为人正直憨厚、谦虚和蔼、不图名利、诚挚待人的品德,是一位令人尊敬的德艺双馨的艺术家。

:: 摄于2001年9月,李金泉先生艺术创作、教学成果演唱会

2008年2月19日,北京晚报刊登了"15位京剧名家成国家级非遗传承人"的报道。他们是中国京剧院74岁的李世济、83岁的张春华、72岁的刘秀荣、65岁的刘长瑜、87岁的李金泉、75岁的杜近芳、71岁的杨秋玲、60岁的李维康以及北京市78岁的谭元寿、73岁的梅葆玖、67岁的孙毓敏、79岁的赵燕侠、64岁的叶少兰、88岁的王金璐和66岁的李长春。这15位艺术家代表京剧界首次入选国家级非物质文化遗产项目代表性传承人并被列入第二批国家级非遗传承人

:: 2008年2月,李金泉被文化部评为首批"国家级非物质文化遗产京剧代表性传承人"的证书、证章

:: 2008年2月,李金泉被文化部评为首批"国家级非物质文化遗产京剧代表性传承人"的奖杯

:: 2010年2月4日，在国家京剧院举行"国家级非物质文化遗产京剧代表性传承人命名仪式"，国家京剧院院长宋官林（二排左一）、党委书记刘孝华（二排右二）、副院长尹晓东（二排右一）与九位京剧代表性传承人及其弟子代表等合影。前排左起：王晶华、张春孝、刘长瑜、杜近芳、张春华、李金泉、李世济、刘秀荣、李维康

名单中。他们是掌握并承载着京剧艺术技艺和精神的传承人，是京剧代代相传的代表性人物。国家相关部门将鼓励和支持他们开展传习活动，切实做好京剧保护工作，弘扬中华文化，建设中华民族共有精神家园。

2009年10月7日，央视十一频道《戏曲采风》节目播放了"李金泉的艺术人生"的专题节目，导演张冉。节目通过多渠道、多角度展示了李金泉的艺术人生。

:: 2009年4月1日，左起：梅葆玖、李金泉、汪锦生、谭元寿

:: 2009年4月1日，李金泉（左）与欧阳中石合影

:: 2009年4月1日，李金泉（左）与北京京剧院院长王玉珍合影

2009年10月24日，李金泉先生家属在北京丰泽园饭庄举办了"庆贺李金泉先生从艺七十八周年暨九十寿辰"活动。丰泽园二楼宴会大厅正面上方悬挂红色的横幅和大大的寿字，鲜花和花篮芬芳艳丽，李金泉的经典唱段在大厅内回响，一派隆重和喜气。

:: 2009年10月24日，"庆贺李金泉先生从艺七十八周年暨九十寿辰"来宾合影。前排左起：于泓濡、温娜、谭晓令。二排左起：周冬英、邢国瑞、刘长瑜、高玉倩、王金璐、李金泉、李金鸿夫妇、江新蓉。三排左起：尹晓东、刘孝华、于军、马同驹、赵景勃、张永和、钮骠、刘亮、孔雁、沈世华、张关正、卢子明、刘桂欣。后排左起：王桂英、王树森、赵书成、靳学斌、郭跃进、赵葆秀、白福恩、袁慧琴、杜福珍、康茁、周斌杰、陈晓敏

王金璐、李金鸿夫妇、高玉倩、江新蓉、刘长瑜、孙毓敏、王玉珍、钮骠、沈世华、孔雁、刘亮、吴江、刘孝华、赵书成、尹晓东、刘胜利、李滨声、张永和、赵景勃、张关正、马同驹、卢子明、封杰、裴毅、中国火箭技术研究院领导和科技专家陈珂、和谐君源董事长齐彦忠、华融公司副总裁廖青、国土资源部王淑英和李金泉的弟子、学生赵葆秀、杜福珍、刘莉莉、刘桂欣、于军、袁慧琴、周冬英、于泓濡、郭跃进、谭晓令、白福恩、温娜、王桂英、王树森及李金泉先生的弟弟李景富、刘仲兰夫妇，弟媳胡桂英，妹妹李曼琴等亲属和好友一百五十余人到场庆贺。

第六章·精诚不散艺长存　231

:: 2009年10月24日,"庆贺李金泉先生从艺七十八周年暨九十寿辰"李金泉与来宾们合影。前排左起:王金璐、李金泉、李金鸿。后排左起:孙毓敏、杜福珍、高玉倩、于军、欧阳中石、刘长瑜、谭孝曾、李滨声

:: 2009年10月24日,"庆贺李金泉先生从艺七十八周年暨九十寿辰"中四位中华戏校老校友欢聚。左起:高玉倩、王金璐、李金泉、李金鸿

:: 2009年10月24日,"庆贺李金泉先生从艺七十八周年暨九十寿辰"刘长瑜发言

:: 2009年10月24日,"庆贺李金泉先生从艺七十八周年暨九十寿辰"张永和发言

:: 2009年10月24日,"庆贺李金泉先生从艺七十八周年暨九十寿辰"原中国京剧院院长吴江、京剧表演艺术家高玉倩发言

:: 2009年10月24日，"庆贺李金泉先生从艺七十八周年暨九十寿辰"欧阳中石先生书"寿"幅题贺

:: 2009年10月24日，"庆贺李金泉先生从艺七十八周年暨九十寿辰"李滨声先生书题祝贺

:: 2009年10月24日，"庆贺李金泉先生从艺七十八周年暨九十寿辰"孙毓敏发言

:: 2009年10月24日，"庆贺李金泉先生从艺七十八周年暨九十寿辰"钮骠发言

:: 2009年10月24日，"庆贺李金泉先生从艺七十八周年暨九十寿辰"王金璐发言

:: 2009年10月24日，"庆贺李金泉先生从艺七十八周年暨九十寿辰"李金鸿发言

第六章·精诚不散艺长存　233

欧阳中石先生特意赶到现场，送上亲手书写的"寿"字，谭孝曾带来父亲谭元寿赠送的花篮，李滨声先生书"仁者益寿，艺术长春"，马少波先生书"人逢九秩正华年"贺词以表祝贺。

2011年1月11日上午，中国戏曲表演学会在北京梅兰芳大剧院隆重举行向十八位京剧艺术家授予"终身成就奖"活动。孙毓敏主持并代表中国戏曲表演学会讲话，在授奖贺词中讲道：在京剧艺术的发展历程中，从20世纪40年代，涌现出一批卓越的表演艺术家，他们沿着四大名旦和四大须生的足迹，创造了京剧史上新的辉煌篇章，留下了一批久演不衰的经典剧目，丰富并发展了京剧的表演技艺，建立了承上启下的历史功勋，为京剧这一世界文化遗产的繁衍和传承做出了杰出的贡献。为表彰他们的历史功绩，树立他们辉煌的

:: 2011年1月11日，中国戏曲表演学会"终身成就奖"颁奖仪式于梅兰芳大剧院举行。获奖者前排左起：李韵秋、江新蓉、李金泉、谭元寿、赵燕侠、王金璐、杜近芳、李慧芳、李世济、张春华、迟金声、马崇仁与中国戏曲表演学会领导及来宾们合影。

楷模风范，中国戏曲表演学会，经过审慎的提名，严格的评议，向赵燕侠、吴素秋、杜近芳、王金璐、李慧芳、王则昭、谭元寿、张春华、梅葆玖、李世济、李金泉、赵慧秋、李元春、李韵秋、李荣威、江新蓉、迟金生、马崇仁授予中国京剧"终身成就奖"，以表示对他们的崇敬和感激之情，永远不忘他们在京剧历史上的卓越功勋。

:: 2011年1月11日，中国戏曲表演学会"终身成就奖"颁奖仪式，左图：李金泉（右）与赵燕侠（左）；右图李金泉（右）与张春华（左）

:: 2011年1月11日，中国戏曲表演学会"终身成就奖"颁奖仪式，左图：李金泉（右）与李慧芳（左）；右图李金泉（右）与李世济（左）

:: 2011年1月11日，中国戏曲表演学会"终身成就奖"颁奖仪式，李金泉（右）与杜近芳（左）

:: 2011年1月11日，李金泉获中国戏曲表演学会颁发"终身成就奖"

2020年，是李金泉的百年诞辰，11月21日，数十位李金泉的亲传弟子和再传弟子从全国各地汇集北京梅兰芳大剧院，用一场"纪念京剧大家李金泉先生诞辰百年演唱会"来表示对恩师的怀念和感恩。演唱会由余声和宋小川主持，赵葆秀、袁慧琴、郭跃进、刘莉莉、成彧雯、刘桂欣、杜福珍、于军、周力、任芳华、于泓濡、贺敏、张文洁、谭晓令、孙丽英、黄丽珠、翟墨、康静、李宏、侯宇、吴雪靖、张兰、毕小洋、郭瑶瑶、张召君、杨杨、易艳、邱璇、王中女、崔冉、周丽娟、赵娟娟、金施睿、胡静、魏玉慧、王惠、李卢、耿金芝，两代新李派传人悉数登场，谭孝曾、孟广禄、王蓉蓉、耿巧云、谭正岩、张浩洋、付佳作为特邀嘉宾倾情助唱。《岳母刺字》《罢宴》《李逵探母》《雏凤凌空》《响马传》《三关宴》《八珍汤》《金龟记》《谢瑶环》《白毛女》《红灯记》《沙家浜》《平原作战》《奇袭白虎团》，这些戏中的经典唱段观众们早已耳熟能详，而每一段演唱的字幕上都有

:: 2020年11月21日晚，国家京剧院于梅兰芳大剧院主办"纪念京剧大家李金泉先生诞辰百年"演唱会，会后参演的弟子、学生及家属在台上合影

:: 2020年11月21日晚，国家京剧院于梅兰芳大剧院主办"纪念京剧大家李金泉先生诞辰百年"演唱会，李金泉亲属合影

第六章·精诚不散艺长存　237

一行醒目的字：唱腔设计李金泉。

最后集体演唱《岳母刺字》选段结束，如雷般的掌声渐渐平息，灯光暗下，一段李金泉亲唱的《罢宴》录音在剧场中响起。灯光再次亮起，李金泉的巨幅人像在一片桃李芬芳中缓缓从天幕降下，三十八名弟子鱼贯而出，集体向老师鞠躬。这是新李派在传承中的历史时刻，若李金泉能看到这一幕，定然会微笑着欣慰颔首。

:: 2020年11月21日晚，国家京剧院于梅兰芳大剧院主办"纪念京剧大家李金泉先生诞辰百年"演唱会海报

这场演唱会是李金泉在表演、作曲和传承上艺术成就的直观展示，"京剧大家"，实至名归，而台上仍在传承的代表剧目和这满台的桃李硕果，就是李金泉一生的烨烨荣光。

四、余韵悠长

自从1998年罹患脑血栓之后，原本生活中就不多语的李金泉更加沉默寡言，只有家人有意或无意地问一些京剧的唱腔问题时，他才会精神猛得振作起来，甚至还能哼唱几句。家人为了让他练说话，开始让他念报纸，但是念不清楚，声音小，底气也上不来。后来家人试着让他用京剧念白来练习，从《钓金龟》的【引子】开始，"家无隔宿粮……"神奇的事情发生了，同样是说话发声，他却能将念白念得清晰有力。对京剧他有着深入骨血的挚爱和执着，念白已成了他的本能。

:: 1997年，元月李滨声先生为李金泉题贺

2012年1月9日，李金泉刚出院没几天，又再次入院医治。1月11日，医生对家属说：病人整体状况不是太好，已通过静脉及胃肠输入营养液，但家属要有个思想准备。

赵葆秀、赵书成夫妇1月16日晚上刚从石家庄演出完返京，即刻请了好友、中医李大夫到病房为李金泉老师配合治疗，1月19日，他们参加完上海春节戏曲晚会后乘机回京，又立即驾车去接李大夫到病房为李金泉老师诊治，直至深夜。李大夫提出最好能用名贵的"血燕"予以滋补，配合中医治疗，第二天一早，赵葆秀、赵书成夫妇即送来自家的"血燕"让老师服用。

学生尽全力想要将这必然的永别延后再延后，无

:: 《李金泉先生像》，著名画家董辰生先生于20世纪70年代初作

奈还是到了最后的时刻。1月21日晨，除夕的前一天，李金泉的心脏骤然停止了跳动，安详地离开人世，享年92岁。

正在车上的赵葆秀接到噩耗，悲痛地哭了一路。昨晚她还看望过师父，没想到那竟然就是最后一面。

李金泉的去世，牵动着喜爱他的戏迷的心，也牵动着与他共事的同事和朋友们的心。大年三十，国家京剧院创研部主任吕慧军还在起草李金泉先生"艺精德劭，成就卓著"的悼文，宋官林院长在最后一段亲笔写道"李金泉先生学为人师，行为世范，风清气正，德高望重。他崇高的艺德人品为后人敬仰，他不朽的艺术脉搏将永远与国家京剧院的艺术之河相伴，与京剧艺术相伴，他波澜壮阔的艺术人生永载京剧艺术史册！"

1月26日至28日，国家京剧院院办等部门领导和工作人员放弃春节休息，加班准备告别仪式的系列工作，宋官林院长28日亲自到国家京剧院检查准备工作。李金泉家属代表也到场对他们表示衷心感谢。赵葆秀、赵书成夫妇帮助家属料理李金泉先生的后事。

1月29日上午10时，八宝山革命公墓东厅礼堂庄严肃穆，礼堂正厅上方悬挂着黑底白字的横幅"沉痛悼念李金泉先生"，李金泉先生的遗体安卧于鲜花翠柏丛中，身上覆盖着鲜红的中国共产党党旗。

党和国家领导人朱镕基、丁关根对李金泉先生的逝世表示哀悼，对其家属表示慰问并向李金泉先生敬送花圈。

李金泉先生逝世后，张百发、刘晓晨及孟祥林等有关方面负责同志，全国政协京昆室、中宣部文艺局、文化部办公厅、文化部艺术司、文化部非遗司、中国戏剧家协会、中央电视台戏曲频道、国家京剧院、中国戏曲学院、中国戏曲学院京剧流派班、北京人民广播电台、北京京剧院、天津京剧院、天津青年京剧团、上海京剧院、湖北京剧院、山东省京剧院、沈阳京剧院、黑龙江省京剧院、江苏省京剧院等单位，国家京剧院党委书记刘孝华、原院长吴江、副院长于魁智，国家京剧院一团、二团、三团、舞美中心，著名艺术家和理论家谭元寿、梅葆玖、李世济、杜近芳、张春华、王金璐、高玉倩、吴钰璋、王晶华、王梦云、曲素英、沙淑英、王椿立、李崇善、龚和德、张永和、李滨声、王鹤文、余声、张德林、曲咏春、朱世慧、陈俊杰、孟广禄、迟小秋、杜镇杰等敬送花圈或通过其他方式表示悼念。

国家京剧院院长宋官林、副院长尹晓东、顾问赵书成，文化部离退休人员服务中心主任陆耀儒、党委书记白永新，北京京剧院院长李恩杰、党委书记刘胜利、副院长刘宇辰，中国京剧艺术研究所所长赵景勃、副所长张关正，李金泉的恩师李多奎先生的女儿女婿李世英、王淼，著名艺术家、社会知名人士及李金泉先生生前友人阎肃、刘长瑜、马长礼、小王玉蓉、钱浩梁、冯志孝、李维康、耿其昌、孙毓敏、钮骠、沈世华、李鸣岩、孔雁、刘亮、孔新垣、孙洪勋、王志勤、高牧坤、王玉珍、常建忠、刘章寅、燕守平、马小曼、张建民、谭孝曾、阎桂祥、刘桂欣、郭永江、卢子明、马同驹、罗长德、朱宝光、安云武、王蓉蓉、李宏图、杜鹏、王展云、康秉钧、李世英、郭新生、李权、费玉明、景琏琏、李爱珍、李嘉存、张静、谭正岩、李孟嘉、张冉、吴海龙、刘学文、裴毅、康苪、娄悦、崔迎春、齐彦忠、王淑英、武战胜、王珂、赵谱云、王利忠，李金泉先生弟子、学生赵葆秀、刘莉莉、袁慧琴、郭跃进、杜福珍、林雅雯、周冬英、任芳华、白福恩、蒋莘、温娜、于泓濡、周力、张文洁、贺敏、吕昕、王桂英、王树森、谭晓令、张岚、于军、胡根萍、高淑娟、张镜艾、李丽萍、沈文莉、翟墨、康静、温雪竹、吴雪靖等及李金泉先生的子女单位领导、同事和各界人士近五百人在李金泉先生创作、演唱的经典唱段声中送别李金泉先生，对先生的逝世表示沉痛哀悼，并向家属表示慰问。

1月30日新闻媒体等单位对此做了专题报道，题目为"送别京剧老旦新李派创始人李金泉先生"。

李金泉先生遗体火化后,骨灰送到昌平区佛山陵园与夫人田玉兰墓合葬。墓碑后面镌刻着纪念李金泉先生生平碑文。家人亲属及弟子、学生、友人六十余位最后送别了李金泉先生。

李金泉告别了他心心念念的京剧艺术,告别了他寄予厚望的弟子学生,从艺八十年,他看到了京剧老旦行的发展和繁荣,完成了师父的期望,实现了自己的初心,人生已是圆满。他应是走得轻快的,要去寻他的一心人团聚了。

斯人已去,艺术永生。

一曲终了,余韵悠长。

∷ 李金泉(1920—2012),1975 年 1 月 19 日 吴印咸摄赠

李金泉先生年谱

∴ **1920 年**

李景泉（李金泉）祖籍安徽石埭县，父李云山，母马氏，继母陈氏。10 月 16 日（农历九月初五）生于北平前门东珠市口西胡营的一个大家庭，乳名泉子，李门长子。

∴ **1927—1928 年**

北平前门西珠市口留学路私塾学习。受家庭环境影响熏陶，七岁时跟父李云山学唱京戏。

∴ **1929—1931 年**

北平东晓市第十六小学读书（二、三年级），与老旦名家龚云甫之孙龚继云为同窗好友。

1931 年秋末考入中华戏曲音乐专科学校。

∴ **1932 年**

初春，入中华戏曲音乐专科学校。校址位于北平崇文门木厂胡同。按校规，排"金"字科，改名李金泉。分配学习老旦行当。在开蒙教师文亮臣先生教授下，8 月第一次演出了《游六殿》。

9 月后，与赵金年、张德蕙、赵金蓉、王和霖、关德咸、侯玉兰等先后于北平吉祥戏院演出《桑园会》《双探母》《母女会》等。

∴ **1933 年**

随中华戏校于北平演出《滑油山》等剧目。秋冬随中华戏校赴天津演出。本年获中华戏校文化教授的个人奖励。

∴ **1934 年**

1 月 7 日，与侯玉兰于北平吉祥戏院演出由刘俊峰、律佩芳先生教授的《别皇宫》。

4 月 12 日，于北平吉祥戏院演出由刘俊峰先生教授的《钓金龟》。

7 月 12 日，于北平吉祥戏院与李和曾、郭金垣、马金柱演出《大名府》。

9 月 1 日，中华戏校建校四周年，程砚秋、焦菊隐、金仲荪等戏校领导同戏校学生们合影纪念。

∴ **1935 年**

春，中华戏校校长焦菊隐先生被派往国外考察，金仲荪先生继任中华戏校校长。随中华戏校于北平演出。

∴ 1936 年

学艺和演出成绩突出，获中华戏校学员全年实习成绩评奖第一名、获奖助金和铜镇尺、铜墨盒等奖品。

中华戏校为扩建将校址迁至北皇城根椅子胡同。改善了中华戏校的教学环境。

∴ 1937 年

年初，嗓子"倒仓"，时间很短就渡过了"倒仓"关。

上半年随中华戏校演出。参加翁偶虹先生改编《宏碧缘》剧目的排演。

七七事变后，中华戏校停课放假回家，数月后返校复课。

∴ 1938—1939 年

于北平广和戏院等剧场演出《打龙袍》《太君辞朝》《焚绵山》《探窑》《别母乱箭》《斟情记》《火烧红莲寺》《得意缘》《四进士》及王瑶卿先生排演的八本《雁门关》等剧目。还有程砚秋先生排演的程派名剧《花筵赚》《碧玉簪》《玉狮坠》及翁偶虹先生新编或改编的《宏碧缘》《凤双飞》。

1938 年，获戏校全年评奖实习成绩第一名，获得奖助金和奖品。

1939 年，继母陈氏于北平病逝。

∴ 1940 年

秋末，为阻止敌伪机关收编中华戏校，中华戏校宣布解散，李金泉学艺八年届满毕业，时年 20 岁。在校期间还得到徐寿琪、时青山、蔡荣贵等先生的教授。曾担任助教两年，给同学排练老旦戏，帮助李玉茹等排练《孔雀东南飞》《牧羊圈》等。并给李玉茹、侯玉兰等旦角们演出的剧目设计唱腔。随中华戏校多次赴天津及青岛演出。

冬初，参加以李玉茹为头牌，集中一批戏校高才生的如意社。11 月下旬，与李玉茹、王金璐、储金鹏等于长安戏院首演《琥珀珠·同命鸟》。后于广德楼、华乐戏院演出《钓金龟》。

∴ 1941 年

农历 12 月 23 日，随如意社应上海黄金大戏院之邀赴上海演出。

如意社于大年初一，昼夜演出。与纪玉良演出《雪杯圆》。期间演出《鸿鸾禧》《龙凤呈祥》《朱痕记》《美人鱼》等。还与上海京剧名角们先后演出了《断太后》、全部《王宝钏》、《穆桂英》、《朱痕记》、《牧羊山》、《孔雀东南飞》、《美人鱼》、《凤双飞》等。与小生储金鹏、老生郭和湧、丑行张金樑被上海观众称为"四小金刚"。

2 月，如意社载誉返回北平。于北平广德楼、华乐、长安等戏院分别搭班演出。

夏，拜时青山先生为带道师，参加梨园公会。随奚啸伯、侯玉兰的忠信社赴青岛演出，经闻佐斌先生引荐拜李多奎先生为师,并被收为义子。夏季同奚啸伯赴天津中国大戏院演出。下半年于北平与李玉茹、金少山、杨宝森等班社多地演出。

∴ 1942 年

上半年起,随杨宝森宝华社先后赴沈阳、哈尔滨、上海等地演出。夏季,随奚啸伯到天津演出。年底随杨宝森、郑冰如赴上海天蟾舞台演出,与郑冰如、贾松龄演出全部《荒山泪》。

初冬,与夫人田玉兰于北平安徽石埭会馆举行婚礼。

∴ 1943—1944 年

1943 年 1 月 1 日,于上海天蟾舞台与杨宝森、林秋雯、王泉奎、刘砚亭等演出全部《伍子胥》。

2 月中旬至 3 月中旬,于上海天蟾舞台与李少春、白玉薇、王泉奎、罗荣贵、艾世菊、李洪春、高维廉等演出了全部《洪羊洞》《四郎探母》《太君辞朝》《滑油山》《徐母骂曹》《断太后》《打龙袍》《八大锤》《春秋配》《薛平贵与王宝钏》《得意缘》《花田错》等。

1944 年 10 月,于上海天蟾舞台演出老旦本工戏,还同陈永玲、王铁侠、张春华、储金鹏、贾松龄、郭元汾、关正明等演出了《春秋配》《酒丐》《四郎探母》《岳家庄》等。

两年间,还在北平与李世芳、张君秋、黄玉华、徐东明等搭班演出。随杨宝森、李盛藻、王玉蓉等到济南、天津演出。与王铁瑛拍摄了《孔雀东南飞》戏曲电影一部。

∴ 1945 年

春后,于北平与李少春、叶盛章、叶盛兰、杨荣环等班社轮流演出。抗日战争胜利后,参加梨园公会组织的社会演出活动。

∴ 1946 年

在北平与合作过的班社轮流搭班演出。

随尚小云、李少春、杨荣环、袁世海等于天津中国大戏院、北洋影剧院及唐山演出。年末随荀慧生到西安演出。

∴ 1947 年

上半年于北平轮流搭班演出。夏季先后随荀慧生、谭富英到沈阳演出。年末随梅兰芳赴上海演出。

∴ 1948 年

4 月上旬至 5 月上旬,于上海天蟾舞台与梅兰芳、杨宝森、姜妙香、俞振飞、茹富蕙、魏莲芳、陈永玲、王少亭等演出《四郎探母》《红鬃烈马》。还演出了《游六殿》《断太后》《打龙袍》。后应南京介寿堂经理华子献之邀于南京先后与李玉茹、李丽芳、顾正秋合作演出五月余。因南京时局紧张,婉拒顾正秋去台湾演出之邀,经李玉茹帮助,乘船由上海返回北平。

∴ 1949 年

3 月,与杨宝森、尚小云、筱翠花、马富禄、陈永玲、梁慧超、贯盛习、尚长春、尚长麟、尚富霞、李金鸿、沈金波、赵德勋、孙盛文等分别于北平华乐戏院、长安戏院、三庆戏院演出了《探母回令》、全部《铁镜公主》、《长寿星》、《钓金龟》、《八大锤》等。

参加焦菊隐先生领导组织的中华戏校校友京剧团。3月25日，于北平东单美琪电影院演出新排的剧目《九件衣》。后于北平开明戏院、东单美琪电影院、华乐戏院演出了多场《九件衣》、《桃花扇》及新的《蝴蝶梦》等。还随中华戏校校友京剧团赴天津演出。

4月8日，中国文化界发表宣言，反对以美国为首的侵略集团，响应召开世界拥护和平大会，与焦菊隐、翁偶虹、沈三玉、王金璐、沈金波、李金鸿、高玉倩、李宗义、华世香等纷纷在宣言上签名响应。

8月，参加北平文艺处主办的戏曲艺人讲习班学习。夏末参加李少春组织的起社剧团。

9月，随起社剧团于吉祥、长安、华乐等戏院与李少春、袁世海等演出《智激美猴王》、《野猪林》。与赵蕴秋等演出《金锁记》《斩窦娥》《春秋配》等。

9月末，随起社剧团赴天津、上海、无锡、南京演出。

∴ 1950年

春末，随起社剧团赴天津中国大戏院演出。

3月16日，于北京吉祥戏院与奚啸伯、侯喜瑞、李桂云、李少春、刘连荣、萧长华、叶盛章、杨荣环、孙毓堃、孙盛武、江世玉、黄元华等演出大合作戏《龙凤呈祥》《王春娥》《大三岔口》。

4月27日，于北京长安戏院与言慧珠、萧长华、贯盛吉、梁慧超、姜铁麟、贾世珍、魏三奎等为戏曲讲习班同学会筹募基金演出《凤还巢》《挑滑车》《打棍出箱》。

5月29日，于北京大众剧场与李少春、袁世海等首演全部《将相和》。

6月1日，李少春领导的起社与叶盛章领导的金升社合并，成立新中国实验京剧团，任业务组组长。

7月4日，于北京大众剧场参加新中国实验京剧团为救济北京朝外辅华火药厂被难工人家属等筹款义演全部《将相和》。

7月24日，于北京大众剧场与新中国实验京剧团首演新编明代农民反霸剧目《云罗山》。

10月26日，随新中国实验京剧团赴天津、沈阳演出。返京后于北京大众剧场与娄振奎为四省水灾筹衣义演《遇皇后》《打龙袍》。

12月8日，于北京大众剧场参加全国戏工会议暨京剧研究院、戏曲实验学校、新中国实验京剧团为庆祝北朝鲜胜利并慰劳志愿军部队联合义演，与秦友梅等演出《春秋配》。

年底，随新中国实验京剧团赴山西太原演出，负责演出前站的事务安排工作。

∴ 1951年

年初，随新中国实验京剧团赴河北石家庄、河南开封演出。返京后于北京吉祥、长安戏院、大众、民主剧场演出《长寿星》《望儿楼》《红娘》《夜奔梁山》《云罗山》等。4月3日，中国戏曲研究院成立。毛泽东主席为之题词"百花齐放，推陈出新"。

5月3日起，随新中国实验京剧团于北京大众、民主剧场、长安戏院连续九场上演新编戏《虎符救赵》，并为北京市戏曲界抗美援朝捐献义演。

夏初，随新中国实验京剧团赴大连、沈阳、哈尔滨、齐齐哈尔等地演出。为东北和黑龙江省戏曲学校学生授课、排戏，获戏校授予锦旗。

11月1日，随新中国实验京剧团参加中国戏曲研究院领导下的京剧实验工作团第一团，担任剧务科领导下的教育股副股长。

年末，随中国戏曲研究院京剧实验工作团第一团于北京长安戏院、大众剧场演出《孙悟空大闹天宫》《辕门斩子》《牧羊圈》《望儿楼》《盗银壶》等。

∴ 1952年

1月20日、2月3日，随中国戏曲研究院京剧实验工作团第一团于北京大众剧场、吉祥剧院分别演出了《将相和》《徐母骂曹》。

5月31日，随中国戏曲研究院京剧实验工作团第一团于北京大众剧场与李少春等演出《新闹天宫》。

6月，中国戏曲研究院京剧实验工作团第一团一分为二，为第三京剧团演员，调任研究组副组长。

10月6日至11月14日，第一届全国戏曲观摩演出大会在京举行。

10月28日，随第三京剧团与李少春、叶盛章、李洪春、娄振奎等演出《宋景诗》，获表演三等奖。

受院团委派担任部分行政管理工作。

∴ 1953年

1月12日，随中国戏曲研究院京剧实验工作团第三京剧团于北京大众剧场演出《云罗山》。

1月15日，应天津市总工会之邀，随中国戏曲研究院京剧实验工作团第三京剧团在天津第一工人文化宫为天津工人义务演出。

2月20日、21日，应马连良剧团邀请，与袁世海、江世玉、李幼春、骆洪年、李元瑞、鲍盛启等于大众剧场、中和剧院助演全部《将相和》。

3月，中国戏曲研究院所属京剧实验工作团一、二、三团合并为中国京剧团，担任演员兼导演教练科副科长。

5月10日，随中国京剧团于北京长安戏院与袁世海等演出《黑旋风》。

10月8日，随中国京剧团于北京中和剧院与江新蓉、李和曾演出《朱痕记》。

10月19日，中国京剧团于北京大众剧场首演其代表剧目《岳母刺字》，由范钧宏、吴少岳编剧，李金泉饰岳母，李世霖饰岳飞，任玉砚饰岳夫人。李金泉设计了岳母唱腔。

本年，除演出本工老旦戏外，还参加了《云罗山》《凤还巢》《牛郎织女》《鱼肠剑》《刺王僚》《辕门斩子》《徐良出世》《孔雀东南飞》等多场演出。

∴ 1954 年

元月，随中国京剧团于北京民主剧场、长安戏院、吉祥剧院演出《岳母刺字》《打龙袍》《甘露寺》《反徐州》等。

春，随中国京剧团第三队赴云南、贵州、四川、西康慰问中国人民解放军、地方学校、少数民族同胞活动，历时 5 个月。多次演出《岳母刺字》及其他剧目。7 月 9 日返回北京。

7 月 19 日，于北京西单剧场与袁世海、李和曾演出《除三害》。月末，于中和剧院演出了《辕门斩子》《闹天宫》等。

9 月 20 日起，随中国京剧团参加庆祝国庆，招待第一届全国人大代表、国际友人和受阅部队的演出。

10 月起，在北京西单剧场、吉祥戏院演出《遇皇后》《除三害》等剧目。

∴ 1955 年

1 月 10 日，中国京剧院于北京成立。为中国京剧院三团演员和艺术组成员。后于北京西单剧场，吉祥等戏院演出了《彩楼记》《秦香莲》《除三害》《朱痕记》等。

5 月 6 日、7 日，中国京剧院为北京人民剧场开幕，梅兰芳、俞振飞、姜妙香先生演出了《奇双会》《贵妃醉酒》。与李世霖演出了《岳母刺字》，与梅葆玖、景荣庆演出了《辕门斩子》。

5 月 8 日起，于北京人民剧场参加中国京剧院三团访问印度、缅甸归国演出。

11 月 28 日，中国京剧院三团于北京人民剧场首演其代表剧目《罢宴》，由吴少岳编剧、邹功甫导演，李金泉饰刘婆，张元智饰寇准，李金泉设计了刘婆唱腔。

∴ 1956 年

1 月至 5 月初，于北京演出多场《岳母刺字》《罢宴》。与李少春、江新蓉、袁世海、李和曾等分别演出《秦香莲》《除三害》等。

4 月 30 日，批准为中国共产党预备党员。入党介绍人袁广和、刘宪华。

5 月 16 日，应"朝日新闻"社邀请，随梅兰芳为团长的中国访日京剧代表团离京赴日本。

5 月 30 日，在东京歌舞伎剧场开幕演出。31 日演出《寇准罢宴》，同场演出剧目有《雁荡山》《人面桃花》。随代表团在日本大阪、京都、名古屋、福冈和八幡等地演出。7 月中旬代表团由日本东京羽田机场乘飞机取道香港回国。

9 月起，于北京劳动、人民、民主、后勤剧场演出老旦本工戏外，还演出了《铡美案》《凤还巢》《金水桥》《彩楼记》等。

10 月 15 日，于北京中山公园与付德威、周和桐、王和霖、王金璐、李玉茹、高玉倩等 32

位中华戏曲学校校友欢聚并合影留念。

∴ 1957 年

春，于北京演出《罢宴》《钓金龟》《岳母刺字》。与雪艳琴、娄振奎、高玉倩、江世玉等演出《金水桥》《彩楼记》。

3月30日，中国京剧院三团于北京天桥剧场首演其代表剧目《李逵探母》，由翁偶虹、袁世海编剧，樊放、袁世海导演，李金泉饰李母，袁世海饰李逵，李金泉设计了李母的唱腔。

5月1日，正式加入中国共产党。

秋末，同程砚秋先生到中南海怀仁堂给周恩来总理等中央领导同志演出了《六月雪·探监》一折，周总理接见了演员们，这是程砚秋先生的最后一次演出。

年底前于北京人民、大众剧场、东郊区北京工人俱乐部、中山公园音乐堂、圆恩寺影剧院演出了多场《李逵探母》《岳母刺字》。还与李少春、侯玉兰、江世玉、江新蓉等演出了《闹天宫》《望江亭》《窦娥冤》《秦香莲》等。

∴ 1958 年

元旦期间，随中国京剧院三团到北京通州专区为工农兵演出了《钓金龟》《除三害》。后与李少春、袁世海、娄振奎、骆洪年等到北京市东单区建国门外挖建人工湖工地为几百名义务劳动者慰问演出。

3月22日，于北京人民剧场与李少春、袁世海、杜近芳、叶盛兰等演出新编现代京剧《白毛女》。周恩来总理出国访问回京，亲临剧场观看。为剧中大春娘设计唱腔并参加剧中人物的唱腔设计。

3月底，中国京剧院进行组织调整，一团、三团合并，为中国京剧院一团演员，一组组长，副组长是李金鸿。

5月20日，随中国京剧院一团到北京十三陵水库工地慰问演出。

夏秋，随中国京剧院一团先后赴内蒙古呼和浩特、上海、南京、济南、合肥、芜湖、淮南、安东、大连、辽宁、沈阳巡演，对归国志愿军进行了慰问演出。

本年，除演本工戏外，于北京多个剧场与李少春、袁世海、杜近芳、叶盛兰等先后演出《断臂说书》《玉簪记》《响马传》《桃花村》《打金枝》《辕门斩子》《黑旋风》及向"八一"建军节献礼的现代戏《林海雪原》等。为《响马传》剧中的秦母、《林海雪原》剧中的王氏设计唱腔。

∴ 1959 年

1月5日，中国京剧院、北京京剧团于北京人民剧场联合演出。与张君秋、杜近芳、叶盛兰等演出由田汉编剧、郑亦秋导演的《西厢记》。参加剧中人物的唱腔设计。

2月15日、27日，随中国京剧院一团于北京人民剧场、中和剧院分别与娄振奎、孙盛武等演出《打龙袍》《钓金龟》。

3月，随中国京剧院一团赴上海演出。

6月至7月，中国京剧院为继承艺术流派，大力挖掘和整理折子戏。随中国京剧院一团于北京人民剧场、吉祥戏院、中山公园音乐堂分别演出了《徐母骂曹》《行路训子》及《柳荫记》《新闹天宫》《汉津口》《青石山》《九江口》等。

9月25日，为庆祝新中国成立十周年于北京人民剧场与梅兰芳、李少春、袁世海、李和曾、杨秋玲、夏永泉、李嘉林等演出由陆静岩、袁韵谊改编，郑亦秋导演的《穆桂英挂帅》。

10月2日，文化部举办京剧晚会，招待来华参加新中国成立十周年的各国来宾，于中南海怀仁堂演出《穆桂英挂帅》。

12月，参加中国京剧院一团向新年献礼的现代戏《柯山红日》的排练，与刘吉典等担任剧中麦力生的唱腔设计工作。

∴ 1960年

年初，与李少春、袁世海、雪艳琴、叶盛兰、李盛藻、孙盛武等对中国京剧院四团青年演员进行艺术辅导。

2月26日，与杜近芳、翁偶虹、范钧宏等出席人民大会堂举行的北京市文教战线群英大会，评为北京市劳动模范。

"5·1"劳动节，为工业战线上取得跃进成果的广大职工祝贺，到北京钢厂演出了《罢宴》等剧目。

5月3日，于北京中和戏院与叶盛兰、李世霖、苏维明、张雯英等演出《花灯记》。

6月20日，与叶盛兰、李世霖、李殿华排演了现代戏《同志，你走错了路》。

8月14日，中国京剧院一团、二团于北京人民剧场与叶盛兰、李世霖、张云溪、张春华、高玉倩、景荣庆等演出近代历史剧《金田风雷》(饰冯云山)，运用高派的艺术风格设计了冯云山的唱腔。还于中央人民广播电台教唱。

《金田风雷》于北京人民剧场、民族文化宫等演出达15场之多，周恩来总理观看演出，接见演员并合影。

9月8日、11日，于中央人民广播电台"大家跟着唱"专题节目唱京剧《罢宴》。到北京百货大楼业余京剧团辅导。

12月底，于北京人民剧场与中国京剧院一团李少春、袁世海等演出了《响马传》《九江口》。与中国京剧院二团高玉倩、江世玉等演出了《彩楼记》。

∴ 1961年

春节期间，于北京人民剧场与叶盛兰、李世霖等参演中国京剧院二团李和曾、张春华、张云溪等人演出的新剧《卧薪尝胆》。

4月10日、6月29日，于北京人民剧场与北京市戏曲学校实验京剧团李玉芙、李崇善、张学津等演出了《雏凤凌空》。

7月11日、12日，中国京剧院特邀盖叫天先生来京公演，于北京人民剧场与孙盛武演出了《钓金龟》。与袁世海、李和曾、杜近芳、张雯英、高韵芬演出了《除三害》《三击掌》《喜荣归》。

7月30日，于北京参加华北剧场庆祝北京市戏曲学校实验京剧团建团一周年茶话会。

年底前，于北京人民、广和剧场、丰台影剧院、五道口俱乐部等演出《遇皇后》《李逵探母》《桃花村》《九江口》《凤还巢》等。

∴ 1962年

2月11日，随中国京剧院一团于人民剧场演出了杜近芳主演的《谢瑶环》，参加了剧中人物谢瑶环的唱腔设计。

5月5日至7月20日，随中国京剧院一团赴邯郸、邢台、新乡、安阳、焦作等地巡回演出。

8月9日，参加由北京市文化局、文学艺术工作者联合会主办的"梅兰芳逝世一周年纪念演出"，于北京人民剧场与谭富英、梅葆玖、曲素英演出了《大登殿》，这也是谭富英先生舞台上最后一次演出。

10月22日，随中国京剧院四团赴武汉、鹤壁、焦作、新乡、安阳等地巡回演出《杨门女将》《罢宴》《岳母刺字》等戏。

∴ 1963年

3月10日，随中国京剧院一团赴广西壮族自治区及湖南、湖北巡演。长沙演出期间与湖南省京剧团开展艺术交流、联欢活动。对湖南黔阳专区青年京剧老旦演员们进行艺术教学辅导。

8月8日，于北京人民剧场参加中国京剧院一团演出，重排加工后的现代戏《白毛女》。

10月1日，应邀参加中央人民广播电台"国庆联欢文艺晚会"，与张君秋、裘盛戎进行了京剧清唱。侯宝林、郭兰英、马泰、于是之等分别演出曲艺、音乐、评剧、话剧等节目。

11月，随中国京剧院一团赴天津中国大戏院短期演出。

12月8日，于北京人民剧场与袁世海、夏美珍、谷春章、孙洪勋、骆洪年等首演新编剧目《西门豹》。

年末，中国京剧院接到文化部将沪剧《红灯记》改编京剧的任务，组建了《红灯记》的创作班子。

∴ 1964年

年初，按中国京剧院部署参加《红灯记》的唱腔设计。

3月21日，中国京剧院一团于北京人民剧场演出新排现代戏《社长的女儿》，与张复、李广伯等担任唱腔设计工作。

6月5日至7月31日，全国现代京剧观摩演出大会于北京举行。中国京剧院一团7月2日于北京人民剧场演出《红灯记》。

6月27日，京剧现代戏观摩演出大会会刊第12期、7月21日北京晚报分别发表题为《忠心耿耿为集体》《反复琢磨创唱腔》文章，就李金泉在现代戏《红灯记》中创作、设计唱腔进行了报道。

10月10日至13日，中国京剧院一团修改重排的《红灯记》于北京人民剧场再度公演。

11月6日，毛泽东、刘少奇、邓小平等党和国家领导人观看中国京剧院演出的现代戏《红灯记》，并与演员们合影。

年末，受组织派遣，与刘吉典同志到北京京剧团帮助设计现代戏《沙家浜》的唱腔和音乐。

∴ 1965年

2月16日，北京京剧团于北京市工人俱乐部演出了由《芦荡火种》改名的《沙家浜》。

2月18日、21日，北京晚报发表了《清新舒展、刚健有力——听〈沙家浜〉中郭建光的几段新唱腔》《协作之花结新果——京剧现代戏〈沙家浜〉幕后的故事》文章，报道了李金泉为郭建光设计重点唱段唱腔和辅导青年演员万一英的故事。

春，随《红灯记》剧组赴南方巡回演出。

8月6日，与刘吉典同志在人民日报上发表了《努力塑造英雄人物的音乐形象——京剧〈红灯记〉音乐创作的体会》文章。

∴ 1968年

8月，受组织派遣于北京海运仓招待所与中国京剧院李广伯等参加了《奇袭白虎团》音乐唱腔设计工作。于京鲁两地与山东省京剧院现代戏《奇袭白虎团》剧组的主要演员研究设计唱腔。

9月30日，于人民大会堂参加庆祝中华人民共和国成立十九周年国庆招待会。10月1日于天安门城楼上参加中华人民共和国成立十九周年庆祝大会。

∴ 1969年

参加中国京剧院现代戏的唱腔设计。

3月29日，父亲李云山于北京病逝。

∴ 1970年

八一电影制片厂拍摄中国京剧团现代戏《红灯记》电影，负责先期演唱、录音等质量的把关工作。在中国京剧院创作《红灯记》工作中，与刘吉典、李少春、沈玉才、李广伯、周国兴、郭根森、张复、关亚农等担任了该戏的唱腔设计或曲谱整理工作。历经了《红灯记》唱腔设计的全过程。

5月21日上午，与袁世海、刘长瑜、高玉倩、谭元寿、马长礼、洪雪飞、汪曾祺、童祥苓、薛菁华、李德伦、谢铁骊等文化艺术界代表于天安门城楼上参加首都人民支持世界人民反对美帝国主义斗争大会。毛主席发表《全世界人民团结起来，打败美国侵略者及其一切走狗》的庄严声明。

与中国京剧团创作人员赴河北省遵化市沙石峪村体验生活。

9月30日，于人民大会堂参加庆祝中华人民共和国成立21周年国庆招待会。

10月1日，于天安门城楼上参加中华人民共和国成立21周年庆祝大会。

∴ 1971年

参加中国京剧团现代戏《红色娘子军》《平原作战》的唱腔设计，与两个剧组的演员和乐队的同志们一起排练。

∴ 1972年

八一电影制片厂拍摄中国京剧团现代戏《红色娘子军》电影。负责先期演唱、录音等质量的把关工作。在中国京剧团创作《红色娘子军》工作中，与张君秋、李少春、李广伯等担任该戏的唱腔设计任务。

中央新闻纪录电影制片厂拍摄中央乐团、中国京剧团现代戏钢琴伴唱《红灯记》，负责先期演唱、录音等质量的把关工作。

∴ 1973年

7月，与中国京剧团领导郭瑞及袁世海、杜近芳、高玉倩等于中国京剧团会见到访的日本友人河原崎长十郎先生及夫人，进行艺术交流。

9月28日，参加由中国日本友好协会为庆祝中日建交一周年举办的招待会。

∴ 1974年

八一电影制片厂拍摄中国京剧团现代戏《平原作战》电影，负责先期演唱、录音等质量的把关工作。在中国京剧团创作的《平原作战》工作中，与李广伯等同志担任了唱腔设计。

7月25日，义父李多奎在北京病逝。

∴ 1975年

1月，被选为全国人大代表。在北京参加中华人民共和国第四届全国人民代表大会。

4月5日晚，参加由文化部在钓鱼台国宾馆组织召开的有京津沪等剧团的演员、演奏员参加的会议，组织录制传统剧目的录音录像工作。正式宣布成立录音录像组，为负责人之一。办公地点为北京西苑宾馆。

期间与中国京剧团李世霖、李和曾等录像京剧《罢宴》《四郎探母》。

5月23日，在北京参加重温毛主席《在延安文艺座谈会上的讲话》文艺工作者座谈会并发言。

∴ 1976年

在北京西苑宾馆，继续进行传统剧目的录音录像工作。9月9日毛泽东主席逝世后，录音录像工作结束。

∴ 1978 年

在北京向专业演员和京剧爱好者们教授京剧传统戏。

∴ 1979 年

11 月 30 日，应上海京剧院李玉茹之邀，同中国京剧院二团于北京人民剧场与李玉茹、黄正勤、孙正阳合作演出《柜中缘》。这是阔别京剧舞台十五年后重新登台演出。

于北京同和居饭庄与李玉茹等中华戏曲学校的校友们相聚。

∴ 1980 年

春，随中国京剧院二团先后赴河南新乡、鹤壁、河北保定与李和曾、李世济等合作演出《红鬃烈马》《龙凤呈祥》等剧目。4 月，与分别近 50 年的同窗好友龚云甫之孙龚继云于河北保定相聚。

10 月 25 日，于北京工人俱乐部与袁世海、杜近芳、冯志孝等演出《龙凤呈祥》。

11 月，随中国京剧院一团赴河北邢台、河南安阳等多地演出。22 日与袁世海、冯志孝、杨春霞、夏美珍等与邢台市业余京剧团举行联欢清唱。28 日前往河北省荣复军人疗养院进行慰问，演唱《遇皇后》。此次赴外演出了《龙凤呈祥》《清风亭》等剧目。

∴ 1981 年

1 月 28 日，为庆祝人民剧场修缮竣工，与冯志孝演出全部《清风亭》。

3 月，随中国京剧院一团赴河北邯郸、临清等地演出。

8 月上旬，应北京人民广播电台之邀介绍《岳母刺字》选段。

8 月 24 日至 31 日，于北京人民剧场、北京展览馆剧场参加梅兰芳逝世 20 周年纪念演出。与梅葆玖、梅葆玥、袁世海、李万春、张君秋、杨荣环等多位表演艺术家演出《红鬃烈马》《龙凤呈祥》。

8 月 30 日，参加中华人民共和国文化部、中国戏剧家协会、北京市文化局等于北京人民大会堂江苏厅举行的继承与发展梅派艺术座谈会。

8 月 31 日，于北京展览馆剧场演出《龙凤呈祥》，是李金泉最后一次舞台演出。

12 月 16 日，参加中国戏剧家协会、北京市分会等于北京民族宫举行的马连良先生逝世 15 周年纪念活动。

与袁世海先生参加北京京剧院四团恢复演出《李逵探母》专题会，为演员们进行辅导排练。

∴ 1982 年

春节期间，北京京剧院四团公演重排《李逵探母》，李金泉与袁世海担任艺术指导，为李母新增唱段进行唱腔设计。

中国戏曲学院将吉剧《包公赔情》改编成京剧，李金泉应邀担任了剧中王凤英的唱腔设计。

向京内外弟子、学生们授课传艺。

∴ 1983 年

4月29日，参加中央顾问委员会办公室为庆祝"5·1"劳动节于北京文津体育俱乐部举行的联欢活动。

7月上旬，于北京人民广播电台介绍京剧《罢宴》选段。

10月1日，北京京剧院四团演出新编历史剧《三关宴》，担任艺术指导并与李荣岩、孙殿国担任唱腔设计工作。"训延辉"唱段荣获北京市（1979年至1989年）年度优秀戏曲唱段评选一等奖。

10月16日、21日，中央人民广播电台戏曲专题节目播出了由翁偶虹先生撰写的"善于创新的老旦演员——介绍李金泉的艺术"。

∴ 1984 年

参加中国剧协北京分会举办的戏曲表演艺术讲习班，授课主题为"创新与基本功"。

12月20日，参加中国戏剧家协会、中国戏曲学院、中国京剧院、北京京剧院等于北京新侨饭店举行的纪念"富连成"社创立80周年座谈会。

∴ 1985 年

2月13日，参加中国戏剧家协会、国际剧协中国中心等于北京饭店举行的迎春茶话会。

7月，被聘请为北京市海淀区振兴京昆协会名誉会长。

年末，参加北京京剧院四团创作《八珍汤》剧目的前期工作。

∴ 1986 年

2月，中央电视台摄制了中国京剧院由袁世海、李金泉主演的新改编剧目《李逵探母》。

12月26日，北京京剧院四团于北京公演根据传统剧目改编的《八珍汤》，李金泉任艺术指导并与孙殿国担任唱腔设计工作。

∴ 1987 年

2月，受聘中国戏曲学院京剧表演系兼课教师。到中国戏曲学院授课。

北京军区战友京剧团公演新改编的传统戏《焚绵山》。李金泉与翁偶虹、刘曾复、沈玉才任艺术顾问。担任剧中介母的唱腔设计工作。

12月，北京人民广播电台、北京市京昆振兴协会、北京京剧院联合举办赵葆秀折子戏专场演出。剧目有《徐母骂曹》《李逵探母》《八珍汤》《太君辞朝》。与周仲春任艺术指导。

教授的《李逵探母》在1987年青年京剧演员电视大选赛中，荣获优秀剧目表演奖。

∴ 1988 年

1 月，正式退休。

6 月，受聘中国京剧院艺术咨询委员会委员。

在京戏曲院校及家中向京内外弟子和学生们进行传艺教学工作。

∴ 1989 年

北京军区战友京剧团公演新改编的传统戏《清风亭》，与翁偶虹先生共同担任艺术顾问并负责剧中贺氏的唱腔设计工作。

6 月，在北京市京昆艺术进修学校老旦专修班任教。

3 月 7 日夫人田玉兰于北京病逝。

∴ 1990 年

6 月，被聘为北京市朝阳中国戏迷协会副会长。

10 月 30 日，北京京剧院二团于北京吉祥戏院公演全部《金龟记》。与苏维明先生进行剧本整理并任艺术指导。为康氏新唱段设计了唱腔。

12 月，参加中国京剧院为从艺五十年以上老同志颁发荣誉证书大会，获荣誉证书。《大登殿》等优秀唱段被收入《中国京剧有声大考》。

∴ 1991 年

7 月，受聘为中央电视台"1991 年全国中青年京剧演员电视大赛"复赛、决赛评委会委员。

8 月 9 日，受聘为"全国业余京剧爱好者清唱大选赛"决赛评委。

∴ 1992 年

5 月 14 日，受聘为文化部少年儿童文化司、振兴京剧指导委员会、中央电视台、北京市文化局举办新苗奖首届儿童京剧邀请赛评委。

∴ 1993 年

5 月 13 日，荣获国务院表彰为发展我国表演艺术事业做出突出贡献者而颁发的享受政府特殊津贴证书。

12 月，北京军区战友京剧团于北京儿童剧场举办刘莉莉专场演出。公演了新改编剧目《一饭千金》。任艺术指导并担任剧中漂母、韩信的唱腔设计工作。

∴ 1994 年

5 月 11 日，受聘为文化部振兴京剧指导委员会、广电部中央电视台、中央人民广播电台、中国京剧艺术基金会举办的"梅兰芳金奖大赛"（净、丑、老旦组）艺术评审委员会委员。

∴ 1995 年

5 月，受聘为中国戏曲学院客座教授。在中国戏曲学院授课。

11 月 6 日，获中国京剧院为在剧院辛勤工作已满四十年、对剧院建设做出贡献特发的荣誉证书。

∴ 1996 年

4 月，中国京剧院青年团新编现代剧《北国红菇娘》。担任剧中安顺福的唱腔设计工作。

10 月 8 日，受聘于文化部、中国戏曲学院，为中国京剧优秀青年演员研究生班导师暨中国戏曲学院客座教授。

12 月 7 日，在北京工人俱乐部观看北京戏曲学校老旦专场演出。演出后与戏校校长孙毓敏和小演员们合影。

∴ 1997 年

4 月 27 日，应邀出席观看北京市京昆艺术团幼儿京剧专场演出。

5 月，北京京剧院公演新编近代京剧《风雨同仁堂》，特邀为艺术顾问，参加前期有关工作。

8 月，于北京紫竹院昌运宫与分别多年的中华戏校老同学王和霖、林金培、高玉倩、郑永薇、李永萍等相聚，共同回忆在中华戏校学艺时难忘的岁月。

∴ 1998 年

1 月 25 日，于北京电视台戏曲专题节目中，教唱《李逵探母》剧中李母的唱段。

7 月，患脑血栓病，于北京积水潭住院治疗。

∴ 2000 年

3 月 29 日，参加中国京剧优秀青年演员研究生班首届学院毕业典礼。

8 月，参加在人民大会堂举办的中国京剧院学员班四十周年纪念活动。中国京剧院领导吴江、刘孝华及中国京剧院部分老艺术家到会庆贺。

∴ 2001 年

5 月 26 日，于北京人民剧场观看时隔 30 多年中国京剧院再度公演的现代京剧《红灯记》。演出后，在后台与袁世海、钱浩梁、高玉倩、刘长瑜等相见。

9 月 8 日下午，中国京剧院、北京京剧院在人民剧场联合举办"李金泉艺术创作暨教学成果演唱会"。40 余位演员以清唱和彩唱折子戏选场形式展示了李金泉先生艺术创作和教学成就。人民日报原总编辑、第十三届全国人大常委会副委员长王晨、文化部老领导高占祥、诸多京剧表演艺术家和专家学者观看了演出。

人民日报、北京日报等多家媒体对演唱会进行了报道。中央电视台进行了录播。

9月9日上午，中国京剧院、北京京剧院在北京柳泉居饭庄举行"李金泉先生艺术创作、教学成果座谈会"。

中国京剧院老领导马少波先生在《光明日报》上发表《李金泉是老旦艺术的革新家》文章。

∴ 2008 年

2月，被文化部评为首批国家非物质文化遗产项目京剧代表性传承人。

11月，中国民族摄影艺术出版社为纪念李多奎先生诞辰110周年，出版《一代京剧大师李多奎》的艺术画册。为画册一事书写了"纪念义父李多奎大人诞辰110周年"及"祝李派艺术万古流年并祝李世英收徒李嘉存"的贺词。还写了题为"师恩难忘"的文章。

∴ 2009 年

4月1日，在北京长安大戏院应邀参加北京京剧院建院30周年庆祝活动。

5月1—4日，国家京剧院三团在梅兰芳大剧院举办袁慧琴专场演出。为弟子袁慧琴题词并发文《慧韵琴声愈响愈美》。

10月5日、7日，中央电视台戏曲频道制作播放由张冉导演的"李金泉艺术人生"专题片。

10月24日，李金泉先生的家属在北京丰泽园饭庄举办了"庆贺李金泉先生从艺七十八周年暨九十寿辰"活动。

∴ 2010 年

2月4日，与张春华、杜近芳、李世济、刘长瑜、刘秀荣、张春孝、冯志孝、王晶华、李维康参加在国家京剧院举行的"国家级非物质文化遗产京剧代表性传承人命名仪式"。文化部非遗司、国家京剧院领导出席并主持。十位非物质文化遗产京剧代表性传承人的弟子代表及国家京剧院的同志们到会，献花祝贺。

∴ 2011 年

1月11日，在梅兰芳大剧院参加中国戏曲表演协会的颁奖活动。与赵燕侠、杜近芳、吴素秋、谭元寿、张春华、王金璐、李慧芳等荣获中国京剧"终身成就奖"。

∴ 2012 年

1月21日，李金泉先生在北京积水潭医院病逝，享年92岁。

国家京剧院发表《纪念著名京剧表演艺术家、教育家、作曲家李金泉先生从艺八十周年》悼文。

1月29日上午10时，在八宝山革命公墓东大厅礼堂举行了"沉痛悼念李金泉先生"告别仪式。骨灰安葬在昌平区佛山陵园，与夫人田玉兰合葬。

李金泉先生演出剧目一览表

剧 目	行当	角色	剧 目	行当	角色
《钓金龟》	老旦	康氏	《桑园会》	老旦	秋母
《行路训子》	老旦	康氏	《宏碧缘》	老旦	骆母
《哭灵》	老旦	康氏	《陈丽卿》	老旦	陈母
《滑油山》	老旦	刘清提	《凤双飞》	老旦	卢夫人
《游六殿》	老旦	刘清提	《花筵赚》	老旦	刘姑母
《焚绵山》	老旦	介母	《斟情记》	老旦	张氏
《清风亭》	老旦	贺氏	《碧玉簪》	老旦	赵母
《牧羊山》	老旦	朱母	《琥珀珠》	老旦	赵夫人
《别母乱箭》	老旦	周母	《玉壶冰》	老旦	顾四娘
《得意缘》	老旦	狄母	《雪杯圆》	老旦	傅氏
《雁门关》	老旦	佘太君	《遇皇后》	老旦	李后
《鼎盛春秋》	老旦	专母	《打龙袍》	老旦	李后
《孔雀东南飞》	老旦	焦母	《望儿楼》	老旦	窦太真
《探寒窑》	老旦	王母	《太君辞朝》	老旦	佘太君
《美人鱼》	老旦	云婆	《徐母骂曹》	老旦	徐母
《龙凤呈祥》	老旦	吴国太	《云罗山》	老旦	白母
《红鬃烈马》	老旦	王夫人	《红娘》	老旦	崔夫人
《四郎探母》	老旦	佘太君	《虎符救赵》	老旦	魏太妃
《岳母刺字》	老旦	岳母	《宋景诗》	老旦	宋母
《罢宴》	老旦	刘婆	《凤还巢》	老旦	程夫人
《李逵探母》	老旦	李母	《辕门斩子》	老旦	佘太君

续表

剧 目	行当	角色	剧 目	行当	角色
《西厢记》	老旦	崔夫人	《盗银壶》	老旦	张妻
《穆桂英挂帅》	老旦	佘太君	《牛郎织女》	老旦	王母
《雏凤凌空》	老旦	佘太君	《彩楼记》	老旦	老夫人
《岳家庄》	老旦	岳母	《秦香莲》	老旦	国太
《棋盘山》	老旦	柳迎春	《除三害》	老旦	张氏
《春秋配》	老旦	乳娘	《徐延昭斩子》	老旦	徐夫人
《荒山泪》	老旦	陈氏	《杨门女将》	老旦	佘太君
《徐良出世》	老旦	徐母	《玉簪记》	老旦	老道姑
《酒丐》	老旦	夫人	《打侄上坟》	老旦	陈夫人
《林海雪原》	老旦	王氏	《九江口》	老旦	王妃
《响马传》	老旦	秦母	《断臂说书》	老旦	乳娘
《桃花村》	老旦	刘母	《花灯记》	老旦	王妈妈
《柳荫记》	老旦	祝安人	《卧薪尝胆》	老旦	越太后
《六月雪·探监》	老旦	婆母	《金水桥》	老旦	长孙皇后
《望江亭》	老旦	白道姑	《谢瑶环》	老旦	肖郑氏
《打金枝》	老旦	郭王妃	《西门豹》	老旦	陶母
《白毛女》	老旦	大春娘	《柜中缘》	老旦	刘母
《将相和》	老生	缪贤	《大闹天宫》	老生	太上老君
《夜奔梁山》	老生	宋江	《黑旋风》	老生	宋江
《青石山》	老生	关帝	《同志，你走错了路》	老生	政治部主任
《汉津口》	老生	徐庶	《金田风雷》	老生	冯云山

演出剧目还有：

《狮子楼》、《玉狮坠》、全部《四进士》、《火烧红莲寺》、《马义救主》、《马陵道》、《大名府》、《鸿鸾禧》、《九件衣》、《红楼二尤》、《反徐州》、《探府记》、《胭脂虎》、《钗头凤》、《金锁记》、全本《洪羊洞》等。

李金泉先生唱腔设计和参与创作一览表

剧　目	行　当	剧中人	唱　段
《岳母刺字》	老旦	岳母	想当年守孤灯将儿教训
			鹏举儿听为娘把话来论
			公与私国与家儿要分清
			鹏举儿站草堂听娘言讲
《罢宴》	老旦	刘婆	蒙相爷赐寿宴西廊之上
			笙歌处处舞霓裳
			此时间我理应当对他言讲
			想当年先太爷早把命丧
			休道她未曾把富贵来享
《李逵探母》	老旦	李母	大不该儿打伤人把大祸闯下
			铁牛孩儿回家转
			恍惚间来至在高山路上
			那梁山原来是这等境况
《虎符救赵》	老旦	魏太妃	大好河山起狼烟
《六月雪·探监》	老旦	婆母	劝媳妇休得要泪流满面
《白毛女》	老旦	大春娘	一见大春回家转
	旦	喜儿	大雪飞　北风紧
			逃出狼窝离虎口
	老生旦	杨白劳 喜儿	紧皱着眉头得舒展
			人家的闺女有花戴
			只见女儿笑颜开

续表

剧 目	行 当	剧中人	唱 段
《桃花扇》	旦	李香君	你本是名家子受人尊敬
《除三害》	老旦	张氏	夫亡子丧仰天恨
《响马传》	老旦	秦母	草堂上展开那豪气洋洋
《西厢记》	旦	红娘	单等张郎配莺莺
《西厢记》	旦	红娘	只见她闷恹恹和衣而睡
《穆桂英挂帅》	老旦	佘太君	见帅印一阵阵心酸难忍
《柯山红日》	花脸	麦力生	柯山顶上雪茫茫
《金田风雷》	老生	冯云山	传教义涉关山八桂来往
《雏凤凌空》	老旦	佘太君	三关战鼓震霄壤
《谢瑶环》	老旦	肖郑氏	还望大人把冤申
《谢瑶环》	旦	谢瑶环	本是你狗奸贼通敌谋反
《满江红》	旦	岳飞夫人	风雪狱门传凶信
《红灯记》	老旦	李奶奶	打渔的人经得起狂风巨浪
《红灯记》	老旦	李奶奶	血债还要血来偿
《红灯记》	老旦	李奶奶	学你爹心红胆壮志如钢
《红灯记》	老生	李玉和	穷人的孩子早当家
《红灯记》	老生	李玉和	天下事难不倒共产党员
《红灯记》	老生	李玉和	有多少苦同胞怨声载道
《红灯记》	老生	李玉和	浑身是胆雄赳赳
《红灯记》	老生	李玉和	雄心壮志冲云天
《红灯记》	老生	李玉和	党教儿做一个刚强铁汉
《红灯记》	旦	李铁梅	听罢奶奶说红灯
《红灯记》	旦	李铁梅	听奶奶讲革命英勇悲壮
《红灯记》	旦	李铁梅	爹爹留下无价宝
《红灯记》	旦	李铁梅	提起敌寇心肺炸

续表

剧 目	行 当	剧中人	唱 段
《沙家浜》	老生	郭建光	朝霞映在阳澄湖上
			听对岸响数枪声震芦荡
《昆仑山上一棵草》	老旦	惠嫂	离延安进草原走过了千里戈壁滩
			多年的夫妻，我总要惦念三分
《奇袭白虎团》	老生	严伟才	打败美帝野心狼
	花脸	团长	趁夜晚出奇兵突破防线
《红色娘子军》	老生	洪常青	血泪迸发仇难咽
			怒吼声掀巨浪仇深苦大
			扮华侨进匪巢横眉四下看
			众望所归根基牢
			要让那天下工农全解放
			永远冲锋向前方
	老旦	郑阿婆	含热泪送亲人奔赴前线
《平原作战》	老生	赵永刚	披星戴月下太行
			人民的安危冷暖要时刻挂心上
			好妈妈疼爱咱像亲娘一样
			哀思如潮热泪洒
			毛主席的革命路线指引我永不迷航
	老旦	张大娘	暗夜中见光明眉舒目展
			枪声想激起我满怀惦念
			自别后盼亲人梦中常醒
			红心永向共产党
	旦	小英	枪林弹雨军民隔不断
			青纱帐举红缨一望无际
	花脸	李胜	霹雳一声春雷响

续表

剧 目	行 当	剧中人	唱 段
《包拯赔情》	老旦	王凤英	半百居孀心未寒
			听他言来惊断魂
			亏了你不忘养育恩
			包勉犯法命当尽
			纵然是坟前落叶你扫得尽
			在眼前跪的是小包拯
《三关宴》	老旦	佘太君	一战成功国威振
			听儿言不由人怒火万丈
《八珍汤》	老旦	孙淑琳	问苍天我欠下何人业怨
			捧一盏热茶寒肠回暖
			是梦是醒难辨认
《焚绵山》	老旦	介母	自古来好男儿出将入相
《新清风亭》	老旦	贺氏	盼儿归我二老苦受煎熬
			我再苦再累娘心甘
《金龟记》	老旦	康氏	慢搬移谢大人
《一饭千金》	老旦	漂母	逞强难解穷困潦倒
			小韩信出口你太狂傲
			老天爷它从不辜负少年英豪
	小生	韩信	转运乾坤任飞翔

李金泉先生还参加了下列剧目的唱腔设计：

《美人鱼》(妙华)、《凤双飞》(胡凤莲)、《尉情记》(朱福姑)、《云罗山》(白母)、《宋景诗》(宋母)、《桃花村》(春兰)、《花灯记》(王妈妈)、《西门豹》(陶母)、《黑旋风》(宋江)、《闹天宫》(太上老君)、《林海雪原》(王氏)、《北国红菇娘》(安顺福)及《梁红玉》、《社长女儿》等。

后记 一

《金声泉韵：李金泉评传》是我创作的第六部名人传记。

我在中国戏曲学院戏文系学习了四年，中国艺术研究院又深造三年，毕业后做了四年编辑，担任责任编辑出版了戏曲相关图书近百种，接着在创作的道路上摸爬滚打了十年，撰写的戏曲论文、评论不少，人物稿更多，自认在传记写作上已有很多成功的经验与心得，而戏曲对我来说，更是回归本工，所以在接受李金泉先生评传的创作任务时，我对自己还是很有信心的。

可事实证明，每一部名人传记的创作，都是十分艰苦的过程，我的这点信心，保持不了太久。

是从什么时候开始，压力盖过了自信呢？

可能是赵葆秀老师郑重地对我说"金泉先生太应该立传"的那一刻，可能是我的老师田志平教授将他带着三位研究生一起整理的传记资料交给我的那一刻，可能是我第一次走进金泉先生的长子李思光老师家的那一刻。

田志平教授早就对我感叹过，李思光老师和弟弟们十余年来收集了很多关于李金泉先生的资料，一直在为父亲的传记做准备，他们的这份孝心和这份仔细，实在令人感动和钦佩。

光听描述，已经让我感慨，等到真的站在这些资料的面前时，我就只能用"震撼"二字来形容心情了。

李思光老师家有一个专属房间，房间里除了金泉先生的资料别无他物，一个又一个文件盒，分门别类，整整齐齐地码放在柜子里，我站在屋内环顾，竟一时数不清到底有多少。可是思光老师却能随意而准确地找到任意一个地方、任意一个年份的资料盒，抽出来，打开，"这是我们从艺术研究院里找到的资料""这是友人从火堆里抢救出来的照片"……他们对我介绍着资料的内容和来历，如数家珍，我却被震撼得只能说："虽然已经有整理过的资料了，但我还是想用几天时间，仔细地把这里的资料都看一遍，不然就太辜负您和家人们对先生的这份心和这么多年的辛苦收集了。"

　　接下来的几天里，我的工作地点换到了另外一个房间，这是思光老师在家中为父亲设立的纪念室，墙上挂着李金泉先生的各种生活照和剧照，还有各界人士给先生的题字与画作。我坐在其间，屋里安静得只有翻资料的声响，偶尔侧头，看着窗外摇曳的梧桐，思绪就会随之飘忽起来。

　　我要写出怎样的文字，才能配得上李金泉先生？才能配得上这样浓重的父子情和师徒情？

　　那几天不好过，在先生的"注视"下，我时不时就会问自己这个问题，心头沉重，压力太大，之前的自信，已然被磨灭得剩不下多少。

　　不过，我也因此回到了熟悉的创作状态，毕竟每一本传记的写作所要承担的责任和难度都不小，我已经被磨砺得习惯这种压力了。调动所有心神，集中全力，迎接挑战。

　　面临的最大困难，是金泉先生已经仙去，我无法面对面地采访先生，也就无法直观地感受先生的脾气性格以及语言风格，李金泉先生的音容笑貌，我只能从亲人和徒弟们的描述中去想象，只能通过各种资料去一步一步地走近先生，以期建立神交，这样我才能做到既可以将自己代入先生的视角，又能随时跳出来，尽力严谨、客观、理性地去对先生的艺术和思想展开评述。

　　高山仰止，景行行止。虽不能至，心向往之。

　　越了解李金泉先生，就越能感受到先生的德艺之伟岸。越是崇拜，责任感就越重。我想要尽力沿着先生的精神去攀登这座艺术的高峰，想要尽力循着先生的足迹回溯那时光的长河，想要尽力用文字将先生看到的这一路风景逐帧再现。

现在答卷呈上，这些"想要"有没有实现，留待读者们去品阅。

而我，在落下最后的句号时，那棵梧桐已经静立在心里，不再摇曳。

感谢国家京剧院对传记出版的支持，感谢李金泉先生的亲属对我的认可，感谢赵葆秀老师对我的信任，感谢袁慧琴老师在采访中给予我补充和启发，感谢我的老师田志平教授以及我的三个小师妹包天润、任诗颖、张安在前期资料整理时付出的辛劳，感谢文化发展出版社和编辑们对本书的保驾护航。

感谢李金泉先生！

2024年11月

后记 二

怀念恩师李金泉先生

1978年的深秋，我在广播里听到的一出戏把我深深地吸引住了，随着声情并茂的演唱，不知不觉我淌下了泪水。剧终播音员报道："刚才是由袁世海、李金泉演唱的《李逵探母》。"老旦还有这样的戏？一股清流浸入我的心扉，我要找李金泉先生学习。恰巧李元瑞先生跟我说："你适合学李金泉。"我借机问："您知道李金泉先生住在哪里吗？"李元瑞先生说："我只记得他住在东珠市口的一个胡同里，什么胡同、什么门牌号我记不得了。"仅凭这一点信息我便开始了我的寻师之路，也从此开启我追随李金泉先生34年的学习路程。

在学习《李逵探母》到《罢宴》《徐母骂曹》《遇皇后·打龙袍》等剧目的过程中，我逐步地体会到先生的传承教学是"有的放矢，因材施教"。从规范基本功要求起，逐步上升到要求演人物唱人物。

和李先生学习的这几十年中，他从不要求我们像他，而总说："要揣摩人物此时此刻的情感。"李先生对每个既符合人物情感又不失传统的创意都深深吸引着我。

李金泉先生肚子宽绰，视野广阔，点子多。在我这里觉得很难解决的问题，到先生那儿都立即迎刃而解，并总让我觉得高级和意想不到。

比如，1981年我在北京京剧院四团重排《李逵探母》时，根据袁世海先生的意见，在李逵见娘之前加了一场李母和李达的戏。李达因李母满足不了他的要求，将李母推倒在地。李先生要求我不要一下就趴在地上，要挣扎一下，我试了两下先生都不太满意，只见先生略加思索拿起李母的拐杖，当李达推李母时，李先生先将拐杖挂在地上，顺势走了一个又慢又软的翻身后采用颠步挣扎着跪在地上。这一套动作既表达了李母怕摔倒前的挣扎，又把京剧的程式化表演巧妙地化到人物所需的情景中来，揉得那么天衣无缝，实在是高级，使我豁然开朗。

李先生是个纯粹的艺术家。那个时代教学没有课时费，他老人家也没这个概念，专心传授，无私奉献，什么事有求必应。不光是对我，我去先生家里多次见到他给其他学生、徒弟上课时也是同样的一丝不苟。

我们当时工资很低，虽然知道三节两寿要孝敬师父，但这些比起师父对我们的付出实在是太微不足道了！记得80年代中期我和吴江院长到李先生家研究《八珍汤》剧本的时候，到了饭口儿先生留我们吃饭。吴江说："哪有这样的，饶了教咱们能耐还留咱们吃饭。"

李先生就是这样，厚道朴实且朴素，慈眉善目，不善言辞，从不侃大山，见面三句话不离本行，这一生对艺术专注，心无旁骛。李先生离世多年了，当我想起老人家的时候，第一个出现在我面前的形象便是李先生手拿剧本，眼睛及面部闪烁着各种表情的坐姿。

一天李先生对我说："你要有你自己的戏！"我愣住了，虽然非常疑惑，但我记在心里了。我努力地寻找剧本，终于得到吴祖光先生的支持，吴先生同意让我排他改编的京剧《三关宴》。此后我非常幸运，《八珍汤》《金龟记》《风雨同仁堂》等戏都得到了李先生的艺术指导，先生亲自设计唱腔，每出戏都浸透着李先生的心血。

李先生多才多艺，不光是京剧表演艺术家、教育家，更是一位了不起的唱腔设计家。李先生编唱腔从来都是反复读剧本，琢磨和体会人物的感情，然后再定什么调式及板式，还要根据演员的条件因人设腔。记得李先生给我设计《三关宴》唱腔时，让我试一个姑苏辙的音。原来是为了宣泄人物感情，要在唱词中的一个"树"字上用腔，这是个闭口音，李先生非常严谨地做调研，力求因戏因人设腔以达完美的效果。他设计的唱腔大部分脍炙人口，广泛流传，成为经典。

自从"男不能演女"实施以后，他老人家就告别了舞台，但这并没有影响他对京剧的挚爱、对老旦行当的挚爱！反而展示了他多才多艺的艺术天赋和替祖师爷传道的美德。广为传唱的"十七年""闹工潮""朝霞映在阳澄湖上""听对岸响数枪""大不该儿打伤人把大祸闯下""铁牛孩儿回家转""问苍天我欠下何人业怨"等太多脍炙人口的唱腔都是出自李金泉先生之手。李先生为京剧唱腔的丰富和发展做出了非常大的贡献，但他从来没有表露过，倒像是应该尽的责任与本份。

李先生这一生默默地为京剧事业做了太多的事情，帮助了太多的人，不光提携帮助老旦行的晚辈，连其他行的同事和晚辈他都无私帮助和提携。

李先生是一位无私的艺术大家，多少人都在他的教导和帮助下，成功成名，成为优秀人才。我看到的总是李先生欣慰的笑容，他这种默默的奉献精神源自他对京剧深深的爱和责任感！这种奉献精神太值得我们后辈学习和传承了。

我逐渐理解了"你要有你自己的戏"的深刻含义。

恩师有着强烈的使命感和勇于担当的责任心，他以继承与发展的战略目光为老旦行培养人才，为丰富老旦行剧目，呕心沥血，默默耕耘，甘当人梯。只有每个行当都出人出戏，继承发展，与时俱进，京剧方能源远流长。

恩师既是一个继承者又是一个开拓者。他在继承前人的基础上发展了老旦的唱腔艺术，拓宽了老旦的表演领域，丰富了老旦行剧目及声情并茂、唱做念表精湛的艺术风格，为后人留下了宝贵的艺术财富。

李金泉先生是继龚云甫先生、李多奎先生之后京剧老旦行发展史上的又一座丰碑。我辈将在师父的教诲和言传身教下，和师父一样将接力棒稳稳地递给后人，让京剧老旦艺术赓续不断，薪火相传。

在此，我衷心感谢国家京剧院大力支持《金声泉韵：李金泉评传》的策划与出版。"国家京剧院艺术家系列丛书"项目为老艺术家们出版艺术评传，功在当代、利在千秋！

赵葆秀

2024 年 10 月

作 | 者 | 简 | 介

褚秋艳

传记作家，自由撰稿人。1983 年 8 月生于安徽安庆，先后毕业于中国戏曲学院戏剧影视文学专业和中国艺术研究院戏剧戏曲学专业，文学硕士。曾获第四届中国"海宁杯"王国维戏曲论文奖三等奖、中国艺术研究院优秀硕士论文等奖项。

2009 年至 2013 年，于文化艺术出版社任图书责任编辑，担任责编并出版文学、艺术、美学等各类图书近百种。2014 年至今为自由撰稿人、传记作家，创作涵盖传记文学、剧本、学术论文、评论、纪录片脚本等，已撰写并出版名人传记《信马由缰》《霞光流影》《浮光跃金》《春船正好行》，另有多篇文章发表于《传记文学》《北京日报》等报刊杂志。

特约编辑：樊 翔 周祉琦 任 怡 周 亮